有度

一切皆有法　一切皆有度

非凡的时光

重返美国法学的巅峰时代

〔美〕詹姆斯·哈克尼
James R. Hackney, Jr. / 编

榆风 / 译

北京大学出版社
PEKING UNIVERSITY PRESS

献给我在学界的同事们

致谢

这本书是一项独特的项目,它呈现为访谈的形式,所需要的工作并不是通常而言学术写作常规过程所必需的。首先,我要感谢所有的访谈参与者,他们都是宽厚长者,为这个项目付出了自己的时间和精力。对于我而言,能够有机会结识这些学术巨匠,是个人和职业的荣幸。这一项目还得益于我所在的西北大学法学院的院长艾米丽·谢皮勒的支持。特别需要指出的是,为这么一个并不会产出传统意义上的"法律评论论文"的项目,她提供了慷慨的研究资助。在西北大学法学院教员午餐研讨会上,我的同事们提供了许多评论和意见,我从中受益良多。此外,我的同事彼得·恩里奇、卡尔·克拉尔和丹·斯卡夫都对书稿做出了特别有价值的评论。感谢我的编辑黛博拉·戈舍维茨,在本项目整个推进过程中,她给予了从未间断的鼓励和指引。当然,还要感谢匿名的同行评审,他们提出了思虑周全的建议。这一项目得以最终完成,其中最枯燥的环节当数录音带的文字整理工作。在此过程中,我得到了研究助手罗西娜·莱斯勒-科恩的极大帮助,她进行了出色的录音整理工作。在这一项目的定稿阶段,我的行政助手艾尔西·陈付出许多时间,我非常感谢她的勤奋和努力工作。不可避免地,这类项目都要求大量的"离家工作"时间,我要特别感谢我的妻子安,我在全国旅行以追寻"访问的金矿"时,她担当起了家庭的后盾,我还要感谢我的儿子艾德里安,他并没有因为我的缺席而表现出太多的沮丧,每次我回到家里,等待着我的总是他那温暖的拥抱。

CONTENTS
目 录

导言　001

02 法律经济学
理查德·波斯纳

057

04 法律与社会
奥斯汀·萨拉特

109

01 批判法学
邓肯·肯尼迪

023

03 法律史
莫顿·霍维茨

079

05 批判种族理论/法律与文学
帕特里夏·威廉斯

143

索引　311
译后记　329

女性主义法律理论
凯瑟琳·麦金农
165

当代自由主义宪法理论
布鲁斯·阿克曼
221

法律与哲学
朱尔斯·科尔曼
271

06　07　08　09　10

后现代法律理论
杜希拉·康奈尔
191

古典自由主义宪法理论
查尔斯·弗里德
249

导言

重返美国法学的巅峰时代

如要充分理解本项目背后的动因,我首先必须要交代一点儿个人背景。自1986年至1989年,我就读于耶鲁大学法学院。在耶鲁的那段时间,确实是一段激动人心的时光,那时耶鲁法学院感觉更像是一个思想库,而不是一家法学院。空气中从各个方向都飘荡来纷繁的思想,但那时抓住我的想象力的大理论就是法经济学。因为我本科专业主修经济学,这是一个可以想见的结果。但是,法经济学只不过是当时传播的一系列理论立场中的一种,此外还包括了法律与文学、女性主义理论、自由主义政治理论,以及法律哲学。我在毕业后曾一度短暂做过公司律师,不过最终还是进入了学术界,在我目前执教的西北大学成为了一名法学教授。当然,我接触到批判法学的研究,还是在我抵达波士顿之后,这要感谢我的同事卡尔·克莱尔以及哈佛法学院的邓肯·肯尼迪和莫顿·霍维茨。我之所以变得对智识史发生兴趣,也主要是通过我同邓肯和莫顿的接触。而我深入智识史领域的首个主要远征,最终成为了我的专著《披着科学的外衣:美国的法经济学理论以及对客观性之追求》(*Under Cover of Science: American Legal-Economic Theory and the Quest for Objectivity*)。我在写作这本书时,受到了福柯的《知识考古学》的很大影响。我的书的关注点放在了学科之间的结构性关系上。在方法论上,我明确指出要淡化影响力这个概念,这是指学者之个体可以在何种程度上行使其能动性,以及他们的个人背景又是如何回馈到他们的研究工作中的。我认为我自己是一位结构主义者。虽然时至今日我仍然相信,从结构主义者的视野去探索智识史尚有大片的未开发领域,但我发现自己越来越多地着迷于学者个体的生活和社会语境是如何形塑他们投身于其中的运动的——这是一种坚定的反结构主义的探询。也正是这种冲动,成为了这一项目的催化剂。

这本访谈录就是一次尝试,通过20世纪80年代主要学术代表人物的视角,而提供一次对相关学术运动、学者品格以及学术理念的第一手叙述,在20世纪80年代,正是它们让我在耶鲁法学院的时光变得丰富多彩,让一般意义的法学界变得生气勃勃。若是抛开我的个人兴趣,为什么是80年代呢?那十年,是美国法律理论的一段非凡时光。举目可见已经形成的运动以及正在进行的学术战役。那时不仅有范式之转换,还可见范式的增生和裂变——这些都是真正的战役。重要的是,正是在这一时代,设定了法学界当下的局势图,而且在我看来,未来也是如此。80年代代表着法学的转向,法学从一种主要关注法律学说的工作,转变为一个高度理论化以及跨学科之论著方兴未艾的领域。我们在今天穿行于其中以及在未来将要涉足的理论路径,都是在80年代这个关键时期所奠定的。而且,正如在这些访谈中所说明的,20世纪80年代的发展,在很多方面都是60年代所代表的时而喧闹的社会力量和法律发展的延伸线。从法学界在80年代的人员构成的深刻变化,我们可以发现这一点。正是在此时期,法学界第一次有了成规模的非白人男性的声音。法学界人士的身份差异议题以及法律对社会边缘族群的影响力,在这一时期都第一次开始以严肃的方式浮现出来。在法学界以及法律职业内部,随处可见智识、社会和文化的生机活力,其程度之高在今日不可想象。这就是为什么我们在今天仍必须要理解这一时代。

本书所访谈的学者,代表着多个贯穿80年代而在法学界冉冉升起的思想运动和学派:法经济学、女性主义法律理论、法律与社会、现代自由主义宪法理论、保守/放任自由宪法理论、批判法学研究、批判种族理论、法律与文学、法律与哲学、批判法律史以及后现代理论。不可否认,以上所列只是一份不完全的清单,但是它确实有代表性地反映出了当代法律理论的光谱之广。在设计本访谈项目的方案时,我有意识地要求自己每一种理论运动一篇访谈(虽然其中有些受访学者跨越了多个学派领域),因此,在确定每个学派应当由谁接受访谈时,总是无法摆脱一些选择上的困难。当然,没有哪一位学者可以完全代表一场思想运动,我在此也并不主张,任何一位受访者就是**独一无二的**代表。最终的受访学者名单,既出自我的选择,也有机缘的因素。最终,我很荣幸地访谈了本书内所收录的这些成就卓著的法学者:布鲁斯·阿克曼、朱利斯·科尔曼、杜希拉·康奈尔、查尔斯·弗里德、莫顿·霍维茨、邓肯·肯尼迪、凯瑟琳·麦金农、理查德·波斯纳、奥斯汀·萨拉特和帕特里夏·威廉斯。他们全部都是在20世纪60年代和80年代之间进入学界。而我之所以对这组学者感兴趣,无疑正如邓肯·肯尼迪在我们的对话中所指出的,是因为我本人就是属于所谓的过渡一代人——在某些激烈辩论的末端,我已经是一名法学院的学生,但却未能有机会亲身参与辩论最初的形成或者投身于更原生态的争论中。

为什么要访谈呢?选定这一形式,起因于我此前所表示的兴趣,我希望去了解投身于这些思想运动的那些人的生活和理想。当然,"访谈"最流行的运用是在杂志上。在学术场域内,访谈初看起来是一种奇怪的工作,但是在哲学内部,访谈作为一种对话模式有着丰富的历史。① 我对访谈这种形式产生兴趣,可追根溯源至观看一部模糊的黑白电影,记录着一次对萨特以及围绕着他的法国知识分子(其中最著名的是西蒙娜·波伏娃)的访谈。② 我并没有在哲学系接受过学术训练,而且我对萨特所知甚少。但是这访谈让我深深着迷,因为在观看的过程中,我真的开始对萨特以及他的思想/社会"时刻"获得了一种感觉。在访谈中存在着一种在场感、自发感和人性感,这是在阐释中所无法复制的——我之所以坚持访谈必须是面对面进行的,这也是其中一项理由。(为了准确起见,我当然也请受访学者协助编辑了文字记录稿。)无论是对于访问者还是受访者,乃至是对于理想中的阅读访谈的读者,这种题材都会带来不期而至的惊奇。

在本书访谈的过程中,就发生过许多惊奇。它们有些是非常抽象的,比如朱利斯·科尔曼的理论,"[他]所认识的大多数进入分析哲学

---

① Peter Osborne, *A Critical Sense: Interviews with Intellectuals*(Routledge 1996); Raoul Mortley, *French Philosophers in Conversation*(Routledge 1991); Theo Pinkus, *Conversations with Lukacs*(MIT Press 1975, orig. pub. 1967).

② *Sartre by Himself*(1979, Alexadre Astruc and Michel Contat directors).

的学者们,一开始都起始于存在主义"。还有些惊奇是特别个人化的,比如杜希拉·康奈尔曾经谈到,在她还是一位妙龄女子之时,她是如何"发现在约会时,仅有康德是远远不够的",所以她转向了黑格尔。而且,当我发现邓肯·肯尼迪这位批判法学的杰出奠基人以及心直口快的左翼人士,在青年时代曾经为中情局(CIA)工作时,你们可以想象到我的震惊。这些访谈还让我更好地感知到了这些在纸上读过但却未能亲身经历的历史事件。例如,批判法学曾经受到来自法学界不同阵营的汹涌批评,这是众所周知的。但是,直到我开始进行这些访谈时,我才得以认清,批判法学所具有的吸引力、所产生的排斥、所招致的批评以及所得到的辩解和回应,曾经在20世纪70年代至90年代的学术动态中占据了如此重要的地位。有些可以期待将会敌视批判法学的学者——比如朱利斯·科尔曼、理查德·波斯纳和布鲁斯·阿克曼——在访谈过程中,他们的批评事实上很快浮现出了深层的敌意。但是,即便是批判法学运动的"盟友们"——杜希拉·康奈尔、奥斯汀·萨拉特和帕特里夏·威廉斯——也表现出一种复杂的态度。在事关法经济学时,也呈现出一种类似的复杂动态,即便是那些对法经济学运动有所同情的学者——布鲁斯·阿克曼、朱利斯·科尔曼和查尔斯·弗里德——也都提出自己的批评,或者限定他们同法经济学的关系。当然,法经济学的批判者还是表达出对它的轻蔑。若是学者个人之间的关系也加入进这种乱局,那么水就更深了。

  的确如此,学术之内存在着个人脚本。帕特里夏·威廉斯就为我们提供了一种揭示真相的叙述,在一场批判法学的讨论会上,她同其他几位屈指可数的有色人种学者经历了一次不快,她们被置于那种必须去"代表"有色人种观点的立场上。朱利斯·科尔曼也向我们表明,如果不正视在他和德沃金之间那复杂并且时而恶劣的个人关系，也就无法理解他和德沃金的哲学交流。邓肯·肯尼迪也将来自波斯纳和德沃金的批评归结为人身性质的。在批评凯瑟琳·麦金农关于女性性工作者的立场时，杜希拉·康奈尔也是直率的，并且直指个人。令人大跌眼镜的是，麦金农对理查德·波斯纳展示出温情的一面，同时她也对法经济学的政策导向表示出尊重。尤其鲜活的是，莫顿·霍维茨回忆起他在哈佛广场同罗伯特·麦克洛斯基的一次散步时所挥之不去的失望。麦克洛斯基是霍维茨的老师，哈佛大学享有盛誉的宪法史学者，在散步时，麦克洛斯基告诉霍维茨，美国最高法院不应推翻普莱西诉弗格森案（普莱西案认可了基于种族的"隔离但平等"的法律，这在布朗诉教育委员会案中被推翻），可以推测，麦克洛斯基的观点是因为他对法律过程规范的忠诚，而不是他的种族敌意。这些个人故事，不仅可以让我们得以窥探杰出学者的生活，而且还对他们（推而广之讲，也对整个学界）的学术发展产生了影响。有一个主题在访谈中反复出现，它也很好地契合着学界的普遍存在相位，就是许多受访学者的"外来者"身份。查尔斯·弗里德，虽然出生在一个经济地位优越的家庭，但还是不得不作为犹太流亡者而逃离欧洲。莫顿·霍维茨的父亲是一位出租车司机，霍维茨谈到了纽约城市学院（也即现在的纽约城市大学），这个学院曾主要迎合下层社会学生群体的需要，但那时已不再是"穷孩子的哈佛"，因为春藤盟校的反犹主义，许多犹太学生也入读了该校，还有一些学者也提到了他们相对卑微的经济出身，以此作为同他们的智识身份相关的一部分叙事。帕特里夏·威廉斯告诉我们，作为一名黑人女性，她在后巴基案（美国最高法院的著名案例，点燃了有关少数群体平权行动的辩论）的70年代就读于哈佛法学院时所承受的极端边缘化。被置身于一个外来者的境地,感受着那种"说出权力之真相"的压力——或者用那种不那么左翼政治化的话语来说,理解"这世界运转的方式"——让我这位成长于洛杉矶中南部的美国黑人深感共鸣。

"现在,我们都是法律现实主义者了"

"现在,我们都是法律现实主义者了。"这一著名(也可能是声名狼藉)的引语,现如今已经成为法学界知识的老生常谈,以至于我们在表述它的时候完全无需标注出处。在我看来,这一引语背后的本质含义在于,在法律现实主义之后,所有的法学立场都是在以某种方式去回应由法律现实主义者所提出的核心命题:法律和政治之间的区分。法律现实主义,追根溯源可以上溯至19世纪晚期和20世纪早期。自然法理论认为法律是一种独立于历史和社会语境而存在的天定现象,而正是霍姆斯在他里程碑式的《普通法》(1881年)一书中拷问了自然法的这种立场。这就是法律现实主义的桥头堡,接下来法律现实主义者不仅对自然法展开了攻击,而且也得出了现实主义者的洞见,法律之中充斥着政治的干预。自法律现实主义以降,政治在多大程度上塑造了法律,法律理论的发展成为围绕着这一命题的争议场。我是在非常广泛的意义上来运用"政治"这个词的,所包括的不只是经济上的利益集团政治的概念,还涵盖着文化、身份以及其他对抗场域内的政治。在我对邓肯·肯尼迪的访谈中,法律和政治的两分法得到了强调,在叙述法律理论是如何演化之时,肯尼迪将法律和政治的两分作为一种一以贯之的主线。围绕着法律和政治之分野所发生的冲突,在法律现实主义内部也得到了反映。法律现实主义存在着两支卓越的潮流。第一个分支强调要考察法律的语境。它们的重点放在了经验研究和社会学分析之上,探讨法律规则是如何影响社会的。而法律现实主义的另一个也是更有争议的分支,则强调法律的可操控性。操控性命题有其负面含义,它意味着法官不仅决定着法律,而且法官在决定法律时缺乏任何有根基的原则,也就是说,法律即政治(law as politics)。法律现实主义的这一分支在多个阵线上受到严重的攻击,比如,在第二次世界大战之后,就有批评者认为法律现实主义从逻辑上会得出如下结果,我们找不到任何有原则的方法去排除那些具有合法形式的政治体制——包括那些带有极权主义倾向的政府。

通过法律过程来限制政治

法律过程学派发展于 20 世纪 50 年代,该学派的核心信条就是如下的观念,如要让法律得以正当化(并且限制政治的入侵),关键在于适当的过程/程序。根据这种法学的世界观,重点在于各类国家官员尤其是法官可以在系统内各司其职。在法律过程学派看来,他们的根本任务就是要致力于让法律去政治化。而在第二次世界大战和冷战的历史背景下,政治化的指控是尤其凸显的。法律过程学派之所以崛起,背景就在于法西斯主义的幽灵。虽然法律决策不可能得出一种"正确的"实体结果,但是得出法律决策可以有一种正确的、**民主的**过程。

任何一位在 20 世纪 50 年代到 60 年代就读于美国法学院的学生,法律过程理论以及反对左翼思想的普遍倾向,都弥散在他们的经验中。莫顿·霍维茨声情并茂地谈及了法律过程理论在50年代后法学界的控制力和影响力。法律过程理论的信徒主要影响着诸如宪法和行政法这类公法领域,而如果说此时期还有一些法律学者并非法律过程的拥趸,那么他们往往是基本上没什么理论观的教义学者。法律过程学派的"中立原则"信条,以及教义学者对现状的隐含认可,都在排斥着20世纪60年代的社会运动积极分子。

在进行访谈时,我深深感知到民权运动和越战是如何影响到这一代在80年代法学界崛起的学者的。对于左翼学生而言,他们的师长都是法律过程学派的学者,而上一代师长基本上未能支持民权运动以及沃伦法院的司法结构,这失败可以说是毁灭性的。而且,法学院的教员在反越战运动时表现的麻痹无力,也进一步加重了学生的幻灭。而在同一时期,法学院内的保守派学生则得出了一种针锋相对的教训。当极权主义政权的电波仍然塑造着保守派的政治秩序观时,在保守派看来,应予关切的问题是由左翼运动"游行在大街上,占领教授办公室"所制造的极端主义和混乱。理查德·波斯纳就回忆起,当他在60年代还只是一位年轻法律人之时,他之所以脱离左倾的政治立场,原因之一就是他"并不喜欢60年代末的各种乱象,你懂的,就是越南那些事。我称之为失序"。

法律与新古典经济学的时刻

法经济学,更准确的标签是法律与新古典经济学,以此才能表明它所代表的只是经济学传统中的一个特定流派,其所采纳的立场是分析法律的试金石就是效率标准。1960年,芝加哥大学的一位名不见经传的经济学家写了一篇略显单薄的论文,之后它将标志着一场学术和政治革命的开端。这位经济学家的名字就是罗纳德·科斯,而文章就是《社会成本问题》。《社会成本问题》一文是革命性的,因为它质疑了支持政府干预的进步主义共识,这一共识是凯恩斯经济学信仰在宏观经济学领域的集中体现。而在法律领域内,它主要昭示在如下基本上可以归于法律现实主义者名下的理念,即为了对弱势群体施以援手,司法干预是必需的。《社会成本问题》是一篇充斥着更远大政治理想的技术流论文。该论文在技术上的论点认为,在一个交易成本足够低的世界内,私人秩序(自由市场)可以解决在社会意义上会造成损害的个人行为问题,若不是因为一场即将到来的政治革命,那么科斯的论点很可能会被丢到历史的垃圾堆里。

1962年,一位名叫罗纳德·里根的"二线演员"和通用电气的推销员,从民主党人摇身一变成为了共和党人。而这只是一场漫长旅途的起步而已,最终,里根入主白宫成为美国总统,同时实现了历史所称的"里根革命"。丹尼尔·耶金已经完成了一项精彩的工作,如编年史一般记录下那些最终导致所谓"制高点"之毁灭的理念和事件("制高点",是指由政府高高在上对经济进行管理的社会体制)。① 力挺政府干预的共识普遍流行,这激起了哈耶克在他1944年的小册子《通往奴役之路》中的愤怒。第二次世界大战过后,保守派经济学家的评论如潮水涌来,他们按照哈耶克的精神(有时候是在其直接指导之下),歌颂自由市场的德性。数十年后,米尔顿·弗里德曼出版了风靡一时的《选择自

---

① Daniel Yergin and Joseph Stanislaw, *The Commanding Heights: The Battle between Government and the Marketplace That Is Remaking the Modern World* (Simon & Schuster 1998).

由》,自由市场论在这本 1980 年的书中可谓是集于一身。弗里德曼和来自芝加哥大学的其他学者,代表着职业经济学家充当自由市场之说客的模式。

自由市场的意识形态和新古典经济学的技术,最终走进了法学院,占据了法学院的核心。1972 年,理查德·波斯纳写作了一本综合教科书,将新古典经济学的技术运用至法律议题,这就是《法律的经济分析》(Economic Analysis of Law)。波斯纳毕业于哈佛大学法学院,在担任首都华盛顿的政府官员时,他曾对经济分析有过一定接触。波斯纳此后任教于斯坦福大学法学院,只是到了此时,在波斯纳遇到芝加哥大学久负盛名的经济学家阿伦·迪莱克特(Aaron Director)之后,波斯纳才开始沉浸在新古典经济学当中。很快,波斯纳转至芝加哥大学法学院任教,芝大法学院连同芝大的商业和经济学系,都是传播保守派理念的运动中心。虽然波斯纳是一位自由市场的信徒,但是在法律与新古典经济学运动中还是有中间或者左倾的实践者。1970 年,圭多·卡拉布雷西,作为耶鲁大学法学院法律现实主义的传人,在他开风气之先的《事故的成本》(Costs of Accidents)一书中,将新古典经济学适用于侵权法的分析。卡拉布雷西可以被称为一位带有支持消费者之能量的政治进步主义者。1978 年,罗伯特·博克出版了《反托拉斯悖论》(Antitrust Paradox),新古典经济学成为了反托拉斯法分析的核心技术。暂且不论政治倾向或者具体的教义领域,检验是否为法经济学者的主要标准就在于是否怀有这种信念,即通过经济分析的视角,法律规则和政策可以得到检视和评价。而在由法律现实主义者所展开的法律—政治谱系中,法经济学家显然是落在法律非政治的(law-as-nonpolitical)这一端。

批判法学的诞生以及法学的多元化

当法经济学在法学界攻城拔寨，在几乎每一个法律领域内都建立起立足点时，吊诡的是（或者也是可预期的），左翼的批判法学运动也正在形成之中。批判法学的三位创始成员（莫顿·霍维茨、邓肯·肯尼迪和罗伯特·昂格尔），在20世纪70年代初都开始执教于哈佛法学院。而到了70年代中期，批判法学运动得以形成。最初的批判法学会议上演的是左翼法学人士的大聚会，包括了大卫·楚贝克以及另外一些将在法律与社会运动中声名显赫的人物。虽然批判法学有一段时期（大约1977年至1994年）在组织上突进狂飙，主要体现为定期举办的研讨会，但是法律与社会运动通过如奥斯汀·萨拉特这些学术领袖的努力，在制度意义上站稳了脚跟，而且在学界继续保持一种显赫的在场。法律与社会运动的实践者，就其学术形态而言更严格地坚持（但也并不是完全排他）法律现实主义的经验分支。他们基本上是对法律现象产生兴趣的社会科学家。而就学术进路而言，批判法学者表现出更外在的左翼和政治性，同时也和法律现实主义的文化分支保持着一种亲和性。"批派"法学家更愿意去强调法律的政治之维。这中间的紧张最终导致两个团队未能联手在一起。

批判法学内还有一种引人入胜的发展，这就是对历史主义的强调。莫顿·霍维茨就是批判法律史路径的代表学者，当然此阵营内还有一些杰出的法律史学者，比如罗伯特·戈登、劳伦斯·弗里德曼，以及约翰·亨利·施莱格尔。这些学者在法学界的上位，也表明在20世纪60年代之后左翼历史学者不断强化的在场感。但是，历史学者流入法学界,也应让我们留意到一种更为普遍的现象——在法学界博士学位获得者(PhDs)的人数越来越多。博士教员的人数增长当然是一种供需现象。一方面,新科博士发现越来越难在人文和社科学系内找到教职。而另一方面,法学院(尤其是精英法学院)的教授类型,正在迅速地偏离传统的教义注释者,而更青睐做理论的学者。

同理论越来越受重视一道到来的是法学院教员在人员组成上史无前例的多元化。在20世纪60年代之前,女性和有色人种基本上不被允许进入法学院执教。但从60年代末起,事情开始发生变化。如果不去思考它与更大范围内的社会运动之间的关联,也就无法充分理解这一现象。具体而言,女权运动和民权运动推进了在法学院学生录取和教员雇佣时的多元化。同这一转变一道而来的是智识的多元化。通过妇女运动和性别研究,女权主义法律理论进入了法学院。凯瑟琳·麦金农单枪匹马,重新调整了法学界在观察有关女性之议题时的视角。例如,麦金农主张,强奸是存在于一个女性承受之暴力的谱系内的,而这种暴力又是镶嵌在一种本质上的性别主义的文化内的。德里克·贝尔在关注民权和种族时主张,法律并不是中立的,因此只有通过种族的透镜才能得以理解。贝尔是涉足我们现在所知的批判种族理论领域的第一人。在批判种族理论的创立者中,还有像理查德·德尔加多这样的著名学者,很快,批判种族理论如雨后春笋一样成长为一种跨组织的学术现象——包括深具影响力的拉美民族批判运动(LatCrit moverment)。本书所访谈的帕特里夏·威廉斯,是贝尔的学生,也经常被认为属于批判种族理论阵营。虽然威廉斯从历史上看可以确定是批判种族理论中的关键人物,但她的写作又无疑是不拘一格的。威廉斯广为人知的贡献,就是她是在法律学术内实验叙事形式的先锋人物（这也是曾为德里克·贝尔加以利用的一种技术），而且对文论这一题材有所专长。女性主义和批判种族理论都是左翼导向的运动，因此它们都同批判法学研究具有值得追寻的理论和社会关联。

因为批判法学源起于多元化时代的开端，所以最初是一种近乎清一色的白人男性运动。但是，随着进步主义倾向的女性和有色人种进入学界，许多学者自然而然地就投身到同批判法学联系在一起的政治和理论阵营中。批判女权理论、批判法学研究以及批判种族理论都分享着一个信念，社会并不是由法律的中立之手所调控的，反过来，法律是一种由社会所构建的产物，由社会权力的动因所决定，无论这种社会权力是性别、经济地位，还是种族。如果说批判法学运动强调的是阶级权力，那么女权批判和种族批判就对身份政治更感兴趣。批派学者相信法律是嵌入在社会情境内的，也因此他们质疑在不平等的权力分配的场域内关于法律的中立理性的主张。批判法学强调，千万不可忘记的是法律的政治之维。

法经济学与批派的分野以及当代美国法律理论的建构

整体上看，法经济学（至少是在20世纪70年代初最初成型时）和批判法学代表着对法律现实主义者所开启的法律—政治之争的两极回应。法经济学的主旨可表述如下，通过运用经济分析的科学技艺作为构建法律理论的主要工具，政治即可以得到限定——让法律的归法律，政治的归政治。而批派学者则认为无法找到可以将法律和政治截然分开的方法。批派学者所采纳的立场并非认为法律由始至终都是政治。这里存在着共同认可的"游戏规则"。即便是那些积极反对批派理论的学者,包括法经济学的追随者,绝大多数也并不主张法律是完全脱离政治的。这场辩论围绕着如何划分出在法律和政治之间的大致分界线而展开。本访谈录内收录了不同的理论运动,它们以非常不同的复杂方法划出了这一分界线。不仅如此,即便在同一运动之内,分野界线的划定也并不是整齐划一的,不同的学者个体以及小团体在这一问题上会采取相异的立场。在访谈过程中,这类复杂性时不时地会浮现出来。作为正文访谈录的序曲,在此有必要更为深入地讨论受访学者以及他们的理论运动是如何镶嵌入法律—政治分野叙事的——特别是要关注其中的方法论问题。

当我们深挖新古典经济学的理论内核时,就可发现它们的原命题在于相信个体是分析的基本单位,无论个体是一个人,还是一个商事组织的实体。在此之上,新古典经济学还认定,个体是一种理性的行动者。正是因为这一预设,才可以用优雅精确的数学工具去搭建起经济世界的模型。经济效率成为了一种规范,其证成了要按照经济模型去解释法律规则,因为基于效率标准的法律决策才符合公共福利。这是理查德·波斯纳在《法律的经济分析》中所采取的基本立场,直至20世纪80年代早期,波斯纳都以财富最大化的标准(类似功利主义)为其立场进行辩护。而自80年代中期后,波斯纳就穿上了实用主义的披风——证明自由市场的经济政策是具有正当性的,因为它们产生了实践收益。

权利理论家由政治哲学的视野而进入这世界,但是他们和新古典经济学家至少有一点共同之处,都认为个体是分析的基本单位。

但是,权利理论家用各式各样的权利去填充个体。取决于权利理论家所持有的特定立场,个体所享有的权利内容可能存在着极大的差异。约翰·罗尔斯在1971年出版了他的里程碑著作《正义论》,以此确立了当代政治哲学内权利理论的辩论话语。过去数十年间,法学内部的权利理论家领袖是罗纳德·德沃金。德沃金在1977年出版的《认真对待权利》中表达了他的权利观,德沃金主张权利在社会中的关键角色,这本书是对法律实证主义和功利主义的一次正面攻击。布鲁斯·阿克曼的权利理论进路同公民身份的概念联系在一起,阿克曼主张,每一个美国人都有权获得一组特定的经济福利,由此将他的权利理论和宪法理论勾连起来。这是一种理性主义者的视角,因为这种主张的基础在于权利是不可剥夺的(因公民身份而得以确定),以及由此而从逻辑上推演出的宪法学说。阿克曼承认,公民权政治在我们宪法的演进过程中扮演着关键的角色,但是他否认了法律即政治的批派观点。

在权利理论内部还有一支保守宪政主义。在当代政治理论的谱系内,保守宪政主义可以追溯至罗伯特·诺齐克的《无政府、国家和乌托邦》(1974)。查尔斯·弗里德的放任自由宪政的核心观念可以表述为,每个人都拥有一套自由权利,而自由权利为政府干预个人自由的能力设定了宪法限制。这种形式的宪政论是保守的,因为它主张在经济和社会领域内的一种有限政府角色。保守宪政论的信徒们认为,权利是从根本上得到决定的,而由权利出发可以合乎逻辑地推演出法律规则(类似于左翼自由派的表述),因为自由权利被视为法律的绝对基础。保守主义宪政还有另一种形式,但在本书的访谈录里未能得到代表,其属性是更为伯克主义的。一位原旨主义的宪法学者相信,宪法决策的基础应当起始于制宪者的原初意图。我们可以通过深挖宪法的原初含义来决定适当的宪法法律。

当然,有关法律的哲学思索并不局限于宪法理论,在此之外还有广阔的天地和丰富的历史。第二次世界大战之后,哲学的关键事件就是分析哲学的兴起(还包括在其名下的逻辑实证主义)。分析哲学家的一个主要目标就是要严格地、符合规矩地进行概念讨论。为了阐明命题,分析哲学家仔细进行论证。在思考权利时,罗纳德·德沃金运用的正是这一方法。而罗尔斯的《正义论》和诺齐克的《无政府、国家与乌托邦》,也都有无可辩驳的分析哲学取向。朱利斯·科尔曼来自于分析哲学的传统,而他在侵权法理论上的工作,其基础就在于思考当我们讨论正义时我们到底在讨论什么。科尔曼在侵权法领域内讨论矫正正义,这表明哲学的触角早已不局限于宪法权利的辩论,而是有着更广泛的范围。在围绕法律实证主义的辩论中,科尔曼也是一位核心人物,而实证主义对法律概念的理解则同权利理论背道而驰。法哲学家都分享着一个信念,认为严格的理性分析将会加强我们的理解,同时则怀疑批派学者关于法律即政治的主张。而针对波斯纳(在20世纪70年代所表述)的效率论,法哲学家也提供了一种分析上的对抗。无论是科尔曼,还是德沃金,都在批判法经济学的核心教条。但是关于法律的本质为何,两人之间则有一种根本的分歧——德沃金完全否定科尔曼的法律实证主义。而科尔曼从分析哲学走向实用主义的演变,也表征着英美哲学内的转向。(类似的转向也体现在罗尔斯、诺齐克和德沃金身上。)但是,科尔曼也小心翼翼地表达着他的实用主义观,务求不会在政治分野上将他拉得太远。由此我们可见,科尔曼既批评理查德·罗蒂——罗蒂很可能是最受欢迎的新实用主义者,左翼的宠儿,同时又批评那些他所认定的"怀疑论或犬儒论"的实用主义。

法律与社会的追随者致力于做出新的发现,以此去阐明法律问题。在这种学术努力中存在着繁多的研究进路,但是其重中之重是放在社会科学上的。奥斯汀·萨拉特的学术背景和研究可说是法律与社会模式的典范。萨拉特先是在政治学内获得了博士学位,随后就读于法学院,最终成为一名执教于阿默斯特学院的政治学家。在萨拉特的学术生涯中,他通过在诸如死刑这类法律题目上的民族志研讨,尝试着找到法律的"真相"。这类研究的出发点是,若是研究者未能深入到死刑这个系统内的行动者的行为细节,那么就不可能真正理解死刑在美国是如何运作的。在法律与社会的学者看来,法律理论就是一种理性的探索,这是指他们相信,在揭示有关法律之运作和影响力的真相时,发掘事实是此过程的核心。但是,在法律与社会内还存在着一种社会建构主义的分支,在我和萨拉特的对话中所反映出的"后期萨拉特"就是代表之一,这种学术进路更开放地思考了法律的文化维度,因此同批判法学研究有一定的亲和力。

20世纪60年代后,批判法学曾是一马当先的先锋,挑战着法律是一种无涉政治的事业这一主张。对于批判法学者而言,这通常意味着要去揭露出深藏在法律之下的经济/阶级动力。我们在莫顿·霍维茨的批判法律史研究中可以看到这种举动,其作品带有着坚定的经济决定论的取向。霍维茨一方面致力于颠覆辉格党人的普通法观,辉格党认为普通法的历史演进并没有受到政治的影响,另一方面也挑战了自由主义者的进步观。虽然批判法学通常否认马克思主义的经济决定论,但他们确实关注经济利益在建构法律政策中的角色。批判法学还有另一分支,其同文化批评更为协调。在邓肯·肯尼迪从文化上批判法律作为错误意识时,他就引用了福柯这些后现代的理论家的观点。

女权主义者则认为,如果不能跟踪性别动因,则我们不可能真正理解或改变法律。凯瑟琳·麦金农鼓吹着这一观点,男性家长制是法律以及更广义的社会基础结构的核心。具体而言,法律是如何处理有关性别的议题(特别是强奸和色情资料)的,这其中的方式凸显出法律是一种以男性为中心的事业。杜希拉·康奈尔具有一种类似的世界观,但是,她关于男性和女性的性态动因的分析却是更富弹性的。当麦金农和康奈尔在论述性交易的问题时,他们所采取的截然不同的路径就表现出两位女性主义者之间的差异。康奈尔从后现代的视角出发去理解生活的展开,因此她否决了如下的立场,即生活中存在着一种一成不变的男性/女性的等级制,性工作在此等级制内必定呈现为一种宰制行为。而在麦金农看来,性交易是内在于性别主义光谱的一部分。康奈尔主张,性交易事实上可以成为女性作为"有性"之存在的一种表达,因此拒绝将她本人关于"美好生活"的观念强加给那些性工作者。要解决性工作者被剥夺的状况,康奈尔的方案是组织起工会,以此赋予女性性工作者以权利。康奈尔的生活游戏感是后现代理论家的普遍症候,她们质疑现代主义者追求社会关系(也包括法律)的客观化和固态化的努力。(邓肯·肯尼迪也有着类似的观念,他主张法律的可塑性。)在康奈尔的作品中,社会建构的流变是显而易见的,她在讨论种族在存在意义上的动因时就谈到了弗兰兹·法农。康奈尔不仅在她自己的著作中运用了后现代的洞察力,而且还将欧陆哲学家介绍到美国学界,最著名的就是德里达,因此在学界留下了一个有着历史意义的角色。

民权运动与20世纪60年代的种族政治,不仅为在法学院内出现成规模的有色种族教授扫清了道路,而且还为建构种族和法律之间关系的理论提供了启示。但吊诡的是,德里克·贝尔的《而我们并未得到救赎》(And We Are Not Saved),虽然被公认为是批判种族理论的开山之作,但这本书本身却质疑以民权导向的道路去追求法律改革的有效性,在批判种族理论中,这是一个反复出现的主题。贝尔拷问了这样一种法律观,即民权法律是为了黑人进步的利益而制定。事实上,在贝尔看来,这些法律如果不是服务于白人的利益,那么它们从一开始就不可能得到制定。1981年,哈佛大学法学院出现了一场让批判种族理论进入课程体系的抗议运动,批判种族理论的激进能动和黑人民族主义色调由此可见一斑。还有一些学者致力于从具象上把握有色人种及其同法律之关系的经验,他们关注的是存在意义上的经验。我们首先可以想到弗兰兹·法农的《黑皮肤,白面具》。在批判种族理论内部,德里克·贝尔、理查德·德尔加多、帕特里夏·威廉斯等学者运用了"故事"的体裁形式,表现出了这种阐释存在之现实的渴望。威廉斯运用散文的形式去探讨身份在多个层面上的深层内核。而另一位杰出的批判种族理论家金贝利·克伦肖,也在她的交叉学科分析里进行着同样类型的工作。威廉斯的后现代作品囊括了种族、性别和文化上的洞见,这同杜希拉·康奈尔的后现代论述可谓是异曲同工。散文(通常以第一人称的主体视角),是威廉斯作品的形式,而这一形式本身也在有力地对抗着那些去政治化的叙事。

21 世纪的法学

本书所访问的所有法学家,他们的根都留在了 20 世纪,但是他们所涉足的运动和理论的种子,在 21 世纪也会开花结果。20 世纪的后半叶,我们可以发现在法学界内的主要学者以及理论运动。而到了今天,法学界要零碎得多,也更为专业化。专业化的趋势根源于 20 世纪 80 年代。正是在 80 年代,我们开始看到在法学院教员内有博士学位的人员在迅速增加。法律学术日益跨学科,同时也愈加理论化,也因此造成了法学的专业化。正如许多受访学者所证明的,法律学术还存在着另一种与日俱增的趋势,这就是在事关理论的运用和适用时,法学者普遍采取了一种新实用主义的立场。这种实用主义的转向,一方面有可能会缓和硬碰硬的理论冲突,但另一方面,正如邓肯·肯尼迪所言,它也可能是法律理论之死亡的进一步证据。虽然我钦佩肯尼迪关于法律"大理论"之衰落的立场,而且在很多人眼中,本书也将成为对理论之死事件的一次铭记,但是关于未来的发展,我的观点略有不同。

在本书收录的访谈中,我同受访学者讨论了我的观点,因为专业化的程度与日俱增,法学界已经没有了跨越领域的广博智识对话。当然,这同那些仍在跨学科领域内工作的学者所持路径是背道而驰的。日复一日,学术辩论发生在那些本身即是"学科整合"的相对狭小的学科分支内,但是对更大范围内的学术共同体却并不影响。虽然正是本书受访学者所代表的理论运动开启了这种"学科整合"的趋势,但他们的影响力却是至深至远的,因为他们的对话对象是整个法学界乃至于整个学界。这也就解释了这一事实,即本书的许多受访者可以被认为是公共知识分子。这些多元视角之间的对话,即便很多时候不免激化为愤怒的对骂,但仍催生了法学界至今为止的一些最有意义的学术理念。最终,这是这一时代的真正遗产。今天的专家学者在他们特定的分支领域内亦步亦趋地前行,借用托马斯·库恩的概念,在由前辈学者所建立的理论领域内做着"常规科学"。法律理论并没有死亡。但是,它日益失去了锋芒。我们的问题是,下一代学者是否还有可能拥有这么一块可以耕作的理论探索的富矿?

我们可以将法学界的这一时刻称为新实用主义的时代。无论我们如何标识当下发生在法学界的智识工作,它的根源都要追溯至本书中所访问的那代学者,而且最终也为那代学者所塑造。正是基于这一原因,我们(我也是其中一员,在写作本导言时47岁,因此正处在代际交接的分界线上)都应该深深地感谢在本书中接受访问的学者,而且直至今天,我们还可以从他们的理论、历史和政治思索中学到很多,很多。

01

批判法学

邓肯·肯尼迪

受访人:邓肯·肯尼迪

邓肯·肯尼迪,哈佛大学法学院卡特法理学讲席教授。他参与开创并推进了批判法学的研究,这是他在学界最广为人知的贡献。肯尼迪教授还有多本专著出版,包括《古典法律思想的兴起和衰落》(The Rise and Fall of Classical Legal Thought)(1975)、《法学教育和等级制的再生产》(Legal Education and the Reproduction of Hierarchy)(1983)、《性感衣着》(Sexy Dressing)(1995)和《裁决的批判》(A Critique of Adjudication)(1998)。肯尼迪教授对法律史做出了卓越的贡献。而作为批判法学的奠基人,他向美国法学界引介了欧陆的法律理论。肯尼迪教授还运用经济分析的工具,在多个法律领域内为政策分析做出了贡献。与此同时,他也对主流的芝加哥学派的法经济学进路进行了激烈的批评。肯尼迪的作品还探讨了法学教育在社会中充当的角色。

哈克尼：你为什么选择从事法学研究？

肯尼迪：成为一名法学家，原本只是我的第三选择——如果可以的话，我更愿意当一名小说家。或者在自由派的政治改革运动中做一名主张州权的地下党人。直到我就读法学院时，从事法学研究才开始变得对我有了吸引力。刚入学那会儿，虽然我并未确定会从事学术研究，但成为小说家和州权地下党这两个选项一下子变得不那么可行了。而在法学院中，我发现自己还算一个有天赋的学生。那会儿的我们都非常在意自己的天赋和可能性。于是，我觉得从事法学研究既可以发挥自己在文学和政治行动上的天赋，又比我专门从事二者之一要更为合适。

哈克尼：你在法学院期间，美国总统是谁？

肯尼迪：约翰逊。这也是为什么在我刚进入法学院时，左翼政治积极分子觉得为政府工作还是个不错的选择，但情况后来就不是这样了。在读法学院前，我为中央情报局工作了两年。在那两年和我在法学院的第一年，无论是我，还是整个国家，都发生了巨大的变化：1966至1969年，自由派阵营分裂——自由派的一部分开始变为激进的反战分子，另一部分则成为中间派或"保皇派"，整个文化都因此突然产生分裂。我本人就深受这一变化的影响：在1966至1969年这段时间，我变得非常激进。自由派各方面的主张都变得不再吸引我了。自由派之后长时间的衰落也由此开始。右派正准备掌权——如你所知,虽然这一过程是渐进的而非迅速的,但这一趋势在当时就已经很明显了——反动已经开始了。

哈克尼：你说的中情局这段很有意思。你都为他们做些什么？

肯尼迪：我为中情局的全国学生联合会（National Student Association）行动服务，这基本上是冷战自由主义计划的一部分。这属于政府对学生或青年民主政治运动的资助。对于我以及很多1966—1969年的同时代人来说，另一件发生在我们身上的事情是，我们不仅丧失了对美国在全球扮演正义角色的信念，而且也不再认为共产主义还有什么威胁。苏联急剧且不可逆转地走向衰落，是导致这一切发生的重要原因。布拉格之春意义重大，并不是因为这一事件展示了苏联的巨大威胁；相反，它表明苏联已沦落到在中欧只能靠暴力来维持其地位的地步，而这恰恰证明苏联已不再构成威胁。而一旦苏联这一威胁消失，放眼国内外，能够成为威胁的只剩下美国自己了。

哈克尼：好，现在我们来谈谈本科阶段，你当时主修什么？我知道你本科是在哈佛念的。

肯尼迪：我主修的是发展经济学。

哈克尼：哪些教授在发展经济学上影响了你？

肯尼迪：约翰·肯尼思·加尔布雷斯代表了我所认同的那种经济学，但他那会儿正担任美国驻印度大使，不在哈佛。另外两个对我影响很大的教授中，有一位并非经济学家。他是爱德华·班菲尔德，一位芝加哥大学毕业的保守的社会学家，和詹姆斯·威尔逊观点相近。

但他观点犀利,政治敏锐,理解并熟练掌握了如何把新古典主义思想和社会学思想结合起来。我认为他很了不起,他是一位伟大并具有惊人批判思维的教师——虽然我们政治观点相左。

另一个对我影响很大的教授是理查德·卡夫斯,一个自由派。他现在还健在,是哈佛的荣休教授。他是工业组织方面的专家,但他并不是一个制度主义者。虽然他自己是当时广受尊重的新古典主义工业组织的学者,但他却教会我们如何批判新古典主义政策那些过于简单的前提预设。班菲尔德从新古典主义的立场出发,批评一切自由派的政策,而卡夫斯则从工业组织的角度去批判所有新古典主义政策的前提。此外还有卡尔·凯森,他属于最早一批在反垄断领域进行法律经济学研究的人,他同时在经济系和法学院开课。我上过他为研究生所开的一门反垄断课程。他认为主流新古典主义理论对去管制化的预设都是错的。总而言之,我接触到了上述三种经济学批判。它们告诉我,作为经济学家站在经济学的立场上,同样可以既否定头脑简单的自由派主张,也拒绝头脑简单的保守派主张。这就是我所接受的训练。

哈克尼:相信这些都会对你后来就读法学院产生影响,圭多·卡拉布雷西那会儿已经在耶鲁了,我猜想法经济学运动也正在酝酿之中吧?

肯尼迪:卡拉布雷西已经在耶鲁了。他那时正在写《事故的成本》,但还没有出版。我记得他是在1970年出版该书的。事实上,耶鲁法经济学的代表应该是罗伯特·博克。

哈克尼:你指的是博克那本《反托斯悖论》?

肯尼迪：没错，在我们去耶鲁前，博克就已经发表了他第一篇关于反垄断的论文。卡拉布雷西正在逐渐引起关注，但那时他还在继续修改他的书稿，这本书要比他之前所写的论文成熟很多。他之前的论文在面对科斯定理时都显得有些让人困惑。《事故的成本》则发展出了一套法律人对科斯定理的自洽理解。卡拉布雷西并不是一个非常具有领袖气质的人。也许我们的看法不太公平，我们总觉得他带着一种"顾盼自雄"（preening）的气质，让人觉得他只是"屈尊"于我们。耶鲁的教授当时分成不同的学派，但法经济学基本上就是卡拉布雷西和博克［或许还可以算上沃德·鲍曼和拉尔夫·温特，两人后来都成为里根提名的右翼法官］。

博克和卡拉布雷西彼此间没有什么影响和交集。博克是右翼的、芝加哥大学法经济学学者，而卡拉布雷西则彻底反对博克的进路。其实整个教授群体中更具代表性的是哈佛帮：哈里·威灵顿、亚历山大·毕克尔和罗纳德·德沃金。他们都是哈佛法学院毕业，担任过《哈佛法律评论》编辑和联邦最高法院的大法官助理——执着于符合推理的阐释和遵循原则的裁决——沃伦法院在其能动主义高峰的所作所为让这些自由派权利卫士深感矛盾。他们比法经济学在耶鲁更具影响力。事实上，正如我们这些耶鲁的左派学生所说，正是因为这些人的巨大影响力，哈佛后来变成了耶鲁，而耶鲁变成了哈佛。此外，还有一些搞社会科学的学者；他们并不是经济学家，但却构成教授群体的另一重要部分。

哈克尼：这些搞社会科学的学者是否可算作法律现实主义在耶鲁的残存呢？

肯尼迪：他们可不是残存——他们十分活跃,代表了20世纪60年代法律与社会运动的典型。三位主要成员是亚伯·古德斯坦（Abe Goldstein）、约瑟夫·古德斯坦（Joseph Goldstein）和斯丹顿·维勒（Stanton Wheeler）。他们都对心理学和犯罪学颇有研究。约瑟夫·古德斯坦从事心理分析。他们就是资深教授群体中的另一重要分支——法律与社会科学。

作为今天法学界的统治性力量,在1975年前,法经济学运动都还没发展成今天的样子。1970年秋天,我开始找教职时,理查德·波斯纳邀请我去芝加哥大学面试,他对我非常友好。他那时已经开始成为今天鼎鼎大名的"波斯纳",他刚刚发表了他的论文,论证工友责任规则（fellow-servant rule）为什么是正确的,并批判现代侵权法对自由市场的干涉。在当时,这可是全新的立场。绝大多数读过并且理解他论文的人,都认为这是右翼对每个正直的自由派所坚信的理性真理的偏颇攻击。所以在当时,波斯纳的这篇论文更多地被视作是挑衅,而非智识上的冲击。

哈克尼：罗纳德·科斯那时还没有渗透到法学界吗？

肯尼迪：是卡拉布雷西和波斯纳在传播科斯。科斯在法学界是通过这种方式传播的。除此之外,在主流法学界没有其他的渠道。在芝加哥,那里有一批研究反垄断的人,所以他们早就知道科斯的存在。

哈克尼：没错,应用经济学。你思想中另一重要影响来自欧洲大陆。你可以讲讲欧陆理论家对你的影响吗？

肯尼迪：长期以来,我主要受到欧洲大陆两种思潮的影响：一支是批判理论、西方马克思主义、后马克思主义（包括其中最重要的两位：

马尔库塞和萨特);另一支则是结构主义(特别是列维-施特劳斯和让·皮亚杰)。我是如何接触到这些理论的?主要通过两种途径。首先,我是时代精神的孩子。在20世纪60年代末至70年代,上述观点与左翼思想正在流行。那种流行程度是我们今天难以想象的。绝大多数认为自己有些左翼思想的人,多少都会有兴趣去学习这些理论。这是第一种途径,它同时适用于批判理论和结构主义。另一种途径则是由于我从小在坎布里奇长大,这是一个对自己的世界主义(cosmopolitanism)很骄傲的地方,因此对来自欧洲的影响十分开放。所谓世界主义,其实主要就是指英吉利海峡对岸的欧洲大陆,"欧洲大陆这样"或"欧洲大陆那样"。就像克里斯托弗·沃肯(Christopher Walken)在《周六夜现场》中所戏仿的那样——我们都是"欧洲大陆人"。年轻时,我在巴黎生活过两年。我会说法语,并能够流畅地阅读。因此我很容易将这种欧陆影响与我后来在耶鲁的现实主义法律教育结合起来。

哈克尼:你在巴黎时多大年纪?

肯尼迪:我自己第一次去巴黎时18岁,刚从安多佛中学毕业。我住在巴黎,在一家银行做助理,一个月挣差不多120美元。这是一段对我影响至深的经历。在本科毕业后,我又为中情局在巴黎工作了一年。

哈克尼:当你开始在哈佛法学院教书时,你都开了些什么课?当你寻找自己的定位时,你如何处理每位新教师都会面对的一系列问题:我应该如何教授法律和面对学生?我应该如何从事研究?当你刚成为一名教师时,你总会有那么一个时刻问自己:"好吧,我应该如何开始?"

肯尼迪：当然。我视自己为某个集体代际运动的一分子——不是有组织的运动,但的确是集体的。我强烈地感觉到,存在着一个"我们",这就是于 1967 年至 1971 年就读法学院的这代人。在法学院期间,我们令人惊奇和不同寻常地反抗法学院,但也开始用一种远比正统自由派更左的方式思考法律。那时法学院的主流是自由主义,而非保守主义。我们的批判不仅是文化批判,也是政治和知识批判。文化批判集中攻击法学院内的权威主义,这是一种由一本正经的、主张异性恋的白人男性主导的特质。并不是法学院的每个人都是权威主义的,但法学院的确围绕着一种权威主义的权力组织起来。其中存在着"硬派"(hard guys)和"软派"(soft guys)。"软派"都很友好,但在面对"硬派"时非常无力。这是法律训练中所要传达的核心观点。这个世界建立在硬派/软派的二分法上,硬派主宰着世界,全面压倒软派。这种职业系统同样反映在学生身上。这就是所谓的"等级制的训练"(training for hierarchy)。

从一开始,从第一节课开始,我的目标就是要摧毁或对抗这种文化。由于直到今天我都相信苏格拉底教学法,这意味着我必须在一个苏格拉底式的教室里找到与学生互动的不同方法。我喜欢上大课,我喜欢大课所拥有的张力和刺激。我不喜欢用亲密、鼓励性的小班教学来替代这个严厉残酷的世界,因为这只会复制硬派/软派的二分法。所以作为一名新晋教师,我的使命是从一年级 140 人的大课这一剧院景观的内部,找到一种训练方法,以避免将学生要么培养成粗暴的硬派权威主义者,要么培养成友善但毫无权力的软派。

问题在于,如何通过师生互动和课堂组织改变学生的课堂体验?这需要创造一种让学生能够真正发言的氛围,并以一种毫无保留和坦率的方式教学。典型的法学院一年级课堂的问题是,老师其实只是讲给少数聪明学生听,并让这些学生产生一种他们正在接收某种深刻而且神秘的知识的感觉,他们必须努力思考并且迅速领会。剩下绝大多数一年级学生都浑浑噩噩,他们每天都尽全力试图跟上而不掉队,但这并不容易做到。因此,关键就在于抛弃这种对学生中精英和大众的区分,让每个人都能了解那些看似神秘的东西,使这些东西变得直白明了。同样重要的是,上述学生"大众"中还包括之前从未被录取过的女性和有色种族,以及一些并没有完全为法学院做好准备的白人男性学生,或者那些无法与硬派教授合拍的人。我的计划是在法学院精英主义的世界中推行平等主义的纲领。

这就是我的教学纲领。此外,对于我的课程设计,我还有知识上的纲领。我对私法很感兴趣。为什么呢?因为私法是塑造法律人对待法律态度的原始素材。在我那个年代,由于沃伦法院正在逐步退出舞台,几乎每个人都对宪法着迷。沃伦法院仍是所有左派的偶像和挚爱,尽管其已被伯格法院取代并逐渐远去。对绝大多数身处法律文化中的人而言,将最高法院视作一个可以催生深远变革的机构,几乎是天经地义的事情。

我更认同激进派对最高法院的看法:最高法院总是在不断出卖(或至少没有足够重视)那些边缘群体对正义更激进的诉求。而且我认为只关注最高法院本身就是错误。值得关注的是建构所有对最高法院态度的基础——也就是私法。我因此选择教合同法。

同时,我认为只有深入核心地带才能影响法律教育。法律教育的结构是软派教授只教那些规制、人文和其他"舒适"领域内的进阶课程。而严厉、强大、强硬和有权力的教授则主宰着一年级基础课程的课堂。所以关键是走出软派的鸽棚,去硬派的领地挑战他们。因此,除第一年之外,我选择了合同法和法律史作为我的两个主要领域。后来,我听从当时哈佛法学院院长埃尔·萨克斯的建议,开了一门关于法律过程的课程。后来我又教了很多年信托法,目的是为了进入私法的内部,把那些因过于利他主义和看起来"假道学"而被排除在私法之外的部分重新拉回到财产—合同—侵权中来。二战前,哈佛正是出于上述原因把信托法从课程中删去的。所以我教了很多年信托法,但合同法和法律史仍然是我的主业。

对我来说,教授私法第一年一个很重要的方面,是撼动那些即便是在自由派高峰时仍十分普遍的保守派观点。其中最重要的就是在合同法、侵权法和财产法中,对干预合同自由的极度敏感,因为这种自由主义的干预被认为会"损害你想帮助的人",要么过于居高临下,要么是出于父爱主义。自由派学生对这些争论并不熟悉,我尽我所能教会他们,但却有时忽略上一代法律进步主义运动的回应。我没有过多考虑法律进步主义运动的教导,是因为我已把自由派和保守派各自的论证完整全面地呈献给了学生,然后让他们自行选择。

我所教授的进阶课程是"法律思想史"。法律史的目的在于通过法律史对法律理论进行批判的、理论的和结构主义的再思考。所以在我看来,法律理论和法律史其实是一回事。

哈克尼: 所以你将法律史处理成知识史?当我们想起法律史时,一般不会将其当作知识史。

肯尼迪: 我称之为法律思想史,所以也就是知识史,只不过这是关于法律的知识史,里面充满了法律原则。在法律史研究的第一阶段,我最感兴趣的是关于"理性之死"的叙事。在当时,这条线索与左翼思想中的阶级斗争并行。理性之死是关于精英如何将法律保持在一个建构的、理性的和必要的领域的问题。我所感兴趣的是,保持法律理性的努力与法学家内部对此的批判如何共同构成一个互相毁灭的进程。

美国的法律精英不断地参与改革、批判和之后的重建。对法律科学理性化的主张每次都会被削弱,这使得法律看起来愈发偶然和政治化,但政治/法律的区分从未消失。对于美国法最初的、理性化的理解是如此根深蒂固,政治在任何层面都无法将其撼动。但随着政治的部分日益壮大,法律的部分不断萎缩成一块小小的飞地,这块飞地虽有藩篱、铁丝、巡逻犬和电网包围,但仍在不断变小。

我也曾深受美国法律精英所讲的这个故事的影响,因为我不知道任何其他体系的存在,而我本身的民族主义偏见也使得我强烈地抵触欧洲法律思想。自那以后,我转向了另一方向。我开始把美国法律思想史当作整个西方关于理性历史,以及关于宗教和科学历史的一部分来理解。在宗教和科学史的背景下,我认为法律思想史是韦伯所说的祛魅和去理性化进程的一部分。马克斯·韦伯是第一个从这一角度撰写西方法律史的人。我不太清楚还有多少人做了类似的工作。我的目的是超越法律现实主义。法律现实主义者对政策科学和政策分析的过度痴迷使得他们仍会继续保留法律/政治的区分,从而无法更加深入地进行批判。

人们常说我所做的(以及我们这批人所做的)不过是现实主义运动的延伸,这是对的。只不过我们所做的是一个大得多的延伸。正如你所知道的,现实主义运动真正的继承人很恨我们,因为现实主义运动中科学的维度——关于工程的隐喻——非常强大有力。除了愚蠢的法律形式主义,法律现实主义者并不认为他们解决了任何事情。只要踢开了形式主义,我们就拥有了理性的政策思考——这种非常"坚固"(hard)的东西——作为替代。我们这些批派(crits)对政策分析的攻击和现实主义者对形式主义教义的攻击一样。所以,批判法学和法律现实主义非常不一样。我们批判的目标是法律现实主义。人们总是说:"好吧,你们的观点在法律现实主义里不是都有了吗?"当然不是!恰恰相反,法律现实主义对法律教条所做的,正是我们对政策分析所做的(这是非常困难的)。搞政策分析的学者一眼就看到了这点。那些自由派宪政主义者没看出来,但政策分析家一眼就能看出。

哈克尼:你之前提到过的耶鲁法学院研究社会科学的学者预见到了这一趋势。

肯尼迪:是的,毫无疑问。

哈克尼:我发现你的叙述逐渐从"我"——邓肯·肯尼迪——转化成"我们"。也许是时候讲讲批判法学运动的起源了,因为我想这正是你所说的"我们"。在你所在的哈佛法学院,你脑中肯定有一系列学者可以被视作批判法学的先驱。你最先和谁讨论这类观点?这些人当时是在耶鲁,还是哈佛?

肯尼迪:这个问题不难回答,因为这个故事我已经讲过好几次了。在我看来,一切都始于我们这些1967至1971年在耶鲁法学院读书的人,这其中包括马克·图施耐特、兰德·罗森布拉特和安·弗里德曼。我们一起开始教书,共同参与了耶鲁法学院学生激进主义运动最关键的时刻,这些在劳拉·卡尔曼那本《耶鲁法学院与六十年代》书中有很精彩的描述。这是故事的一部分。

　　来到哈佛法学院后,我很快就跟莫顿·霍维茨和罗伯托·昂格尔走得很近。我们几个同时获得教职,在法学院,同一年入职的教授间关系往往很密切。这种亲密部分源自我们同时来到这里,但很快就发展成一种更加深厚的、智识上的联盟。像卡尔·克莱尔、凯希·斯通和马克·科尔曼这样的学生也被我们的计划所吸引。所以批判法学的核心就是两拨分别来自耶鲁和哈佛的人——此外,还有大卫·楚贝克。耶鲁法学院在70年代初拒绝楚贝克的终身教职申请,他之后就去了威斯康星。他同时代表了我们的耶鲁网络和威斯康星网络,此外我们还有纽约州立大学布法罗分校的网络。楚贝克和耶鲁的学生一直保持着联系,而我则同时与耶鲁和哈佛的人保持联系。我们拥有了一批非常出色的成员。当我和楚贝克打算在麦迪逊举办批判法学运动第一次会议时,我们没费什么劲就拟出了一个16—20人的年轻教授名单。这批人或多或少都持有相近的"理念",即相对左倾,在法律理论中融合了马克思主义和韦伯的传统。早期批判法学运动就是围绕上述理念展开的。我们还试图邀请老一辈的法律与社会运动学者和法律社会科学学者加入,但可能由于代际的理念差异,他们要么拒绝参与,要么很快退出。理解批判法学运动的这一方面十分重要。我们一直试图与不同代际的学者结盟,但我们始终无法与1940年前出生的学者建立很好的联系。或许只有三四个例外,像大卫·楚贝克和里克·阿贝尔——或许还能算上阿瑟·勒夫。这种代际分裂十分明显,所以从一开始,批判法学运动主要属于当时四十岁以下的学者。

　　哈克尼: 在开始阶段,你能否描述一下是什么样的理念使你们走到了一起?你之前提到了马克思和韦伯。

肯尼迪：把我们这个最初的小团体团结起来的主题其实十分有限。我们之间的分歧远多于共识。团体成立后，伴随着更多人加入，不同的观点也随之而来。开始的时候，我们都认同左翼思想，也就是比当时占主流的美国自由主义更左的立场。我们的靶子不是尼克松，而是那些主宰着法学界和法律文化的、远比尼克松要左的智识力量。我们的理念就是激进。

马克思主义是一个重要组成部分——但早期批派成员中其实没什么传统或正统意义上的马克思主义者。对我们而言，马克思主义只是一种重要的影响，而非必须接受或拒绝的教条。我们其中一些人比其他人更认同马克思主义。但马克思主义只是美国激进主义的一部分，而非全部。激进主义可以有其他很多来源，像民主社会主义、反文化运动，或者是对美国主流自由主义的幻灭。类激进主义是最重要的理念：我们倾向于要求更多、更快，愿意付出更大的代价。与主流自由主义相比，我们在种族、经济正义以及后来的性别议题上，也更愿意主张更加激烈的变革。这是因为我们拥有更加平等主义和社群主义的意识形态，我们也相信更强地冲击现有文化是可欲并且可行的。

我们的目标有两个。一是拒绝主流自由主义，无论在实质内容上还是在措施、政治和特征上，主流自由主义都太温和了。另一方面，我们相信我们的职业生涯中充满了政治。作为教师，我们所参与的制度机制正在生产着将来会进入政治、经济、社会和文化系统的人，这一切都只会维持现状。这就是等级制再生产的观点。这一观点被广泛接受。所以是政治原因使我们走到了一起，这既包括国家层面的政治，也包括学校和机构层面的政治。

30　　**哈克尼**：这似乎又回到了你之前的讨论——这绝对与代际有关。这一切都与时间有关。

肯尼迪：当然如此。这一切都与你是否"年轻"有关,而与"年长"无关。

哈克尼：在你《裁决的批判》一书中,一个贯穿始终的区分是批判法学运动中的理性主义者和非理性主义者。首先,你能否具体解释一下这一区分?其次,这一区分是自初创时期就存在的,还是在经过了一段时间发展以及和同仁的碰面后才出现的?

肯尼迪：从一开始就存在。在耶鲁时,这一区分就出现了。我喜欢把理性主义者叫"北方人",而称非理性主义者为"南方人"。这一称呼与我对非理性主义者的立场更吻合。这一区分主要是:在诊断现存体制问题和为未来设定乌托邦式目标时,我们应如何理解理论(既包括规范性理论,也包括描述性理论)的角色?

这其实是一个光谱。在光谱的一端,人们认为为了理解体制的问题和体制本身,你必须先要有一个理论。这个理论可以是美国实证社会科学、马克思主义、经典自由主义或其他任何理论。它可以是韦伯式的社会学,一种研究社会的系统进路。接下来,当你把理论想清楚了,你所做的是为某种规范性理论投入和献身。你可以选择相信权利、社会主义或超越主观/客观二分法,你也可以相信共同体生活或民主。无论从共同体、民主、权利、无政府主义、社会主义出发,还是从其他任何目标出发,接下来都会有一个计划去推动社会变革。这就是北方的观点,最靠北的那种。所有事情都取决于理论。

哈克尼：而且理论会对你有所帮助。

肯尼迪：不仅仅如此。在北方的观点看来，没有理论，你寸步难行。没有理论的人是一盘散沙。这就是新左派和60年代人的基本思考倾向，他们总是充满激情地去发现和接受新的理论。这是对50年代和60年代主流人文通识教育中反理论特征的反动。

从一开始，我们这些南方人在很多方面就很后现代。我们倾向于怀疑一切普适性和真理的主张，质疑北方人赋予规范性和描述性理论的理性力量。我们倾向于相信，无论在理解现实还是在采取行动方面，都存在很大的不确定、错位、混淆或模糊。类似直觉、决断主义、主体间性、美学以及拍桌子（北方人也许会这么形容我们），对判断什么正在发生和采取何种行动来说都是必不可少的。

哈克尼：欧洲大陆和美学的影响就体现在这里。

肯尼迪：但我们这些南方人同时也非常美国化。我们南方人也拥有一种独特的美国实用主义——对欧洲宏大理论的抵触。比如威廉·詹姆斯和杜威，他们认为德国人是疯狂的超理性主义者，理性得太过分了。这些人并不理解生活是什么样子的。这并不是欧洲与美国之间的对抗。欧洲和美国是站在同一边的。萨特本人就同时身处两个阵营。晚年萨特更倾向于理论重构。而我们南方人，是早年萨特。北方则是晚年萨特。换成美国的术语，还是同样的分歧。南方深受欧洲影响，北方也一样。北方和南方各自从欧洲汲取了不同的东西。比如说，北方人视结构主义为决断主义，而南方人则视结构主义为社会生活的符号学。

哈克尼：我一直在思考客观主义和怀疑主义间的区别。你接受这一区分吗？你认为自己是个"怀疑论者"吗？当然，你可以问我是如何定义"怀疑论者"的。

肯尼迪：是的，我想知道你的定义。

哈克尼：与否定性的定义相比，很难对"怀疑论者"作出一个肯定性的定义。也许这就是这个词的特征。不过，关键在于怀疑论者总是批评客观主义者，更准确地说，是批评理性主义者，怀疑论者总是试图找出他们逻辑中的漏洞。如果追溯你的思想发展，其中似乎也存在这样一种模式。你进入了耶鲁法学院，你跟随社会科学家们学习，然后你说："这太疯狂了——这根本行不通。"你先是对美国法律理论的发展采取了一种宏大的视角，然后你说："这整套都行不通。"然后你加入了批判法律运动，遇到了一批拥有相同政治目标的同伴，但他们却被算成是北方人，于是你又说："让我们先退一步……"

肯尼迪：对，往南走一步。

哈克尼：你向南走了一步。接下来是我一直想和你讨论的，你遇到了法经济学家，这些当代法经济学者是理性主义者的最新代表，他们和传统自由派一起，对传统法律制度发起猛烈的批判。所以在我对美国法律理论史的研究中，我把你归类为怀疑论者。现在你可以选择接受或拒绝这个称号。

肯尼迪：我想在你的框架里，我应该是个怀疑论者。但我不认为我的怀疑主义所针对的对象是客观主义。正如我之前说过，我认为去理性化、理性化、去理性化和批判才是法律思想发展的历史。这种解构、重构、批判、解构然后再重构的轨迹正是理性之死的叙事。在法律作为理性的历史中，客观性只与其中几个分支有关。法律思想史中最为重要的理性主义者大多拒绝客观主义。像德沃金就曾在一篇非常著名的文章中说:"请别再提起客观性了。"这其实正是他对斯坦利·费舍尔和沃尔特·本·麦克斯回应的标题。

作为一个理性主义者,你完全可以不把客观/主观的区分当作你理解的中心。在法律中,你所需要承认的只是法律与政治间的区分,法律和客观主义拥有某些相同特征,但法律也拥有其他特征。亚里士多德主义者并不是客观主义者。我想菲尼斯(Finnis)会对自己被归为客观主义者感到吃惊。他全部亚里士多德式的观点恰恰是彻底拒斥客观主义的观点,即拒斥事实/价值之分以及主观性的概念。但菲尼斯是个超理性主义者,他深信法律与政治之间的区分。我觉得法学理论家内部最重要的区分其实是绝大多数理性主义者和少数但活跃的非理性主义者(nonrationalists),但后者并不一定是不理性主义者(irrationalists)。

在故事中,批判的角色很复杂。批判是理性主义者的实践。认为批判者和怀疑论者与那些从事理性建构的人不一样是错误的。在我看来,理性主义的了不起正在于批判,它是喜剧还是悲剧,要取决于你如何看待它,在代际更替和历史进程中,具有俄狄浦斯情结的年轻一辈理性主义者长江后浪推前浪,他们与老一辈理性主义者清算,以便为自己新的理性主义理论腾出空间。只有这样,你才可以在人生中成功。你首先要腾出空间,然后才能开始自己建造。历史的反讽在于,这也是黑格尔式历史的吊诡,批判的过程往往是累积的而非建构的。这十分反讽。批判方式的发展经由一代一代被保存下来,年轻一代批判老一辈是为了打破旧的架构以建造新的。这创造了一个充满了各种批判手段的"库",也使得一个世纪前无法想象的、在法学内部对批判的训练成为可能。

这一建构事业,即年轻的破坏者对法律推理的维护,在历史中的命运不尽相同。法律推理所取得的成就变得越来越小——这可不是累积的。作为一种理性建构观,保留法律/政治以及理性/非理性之分的观念也变得日益萎缩、削弱,而不是更加成功、壮大。建构的式微换来的则是批判在辩证法中的繁荣。正如在科学、艺术、经济、西方文化特别是宗教发展史中所体现的那样,理性之死在法律对话的领域内同样占据主导。我甚至可将法律中的这种发展视作宗教去理性化的延伸:马克斯·韦伯最重要的解读之一就是,对"绝对真理"(absolute)的寻找从宗教转向法律之后,仍将面临相同的命运。

这就是我的理解。我不认为这是个不可逆的过程,事实上,我认为重构会卷土重来。我认为将理性之死视作不可逆转是错误的,在韦伯的世界观里,他将去理性化——也就是他所说的祛魅——视为不可逆转是不对的。我认为这个世界时刻都在重新"魅化"。我当然不是在声称自己发现了历史发展的普遍规律。我只是整个进程中微不足道的参与者,并扮演着一定的角色(你或许会将这一角色称为怀疑论者)。

作为参与者,我对在两个战场上使用批判的武器有兴趣:一个是左派的战场,另一个则是现代/后现代的战场。在左派的战场,批判的武器作用体现在揭露温和派和保守派正当化他们的实践和方针时提出的理由。温和派和保守派并不是故意如此——他们没有撒谎。他们自己信以为真。他们拒绝承认自己所处的意识形态立场,他们以为自己的论点都有非常合理的论据支撑。所以批派或怀疑论者的任务,就是戳穿这些中间派和右派。

我的第一个倾向是站在左派的立场,阻止中间派和右派利用理性化的手段去伪装和粉饰他们的意识形态偏好。但我认为这些手段也应该被用于左派,以便让他们清楚什么才是关键。与此同时,我也非常乐意提出建议和措施。我不是那种反对一切措施和组织的怀疑论者。我花了大量时间组织人、事和活动,并采取了很多积极的措施。我不知道我这样是否还算个怀疑论者。对我来说,运用批判的武器戳穿中间派和右派的意识形态把戏,厘清左派的目标和以积极、建设性的方式去促进某些理念,这三者之间并不存在矛盾。

哈克尼:关于理性主义者如何自我吞噬的观点很有意思。我不太清楚这是理性主义进程的独有问题,还是历史的偶然,但我认为你的确触碰到了一个有趣的历史现象。你刚才所谈的正好开始涉及当代法经济学运动。

肯尼迪:在开始前,我想强调一下,我对法经济学的批判与我对自由派权利理论的批判是并行的。我对将经济学引入法律理论并没有任何意见。我自己就是一个法律经济学的实践者。我也写那些包含图表的论文,在我能力范围内,我也运用经济分析去支持或反对某些法律改革。我本科时主修经济,还去研究生院上过一学期的经济学课程。我虽然从不是一个数学导向的人,但我对数字也不恐慌,我对60年代早期宏观经济学和福利经济学的分析工具很熟悉。现在是21世纪,40年过去了,当我环顾周围那些从事法经济学的人,他们所从事的法经济学研究与我们当年似乎也差不了太多。即便是那些拥有经济学博士学位的人,与我们这些使用着初级、简单工具的第一代初创者相比,他们现在的工作在技术上并没有显得更加令人激动。当然,像我这样的老人总喜欢说这样的话。

我在不同层面对美国今天主流的法经济学有所批判。首先,我要区分保守派主流和自由派的法律经济学。卡拉布雷西是自由派一支的早期代表。但我感觉卡拉布雷西很早就放弃了,并且在差不多15年前就已经被边缘化了。但后来像伊恩·艾耶斯和克里斯蒂·朱尔斯这样拥有经济学博士学位的人,以及像琼·汉森这样不那么技术化的人,他们重振了自由派的观点。右翼的芝加哥学派的信徒在技术上没那么复杂,但却幼稚地相信他们是"科学的"。他们一开始非常欢迎那些在技术上非常专业的经济学博士加入,但是后来却矛盾地发现,这些人大多是自由派。法律经济学内部意识形态的统一被保守派自己的招募方式给破坏了。在我看来,法经济学的现状是,一边是技术上不那么复杂的右翼,另一边则是技术上很复杂,但在法律上不怎么高明并且对背后的政治议题不怎么清楚的自由派。

我对这两拨人的批判是一样的,他们将效率视为福利经济学的最高标准是站不住脚的。从社会理论的角度,这种观点原始幼稚到接近荒谬。1963年,我在哈佛上福利经济学课程时读了里托的《福利经济学批判》,并从1973年就开始拒绝后来被法律经济学视为绝对正统的论据。当时还是1963年。里托的书是一个右派对英国左翼劳工经济学家的批评。英国左派为了支持二战后对经济领域中"制高点"(commanding heights)的国有化,运用卡尔多—希克斯效率(Kaldor-Hicks)标准论证这项举措会增加公共福利。里托则攻击这种论证既不是确定的(诸如报价/询价不一致),同时也不是自洽的。要以一种可行的方式从事法律经济学研究,你必须把分配结果纳入思考,而这会摧毁你对自己正在适用一种价值中立标准的幻觉。政策选择的分配结果必须被审视和评估。弗朗西斯·巴托在《福利最大化的简单分析》一文中持相近观点,这也是当年主修经济学时必须记下来的。

哈克尼:你现在谈论的是第二代法经济学家,还是第一代?

肯尼迪:我说的还是第一代,那些保守派们。在我看来,那些自由派法经济学家已经开始纠正这一最严重的错误。他们在技术上更加成熟,但与那些保守派还是存在一些共同的背景追求。这些自由派法经济学家对经济学中效率和分配的区分,与自由派权利理论中法律和政治的区分几乎一致。

哈克尼:路易斯·卡普罗和史蒂芬·沙维尔强调这一主题。

肯尼迪:没错。我的意思就是,自由派权利理论中法律/政治之分与法律经济学中效率/分配之分是呼应的。在主流法经济学看来,效率等于法律,而分配就是政治;这正如德沃金这样的自由派权利理论家所认为的,权利等同于法律,而利益则是政治。在这两个领域,维持这种区分都是该学科的内在要求。而我对两者的批判在于,不管是坚持效率还是权利,都无法把政治排除在分析之外。让我们先讨论效率。当我们把效率问题应有的复杂性和情境呈现出来时,就会发现效率分析所极力避免的"主观"判断根本无法回避。

哈克尼:这是艾德·贝克关于"起点"(starting points)的批判吗?

肯尼迪:贝克的"起点"批判是其中很重要的一部分。但具体推行效率计算则远远超越了起点。这其中还包括了报价/询价不一致问题、第三方效应、信息不对称、不稳定均衡、路径依赖以及一系列被当今认知心理学研究所提出的问题。报价/询价不一致问题其实就是早期认知分析举出的例子,一个比有限理性范围更广的例子。如果你把这些全部考虑进去,效率计算就会变为一种复杂的现实判断,而这种判断和进行分配所涉及的价值判断其实没什么区别。

37　　更重要的是,正如我之前在很多不同场合以不同方式论证过的,那种你可以先根据"法律规则"去按效率原则行事,然后再通过福利立法或事后的、一次性的分配来调剂的观点,也是不能自洽的。无论是在分析层面还是在具体制度层面,我们无法想象一个如此运转的社会系统,无论是右翼还是自由派法经济学家,他们所假设或理想化的那种模型从未在我们的社会中出现过。

具体的批评有三点。第一,效率原则会变得主观,伴有高度价值判断,从而十分政治化,而这与其所声称的政治中立相左。分配往往可以比效率产生更多的确定性和共识。第二,那种将分配交给立法机关,效率交给法官的观点在制度和分析层面都无法自洽。第三,无论是自由派还是保守派,他们的分析中都掺入了很多经济学上站不住脚的"自由市场偏见"。让我来举个例子:

几乎所有的经济学家都反对租金管控。包括法经济学家在内,对那些支持现代的、有效的租金管控的论证,他们都视而不见。他们不过是简单地重复着对租金管控的反对,这表明他们不懂经济学的原因是因为他们不理解经济是如何运行的。自20世纪60年代起,在美国几百个地区生效的"新式"租金管控制度(绝大多数在90年代终止)其实并不适用于新的建筑,而且基于通胀会向房东提供持续的收益流,而经济学家脑海中的租金管控仍然停留在二战时纽约市所采取的方式。"新式"租金管控是为了反士绅化(anti-gentrification),而不是将剩余额从房东转给租户。经济学家们在本科时学会的只是对旧式管控的批判,但他们从那以后就将之视为集体主义的圣物。这其实是僵化教条。其中充满了自由市场的预设。我对主流法律经济学的批判就在于此。

对于相信权利理论的人，我也有非常类似的批判。当你进行权利分析时，你要看到具体情境下的具体权利，并将权利之间的冲突也纳入考量，这样你会发现系统中既有权力也有权利，魔鬼就藏在细节中。实践中具体的权利，就像实践中具体的效率，无法与一般的政治分析分开。权利分析崩溃后，我们通常用来形容政治对话的价值判断和"主观"就会浮现。德沃金所做的就是把"权利"当做法律来对抗政治，或者用法院解读的"权利"来对抗立法机关，这会遇到和主流法律经济学相同的难题，即这种分析是不确定的；或者在面对重大利益时，这种分析并不具有足够的说服力。把公共利益、公共意志和社会整体福利这些被权利分析归为政治的因素纳入考量，并不会比不同权利间的平衡更加主观、模糊和带有更多价值判断。对权利分析的这点批评，与我之前对法经济学的批评是一致的。

其次，记住我之前所说的，相信效率原则的人们具有自由市场偏见，这会影响、引导和扭曲他们的效率分析。他们通常都是错的，只是把意识形态宣传用技术化的经济分析包装起来。在很多重要的问题上，根据系统内最可靠的标准，自由市场的解决方案并不是最有效率的方案，有些时候，甚至连哪种方案是最有效率的也无法确定。请记住，我不只是个批派或怀疑论者，我也希望进行论辩。我的观点是，效率原则在总体上是与自由市场方案相抵触的。

为权利的辩护有着同样的缺陷。我认为美国主流自由派权利分析家可被归为中左自由派。清楚的是，这些人拥有自己的政治纲领，而这一纲领其实与权利无关。权利只是被他们拿来为自己的中左翼思想装点门面的。作为中左，就像他们拒绝任何在现有进步主义社会和经济成就上的倒退一样,他们也拒绝左派发生任何激进的变革。他们是捍卫自由派纲领的顽固分子。他们是克林顿主义者。德沃金就是个典型的克林顿主义者,一个偏左的克林顿主义者。支持权利的人都是这样。

德沃金研究的是些高深理论,但我谈论的是他和其他一些对高深理论没什么兴趣的法学教授,他们对法律问题的"权利"回答不过是把他们的中左政治纲领转化为权利语言。根据同样的分析,通过玩弄权利语言,像我这种更左的人可以得出更左的答案,保守派同样可以给出更右的答案,我们通过玩弄效率语言可以取得同样的效果。所以,基于效率/分配之分的逻辑,其实同基于权利/政治之分的逻辑十分相似。

哈克尼:所以在这方面,我理解你的核心观点是不同的群体都充斥着各自的意识形态。你把意识形态和裁决联系起来其实也反映在意识形态和法律理论中。你的分析既适用于权利理论家,也适用于法经济学家,本质上,两者都是意识形态工程。

肯尼迪:不是"本质上"。我们后现代不相信"本质上"。两者彻头彻尾就是意识形态工程。

哈克尼:好吧,但你可以谈谈意识形态所扮演的角色吗?

肯尼迪:我认为同时存在着内部批判和意识形态批判。两者不尽相同。内部批判强调法经济学和权利理论所推崇的结果的不确定性。法律经济学的信徒相信,只要解决了前提,结果就是确定的。这并不正确。要解释怎么得出结果,我们就需要借助意识形态。对我而言,意识形态主要是一种解释工具,它帮助我理解从法院到德沃金在内各个层面的法律推理。没有意识形态的概念,我们很难理解正在发生的事情。

然而,就像经济并不是一切的基础一样,意识形态也不是"基础"或"本质"。我从不这么说,也从不相信这个。对于不太熟悉社会理论争论的美国人来说,谈起意识形态时,他们自然而然会认为你在说一些正在实际发生的事情。对20世纪60年代晚期到70年代那代人来说,正在实际发生的事情就是经济。经济是"基础",意识形态是"上层建筑"。现在人们总是觉得,我认为意识形态是基础,而法律是上层建筑。这是错误的!我们后现代主义者不接受基础/上层建筑的区分。我们不相信经济是基础,意识形态是上层建筑,也不相信法律是上层建筑。意识形态并不是基础。我们相信事物都是互相影响的,在每一个层面都有其抵抗性、不可渗透性和不可传导性,没有任何一层是其他层面的简单映射。各个层面都像摩擦一样互动。它们彼此限制、激发和干扰。但某一层面有空缺出现,其他层面就会补缺;但这并不意味着每个层面总是开放的。

基本的形式是,对于那些重要的法律问题,法律材料经常会产生不确定性。传统法律推理的标准只关注法律材料,这使得其推理结果变得十分不确定。政策分析同样高度不确定。在这些情境下,意识形态的影响就非常大。但意识形态同样充满空隙、冲突和模糊。假设你是个典型的美国自由派。自由派意识形态不会告诉你应如何面对仇恨犯罪。一方面,你认同多元文化、左翼自由主义和政治正确的身份政治;另一方面,你也是个公民权利自由至上论者和言论自由的狂热捍卫者。不管你最终如何选择,都不是意识形态的产物。意识形态在这个层面上办法不多。

法律经常填补意识形态的空隙！既然自由派意识形态对仇恨犯罪束手无策，所以有些自由派不再试图去解释我们究竟需要什么，而是说类似这样的话："好吧，这是不合法的。这违反法律。我们不需要去讨论这个问题。宪法已经有所规定了。"我不相信基础/上层建筑的区分，我相信无论法律层面还是意识形态层面都充满了空隙、冲突和模糊。一方都时时补充甚至决定另一方。

哈克尼：波斯纳和德沃金分别被视作法律经济学和权利理论的首要代表。你可以谈一谈他们在辩论中各自的角色，以及他们两人近来向新实用主义的转向吗？

肯尼迪：德沃金和波斯纳其实并没有比我年长很多（德沃金比我大十岁，波斯纳可能小些），但他们都属于上一代人，即60年代前的那代人。当然，他们也拥有很多60年代人的特质。非常重要的是，他们之间的分歧并没有体现在批判法律运动中。年长一些的批派是大卫·楚贝克和里克·阿贝尔，波斯纳和德沃金自一开始就是他们的批判对象。这其中既包括聪明、智慧、高度有说服力和极为有效的批评，也包含那些失控、粗暴和不那么中肯的批评。这些批评从充满尊重和理性的对话到粗暴的攻击都有。

我们姑且将发生在法经济学和自由派权利理论上的事情认定为某种新实用主义转向，或解释转向。那么到底发生了什么？其中一个隐秘的原因就是法经济学、权利理论和批判法学之间的对话。批判法学时而与权利理论结盟攻击法经济学，时而与法经济学结盟对抗权利理论。我认为在早期对波斯纳最有力的批评不是来自艾德·贝克，而是德沃金的《财富是一种价值吗？》（Is Wealth a Value?）一文，这对波斯纳是一次致命打击。反之，我认为波斯纳几年前在霍姆斯讲座上对权利理论的批评也十分具有说服力。我喜欢他们彼此间的批评（他们彼此间的批评也受到批判法学影响），因为它们证明了批判法学长期以来对双方的批评。

鉴于绝大多数主流法经济学家和自由派权利理论家对批判法学所采取的态度，我们很难弄清楚这种影响究竟是什么。第一，他们彻底地无视我们。哪怕你跟着这些学者学习二十年，你也不会听到他们提起批判法学一个字。第二，他们倾其所能地对我们进行人身攻击。就我个人而言，我反而情愿被无视，因为这些人身攻击是如此粗暴。尽管我个人对德沃金和波斯纳非常尊重，但他们格外蔑视我。第三点则在向实用主义的转向之中。不过，我的确认为是我们促使他们转向新实用主义。总之他们做了三件事：无视我们、个人攻击以及放弃和转向。德沃金向解释的转向与波斯纳向新实用主义的转向一样，都是一种放弃。

哈克尼：你对波斯纳和德沃金向新实用主义/解释主义的转向怎么看？

肯尼迪：这还是老调重弹——只不过是去理性化叙事和理性之死叙事的新篇章。美国实用主义本就是这其中的一部分。与其他更形式主义的技术相比，新实用主义对法律/政治之分和法官/立法者之分并不能提供更好的辩护。

哈克尼：这难道不是他们放弃法律/政治之分的反映吗？

肯尼迪：绝对不是。有个很有趣的例子。看看双方围绕着布什诉戈尔案展开的剑拔弩张的辩论。德沃金和波斯纳都宣称自己在法律上

42 是正确的,否定他们的结论和政治有任何关系——同时疯狂地指责对手彻头彻尾政治化。这很有意思。双方都自称是法律主义者,并指责对方是合法性的叛徒。我的回应则是:"他们说对方的坏话都是正确的。"

在这里,我或许应该引入情感或心理学的维度,因为我的想法明显受此影响。在我描述我的态度时,有一点不能忽视的是,在某种意义上,我同时是波斯纳和德沃金的学生。我既是他们的学生,又是他们的敌人。我对他们围绕着波斯纳的霍姆斯讲座所展开的争论的回应是,尽管双方都曾经恶毒攻击过我,但其实他们眼里在乎的只是对方。对此,我的第二种态度则是,我不再像过去那样针对他们写作了。

有些时候,你必须停手;你必须承认,像你的老师这样比你年长的人,他们真的不在乎你,不过他们这代人很快也会退出历史舞台。就现在而言,他们并没有更年轻一代的人对你更重要。总有那么一个时刻,你的视线会从那些带着权威光环的老师身上转到年轻一代身上,也就是从一种俄狄浦斯情结转向另一种俄狄浦斯情结。

当我作为一名64岁的资深教授,把关注转向那些吸引我的学术新发展时,我有些找不到方向。曾有一些相对清晰的对对立立场和他们间对话关系的定义,它们曾帮我理解批判法学、法律经济学、自由派权利理论、法律与社会运动、法律与文学、种族批判理论和女权主义法律理论,但这些定义已不再有用。当我试图理解那些40岁以下学生的理论时,我发现1938—1968年这30年的跨度使我很难理解他们。

按照我的模型,詹姆斯你出生于1964年,你身处代际光谱的末端。如果我们问:"90年代以来发生了什么",我之前反复讲过的故事可能无法被复制。我之前所讲的戏剧性的事件似乎在90年代早期就终结了。波斯纳的霍姆斯讲座,以及德沃金和其他年长权利理论家的回应,像是最后一口气,像是刚过去历史的回光返照。虽然看来这可能是错误的,但在20世纪50年代末到90年代这段时间里,法律理论似乎丧失了它在法律意识和法律对话中的中心地位(我指的是精英的"美国式"的法律对话)。法律理论在消亡,甚至在某种意义上变得名声不佳。法律理论不仅对发展你的法律事业不再有用,更重要的是,它对探索启蒙也变得不再重要。这无疑是重大改变。

43

哈克尼:是变得更多元了吗?

肯尼迪:通常都认为,法律理论的世界变得相当多元了。但我要说的则不尽相同,我认为法律理论被淘汰了。与此同时,立志于投身理论对话的法学教授却表现得似乎他们很清楚这正在发生,而且对此显得无动于衷。

哈克尼:这是法律理论的死亡,但各种法律理论仍在层出不穷。可以用新实用主义/解释主义的转向来归纳这一现象吗?这是否会取代过于戏剧化的冲突,从而使不同法律理论间的真正对话出现?

肯尼迪:我认为恰恰相反。我认为人们对法律理论的热情骤然退去。对年轻教授来说,在多元的领域内找到自己的位置并以此为立场加入争论,这曾是很有意义的事情。但现在不再是了。

今天不存在这种同侪压力,没有权威的压力迫使人们必须选择某种法律理论。大多数人都是折中主义者。而折中主义并不是多元主义。更重要的是,几乎没什么人认为定义、比较、批判不同理论是有价值的事情了。因此,加入在过去曾使生活变得有意思的论辩已经不再值得了。所以我不认同你对对话的乐观预测。看起来对理论的追求很可能会沉寂一段时间,然后再在某个时间卷土重来。

哈克尼:下一个宏大理论何时才会出现?

肯尼迪:或许只有另一种宏大理论才能回答你的问题。我并没有很明确的答案。我觉得产生宏大理论的土壤并不肥沃。年轻一代似乎觉得这块土壤被过度采伐,因此变得贫瘠。所以我认为法律理论会淡出。

哈克尼:退一步讲呢,也许法律理论会以下述方式出现。作为一名研究侵权法的学者,你接受了侵权法教授的教职。无论如何,你总是难以避免接触到种族批判理论、法律经济学、法律与社会理论、批判法学等等。面对如此众多的理论,你总会变得对理论比较熟悉。比如,如果你开侵权法的课,你总需要知道理查德·德尔加多对仇恨犯罪的批评。此外,侵权法教授肯定必须了解科斯定理,以及来自法律经济学的批评。所以,到底应该是法律理论的死亡,还是只是"宏大"法律理论的死亡呢?

肯尼迪:我仍认为是法律理论的死亡。我觉得这与是不是宏大理论关系不大。侵权法老师的确需要多少知道点儿理论,尽管我怀疑三分之一的美国侵权法老师都无法复述德尔加多对仇恨言论的批评。我的意思是,人们通常所理解的那种一点点创造出来的理论事业已经不再出现了。当然会有例外。比如那些参与到科尔曼/爱泼斯坦关于交换正义争论的年轻教授。但总体而言,很少有年轻学者会再把某种理论立场与政治或原则立场联系起来视为一件很重要的事情了。

哈克尼:就像个工具箱。

肯尼迪:的确像工具箱,但是你不太需要了解这些工具是在什么样的情境下被制造出来的,你也不需要特别精通某一项工具。

哈克尼:是的,你只需要做到浅尝辄止即可。

肯尼迪:浅尝辄止这个说法很准确。

哈克尼:没错。这是非常浅层次的了解。这并不是交换意见,而是对各种理论保持平常心。

肯尼迪:平常心,我非常同意。但请记住,我那代人可是习惯于咆哮和怒吼。所以保持平常心对我来说就是法律理论的死亡。我们之间相隔的20年是充满了激烈冲突的20年。所以对你们这代人来说,保持平常心的确更有吸引力。但我仍把你视作与德沃金、卡拉布雷西和波斯纳同一个时代的人,只不过是这代人中年轻的一位。所以,作为这代人中最年轻的一位,去和最资深的人对话,不难理解你现在做的事情。这是很经典的事业。但假如一个人今天第一次见到这些争论——他之前从不知道这些争论存在,因为自90年代后就不再有激烈的知识/政治/情感的法律理论争论——那么在我想象中,这个人可能对法律理论不再有任何发展而感到沮丧,他或许会作为一个新来者而不是过去事件的观众来看待这本书。他的反应或许会是:"噢,那会儿原来是这样的。"

02

法律经济学
理查德·波斯纳

受访人:理查德·波斯纳

理查德·波斯纳是美国联邦第七巡回区上诉法院法官。他曾任芝加哥大学弗瑞曼讲席法学教授,现仍兼任该校资深教授。波斯纳法官因其于20世纪七八十年代在法律经济学领域中做出的引领和开创性贡献而获得广泛认可。他曾是《法学研究期刊》(Journal of Legal Studies)以及[与奥尔利·艾申费尔特(Orley Ashenfelter)共同担任]《美国法律经济学评论》(American Law and Economics Review)的创刊编辑。然而波斯纳的学术兴趣覆盖领域极其广泛,包括法理学、公共规制、法律与文学、立法过程、家庭法以及法律思想史。波斯纳法官被普遍认为是当代最多产的学者,他撰写、编纂了大量著作,包括《正义/司法的经济学》(The Economics of Justice)(1981)、《法理学问题》(The Problem of Jurisprudence)(1990)、《卡多佐》(Cardozo)(1990)、《霍姆斯精读》(The Essential Holmes)(1992)、《性与理性》(Sex and Reason)(1992)、《超越法律》(Overcoming Law)(1995)、《联邦法院》(The Federal Courts)(1996)、《英国和美国的法律与法律理论》(Law and Legal Theory in England and America)(1996)、《道德与法律理论的疑问》(The Problematics of Moral and Legal Theory)(1999)、《反托拉斯法》(Antitrust Law)(2001年第二版)、《法律、实用主义与民主》(Law, Pragmatism, and Democracy)(2003)、《大灾难》(Catastrophe)(2004)、《预防突然袭击》(Preventing Surprise Attacks)(2005)、《法律的经济分析》(Economic Analysis of Law)(2007年第七版)、《法官如何思考》(How Judges Think)(2008)、《资本主义的失败》(A Failure of Capitalism)(2009)以及《法律与文学》(Law and Literature)(2009年第三版)。

哈克尼：你当初为何选择成为一名法律学者？

波斯纳：碰巧而已。我那时也没什么规划，但我在联邦政府工作期间有几家法学院向我表达了兴趣，希望我进入学界。

哈克尼：你在联邦政府工作时担任什么职务？

波斯纳：那是60年代，我刚从法学院毕业。我在政府部门待了6年，先是做法官助手，之后在联邦贸易委员会和司法部工作，最后到了总统特别事务工作组。

哈克尼：听上去挺不错的一条路。你本科学什么专业？

波斯纳：英语文学。

哈克尼：能不能描述一下你在哈佛法学院念书时那里的智识氛围？有没有哪些教授对你有专门指导，或者你从哪些教授思考法律的方法中获得过启发？

波斯纳：那个时候，哈佛在智识上非常保守，大部分教员非常明显都是职业法律人，跟执业律师差不多。他们都非常聪明，也给学生以很好的训练，但那是非常传统意义上的法律训练。当时哈佛有一个教授叫唐·特纳，他有经济学博士学位，我跟他关系不错。他代表了一个完全不同的法律学术模式——法律和经济学的结合。但总体上法学院还是那种狭隘的职业化氛围。

哈克尼：这是在法律理论研究繁荣起来之前？

波斯纳：没错。

哈克尼：唐·特纳和阿伦·迪莱克特或者任何芝加哥大学的学者之间有什么联系吗？

波斯纳：没有，特纳是一个自由派的经济学家，虽然并不激进，但还是偏自由倾向。阿伦代表了对反托拉斯法持怀疑态度的芝加哥学派进路，他和哈佛没有瓜葛。他在芝大任教。

哈克尼：你是如何开始学习经济学的？主要是自己阅读，还是法学院或者大学里有什么特别的课程？

波斯纳：那时法学院课程中很少有经济学内容，但我认识特纳。当时我在《哈佛法律评论》做编辑，曾给后来出任哈佛大学校长的德雷克·博克的一篇论文做注释复查。那是一篇关于反托拉斯法的论文，我做复查的部分正好是关于经济分析的。给布伦南大法官做助手时，我也参与了一项重大反托拉斯案件的审理，当时我部分借鉴了博克的那篇文章。后来我又到联邦贸易委员会、司法部以及总统特别事务工作组工作。经济方面的问题非常吸引我，而在开始从教之后，我就决定要把在法律中运用经济学作为自己的专长领域。

哈克尼：所以你来到芝加哥大学，进入这个氛围中？

波斯纳：我最开始在斯坦福待了一年。

哈克尼：斯坦福的氛围中也有很多经济学元素吗，还是说那时只有芝大是这样？

波斯纳：斯坦福也有一些。教员中有一个经济学家，另外还有一个法律教授,叫比尔·巴克斯特,他对经济学非常感兴趣。他对我有所鼓励,当然还有阿伦·迪莱克特,我在斯坦福认识了他。他在斯坦福法学院也有一个办公室。通过阿伦,我开始结识芝大的人,这也是我后来获聘芝大的原因。然而我的经济学学习大部分都不是正式的,主要是通过向他人讨教,阅读,以及通过我在政府的一些工作经历。

哈克尼:你实际上到芝大是哪一年?

波斯纳:1969年。

哈克尼:那时候罗纳德·科斯已经写了他那篇论文——《社会成本问题》。

波斯纳:是的,那篇论文发表于1961年(虽然期刊上印的日期是1960年,但发表出来其实晚了些)。

哈克尼:所以说,那时候已经有一个比较成型的法律经济学群体,并且芝加哥学派的经济学家也都已经在位了?我是说像米尔顿·弗里德曼那些人。

波斯纳:是的,不是一个很大的圈子,但是科斯的作品毕竟在那儿了。那时还有乔治·斯蒂格勒,他的写作涉及规制和反托拉斯问题。有两个法学教授——肯·丹姆和艾德·纪奇——对经济学非常感兴趣。科斯之外,法学院教员中还有一个经济学家,就是哈罗德·德姆塞茨,而且曾经一度还有第三个经济学家,约翰·彼得曼。那时也已经有了《法律经济学期刊》(*Journal of Law and Economics*)(科斯的文章就是发在这个期刊上),因此在法学院里确实有一个小小的法律经济学学派。那时在耶鲁还有圭多·卡拉布雷西,他也是在60年代开始法律经济学方面的写作的。当然,与后来的发展相比,这个领域那时还只能算处于襁褓之中。

哈克尼：我读过你给卡拉布雷西的经典作品《事故的成本》撰写的书评。你那时怎么看卡拉布雷西，包括他的经济分析和你对法律经济分析的理解之间有何区别？

波斯纳：我觉得他的兴趣过于集中在应该怎样去规制的问题上了，对于法律本身，他的关注却不够。我当时感到非常有意思的是侵权法的原则在很大程度上其实是符合经济学逻辑的。

哈克尼：你会怎样描述法律经济学的重大主题？

波斯纳：这个比较难，但我想说就实证分析而言，法律经济学的一种努力是去理解法律的结构。林林总总的规则和教条是不是也有经济效率特征，会产生什么后果？但卡拉布雷西关注的重点则是经济学如何能够帮助改进法律。

哈克尼：就法律经济学的演化来说，显然经济学家现在比以前要技术化得多。如果你要搞法律经济学，不但得有个法律博士（JD）学位，还得有一个经济学学术博士（PhD）学位，否则很难在精英法学院谋得教职。

波斯纳：没办法，确实如此。这部分是因为经济学自身变得越来越专业化、技术化、数学化。对非经济学家来说，如今理解经济学比以往要更困难。另一个因素是求职竞争。人们会注意到你有一个更高级的学位，这对于录用会有影响。法学界出现的一个与经济学无关但导致这种"学位至上"效应的情况，是法律已经变成了一个更加学术化的领域。如我刚才所说，我做学生时，法学院教授更多是律师，而不是学者。他们很聪明，也是非常好的老师，但他们很少写东西。当然总是会有一些人从事写作,但那并不是法学院的重心。法学院的重心是教学,以及参加比如美国法律研究院(American Law Institute)这类的业界活动。如今的情况已大为转变,法学院更学术化了,对学术研究的强调大为增加。一个人如果从学术博士工厂走出来,他不但接受了专门化的训练,而且也证明了他有承担大型写作课题(如博士论文)的能力,法学院录用这样的人就比较保险。因为法学院觉得自己在招聘人才方面与律师事务所存在竞争,在授予终身教职方面不能太苛刻,所以他们至今仍然不太愿意在招人进来之后又最终拒绝授予终身教职。因为他们不愿意拒授终身教职,所以招人的时候就非常保守。他们要求有很好的证据证明这个人将来是能够出活儿的。如果他有一个学术博士学位,那就是很好的证据。

哈克尼:但这样一来我们其实也有损失,就是现在没有很多那种真正在法律方面足够扎实、同时又能有经济学视野的人。

波斯纳:是的,我觉得这是一个很大的损失。

哈克尼:你有没有关注到由路易斯·卡普罗与史蒂芬·沙维尔引发的有关分配性考量的辩论?我们是否应该将这些考量纳入普通法裁判之中?当然,芝加哥法律经济学派受到的一个批判就是它没有充分地考虑到分配性考量。这就回到艾德·贝克有关分析起始点的批评观点,他认为效率后果受制于财富的初始分配。卡普罗和沙维尔骨子里都是技术化的经济学家,他们的论点是立法机关的税收和财政支付功能是讨论分配性考量的适当场合。将分配方面的考量纳入普通法当中其实是无效率的,因为在立法层面上处理分配问题时存在的一系列无效率在普通法司法过程中同样也会出现,那么两个层面的无效率比一个层面的无效率就要更加糟糕了。这是他们论点的核心。你觉得这有道理吗？你有没有关注这个辩论，是否同意他们的观点？

波斯纳： 是的，我注意到了这个争论，但没有特别紧密地追踪。我估计邓肯·肯尼迪也参与了吧。

哈克尼： 是的，肯尼迪其实跟那两位有正面交锋，个中原因倒是呼应了你有关实用主义裁判的观点。肯尼迪认为立法机关并不关心普通法体制中都在发生着什么。卡普罗和沙维尔假定有一个适当运转的民主制度。那样的话，如果普通法层面上会出现分配性的后果，立法机关可以在税收和财政支出的层面将相关问题纳入考虑。肯尼迪则强调立法机关不会跟踪记录普通法法院中会出现哪些动向。卡普罗和沙维尔相信法院只关注或者只应该关注效率规范。肯尼迪的观点则是实际上法院并非仅考虑效率。法官会照顾到一系列政策性观点及裁判惯例——比如遵循先例。所以说效率并不是法官唯一考虑的事情。最后，肯尼迪认为法官有其意识形态立场，未必会与效率一致。肯尼迪由此得出的结论是，卡普罗和沙维尔有关裁判的看法根本不反映现实，而且法官必然会将分配性考量纳入其考虑范围之中。因此，不能在讨论司法时把这些问题完全排除，都留给立法机关。这是他基本的批评意见。

波斯纳： 我的看法是，通过税收制度或普通法法院来进行财富再分配，何者更有效率，是一个事实性问题，但我的结论是试图通过普通法法院的司法活动来实现再分配，本身其实是徒劳的。最明显的例子就是合同法。如果你创造新的针对合同执行的抗辩以保护消费者，这会提高卖家的成本，而卖家由此就会提高价格。有些消费者可能会由此获益，有些则会受损。侵权法面临同样的问题。假设我们在判决中对受害者更加慷慨大方，那样一来汽车保险费率就会变得更高，而这就相当于是一个具有累退性质的税，因为虽然每个人的汽车保险费率都会更高，但对于那些资源有限的人来说，更高的保险费率从消费者立场来看就相当于是征税，会让他们更痛苦。立法机关征税比起普通法法院裁判可以更容易、更有针对性地调节成本和收益（因为你知道向谁征税，也知道通过财政支出把钱都给了谁）。但是，我不认为假设存在一个运转良好的民主制度是恰当的，如果这种说法的意思是在这种制度之下政府会有兴趣进行财富再分配。之所以再分配不常见，是因为社会上占据主导政治地位的人对此并不十分感冒。如果认为税收和财政支出制度会实现有效再分配，那就太天真了。但这种局面并没办法由普通法法官来校正，因为他们和立法者的价值观是一样的。如果立法层面对再分配不会有太多支持，司法层面同样也不会有。

哈克尼：我观察你在法学界一直以来的理论立场，你和权利理论家以及批判法学派之间存在持续对话，前者以罗纳德·德沃金为代表，后者则尤以邓肯·肯尼迪为代表。这是因为他们对你的写作有独特的意见，属于天然的敌手，还是说这些对话之所以产生，无非是因为它们碰巧就是当时主要的学术流派？

波斯纳：德沃金对经济学进路持强烈批判态度，批判法学派的那些人也是这样。如今批判法学已经沉寂下去了。罗纳德·德沃金仍然很有影响力，但他也已经很大年纪了*。不过仍然有这样一批权利

---

* 德沃金已于 2013 年 2 月去世。——译者注

理论家,不光是德沃金,还有别人。

哈克尼:自从你开始采取实用主义立场,你对批判法学的态度(尽管你说这个运动已经沉寂下去了)以及你对权利理论的看法有没有变化?在你的早期作品中,我并没有看到多少有关实用主义裁判进路的明确讨论。

波斯纳:是的,刚开始的时候我是非常教条的,追求运用一种具有十分纯粹形式的经济学。我调整了自己的观点——部分因为德沃金在《财富是一种价值吗?》这篇文章中对我做出了非常好的批评,很有说服力。所以我调整了我的立场。另外我认为迄今已有25年的做法官的经历也磨掉了我思维中的一些棱角。然而,我从来没有觉得批判法学有说服力。它明显非常政治化,非常左翼。他们对于法律思维的一些怀疑我认为是没错的,但我那时并且直到现在都相信,他们的学术立场实际上是政治驱动的,而且他们对于法官的行为持有一种过于简单化的理解。他们认为法官做的唯一一件事就是推进非常狭隘意义上的政治目标。我自认是一个法律现实主义者,但批判法学关于法官的模型并不够现实。批派站在同德沃金相对立的一个极端,德沃金对法官做的事情抱有一种非常崇高的看法。他认为他们是道德理论家,这是纯扯。但是,另一个极端是将他们看做纯粹的政客,那也明显过于简单化。

哈克尼:你说自己就运用经济分析所持有的立场有所软化。你一直都是一个实用主义者吗?你最初被法律经济学吸引,是因为它有道理,能解决问题,看来能给你一些有趣的结论,还是说你最初被它吸引多多少少是因为它好像能给人们以一丝确定性?到底是什么最初吸引你研究法律经济学，而不是法律与文学？

波斯纳： 我想最有吸引力的方面应该是它看上去非常实际，能够深入到法律分析语词表象的下面。法律的一个问题是倾向于停留在最表层的咬文嚼字上面，争论公平和其他模糊概念的意思是什么。我一直都无法对此感到满足。经济学可以帮助我识别一个案件中真正的要害所在，以及真正的后果是什么。这比起是否能让判决符合先例要有意思多了。经济学更多面对真实世界，也没有那么多的修辞，这对我一直都是很有吸引力的。

哈克尼： 我有一个理论，就是美国法律理论的智识历史反映的是理性论者和怀疑论者之间的竞争——比如说，法律形式主义与法律现实主义的对立。你也可以把法律经济学和批判法学的对立，以及权利理论和批判法学的对立，作为该现象的代表性示例。很明显，如果我们回到你的《法律的经济分析》教科书的第一版，你所持的是一种理性论的立场。你对经济分析所做的科学式的讨论与理性主义的世界观是一致的。根据现在你的实用主义进路，如果我们再把你放到理性论和怀疑论的光谱上，你看来更像是站在怀疑论的那一边。你如何描述自己与怀疑主义的关系？我知道你反对批判法学所代表的那种绝对的怀疑主义观点，但你的原初起点与你的当前立场之间看来存在很大的断裂。

波斯纳： 我倒不觉得有那么夸张，因为假如你看自然科学，它们通常有一个很高的理论基础，但是其目标是理解现实。我想经济学也是如此，虽然它不像自然科学那样强。经济学形式理论结构的目的是用来呈现有关现实世界的一个简化模型，而在此基础上，模型还可以被做得更复杂和具有现实性。如果你搞经济学,你确实会感到你在和真实世界打交道。而这与对那种咬文嚼字的或者形式主义的法律研究进路抱有怀疑是一致的,采用那种进路的话,你并非试图在真实世界中制造良好的后果,而只是试图与某种分析架构保持一致。我喜欢用这个问题举例:假设我的猫丢了,我为找回它悬赏。你把我的猫还给了我,但是你并没有看到我为悬赏而树立的告示。你可以主张要求我支付赏金吗?一个形式主义者会说不行;既然你没有看到我提出的支付赏金的要约,你不可能承诺接受这个要约,没有要约和承诺,就不存在合同。我的进路则要问,如果我允许你主张支付赏金,这是否会使得失物变得更可能被找回?这其实是一个挺复杂的问题,因为虽然一方面像你这样没看到告示的人在捡到我的猫后会更可能把它还回来,因为你知道假如有悬赏的话你就可以主张获得赏金,但另一方面,那些确实看到了悬赏告示的人去帮我找猫的动力会变小,因为他们知道如果那些没看到告示的人先找到了猫,那个人就会拿到赏金。我对这个问题的看法是我们应该鼓励风险,因为冒险会带来最佳的效果。这样的思路,同考虑"哪种解决寻找失物的方案与现有合同法教条最一致"这样的问题相比,是极其不同的。这就是最基本的差别。

哈克尼: 你在谈实用主义裁判时对自己的实用主义与理查德·罗蒂的实用主义明确作了区分。你是奥利弗·温德尔·霍姆斯的拥趸,我想这意味着你的实用主义与比如说查尔斯·桑德斯·皮尔士以及威廉·詹姆斯关联更为紧密。我想我会把你归为"旧路线"实用主义者,而不是"新实用主义者"。这种说法正确吗?你确实阅读、消化过皮尔士和詹姆斯吗?我知道你读过约翰·杜威,因为你写到过他。

波斯纳：是的，我读过杜威。我喜欢皮尔士。我没有读过太多詹姆斯。我不是很确定你说的新实用主义者是什么意思。

哈克尼：新实用主义者通常是用来描述罗蒂和其他二战后实用主义者的，相对于皮尔士、詹姆斯和杜威。当然，这是一个很宽泛的说法。

波斯纳：是的，当然，这个可以说得非常非常宽泛，因为我会将尼采、密尔和休谟视为最典型的实用主义者。当然，奎因也算是一个实用主义者。所以这个定义边界是模糊的。罗蒂看上去与杜威之间有很大程度的延续性。

哈克尼：罗蒂可以说拯救了杜威，因为罗蒂成长于分析传统之中，但他回过来挑战了这个传统，并把杜威拿出来作为他的榜样。

波斯纳：是的，没错。杜威表达自己的方式看上去极为旧派，而罗蒂在自己的书中则赋予杜威以新的时代感。我喜欢实用主义者，但我不想把法律实用主义与哲学实践捆绑得太紧。哲学界的实用主义者们关心的那套问题，其实我不是太感兴趣。

哈克尼：是的，哲学总感觉有那么一种圈内人"游戏"的意思。在读你关于实用主义的讨论时，我觉得有意思的一件事是你非常小心地试图将其与后果主义分隔开来。为什么你觉得有必要这样做？

波斯纳：哦，因为我被那些认为功利主义错了的论点说服了。

哈克尼：你是说德沃金的论点？

波斯纳：是的。

哈克尼：这个争论是很有传统的。

波斯纳：是的，比如像"你想最大化平均效用还是总效用"这样的问题。如果是要最大化平均效用，最后可能出现的是世界上所有钱都归一个人，这样平均效用也可以最大化。如果是最大化总效用，也可能无非是有数以万亿计的人口，每个人都生存在贫困线上。所以，确实，我不认为功利主义是令人满意的。显然效用、福利和幸福感都是重要的社会善品，所以你肯定要考虑它们。但是仅将效用奉为圭臬，那就是十足的教条主义。我曾经对此持同情立场，但现在不了。

哈克尼：你与如今的法经济学学者们通常怎样对话？或者你是否还与当代的法律经济学学者有交流？

波斯纳：其实不太多。它已经变得非常、非常地专门化了。法律的经济分析如今专注于非常专门的问题。所以，确实没有，除了少数例外，我和这个领域的专业研究者互动不多。

哈克尼：你对实用主义和实用主义司法的讨论中有一点我觉得很有意思，就是你明确地将意识形态在审判中扮演的角色纳入考虑之中。你的立场是每个人都有一个信念结构，但这并非批判法学所说的那个意义上的。然而，在为你的经济分析进行实用主义辩护的同时，你又清晰表述了放任自由主义。尤其是你引用了约翰·斯图尔特·密尔。能不能回顾一下你的放任自由主义倾向对于你自己的裁判以及你看待法律和案件的视角有什么样的影响？

波斯纳：我喜欢密尔的中心思想，就是除非人们出现相互干扰影响的情况，否则就不要管他们。可以肯定，这一思想在我的裁判活动中会有影响，但我并不真的对此有明确意识。当一个法官实际处理一个案件时，他通常并不会去想这些哲学背景问题。

哈克尼：你第一次读密尔是什么时候？

波斯纳：不是很久以前。我第一次实实在在做的法理学研究是《法理学问题》，那本书出版于1990年。

哈克尼：你是否同意，就你的意识形态构成来说，你一直都有放任自由色彩？

波斯纳：不是的，我不这样认为。直到60年代后期之前，我都是一个通常意义上的自由派。我的观点转变是两个原因造成的。第一个就是我不喜欢60年代后期的那些暴乱，你知道，抗议越战之类的东西。我管那个叫无序。第二，也是更重要的，当我结识芝加哥学派的那些经济学家后，他们对我有影响。

哈克尼：弗兰克·奈特那时还在吗？

波斯纳：他还在，但是他已经非常、非常老了。身体不太好。那时芝大的智识主力是罗纳德·科斯、阿伦·迪莱克特、乔治·斯蒂格勒以及米尔顿·弗里德曼。不过，我和米尔顿不是很熟。那是一个非常保守的环境。我之前从不认识知识界的保守派，所以非常开眼界。

哈克尼：你的实用主义裁判理论还有另一个非常有意思的方面，就是你明确讨论了差异化的角色。尤其是，你讨论了需要让有不同背景的人进入司法机关。

波斯纳：是的，法官并不真的有什么说服人的方法。所以这里的危险是如果法官是千人一面，他们达成一致意见就只是因为彼此相像，而不是因为他们有什么办法能够说服背景等方面不同的人达成一致意见。这是非常杜威式的想法。如果你没有严谨的方法，那你能指望的最好情形也就是，如果你有一群非常不同的人，那么就会有更多信息，它会推动法律往好的方向发展。如果我们将多元化的视角、见解等等汇聚起来，我们都会从这些不同的见解中获益。反过来，如果我们只有一群完全相同的人，都有一样非常狭窄的职业背景，那么他们可以达成一致意见，但那只是因为他们相像，而不是因为有某种有力的智识理据支持他们的立场。

哈克尼：这是非常有意思的视角，因为它实际上与那些支持少数族群平权行动（affirmative action）的人提出的一个观点类似。有一种针对平权行动给出的被称作"文化多元主义"的辩护。你是否会将你对司法机关的分析，特别是对于司法机关内部多元化的需要，扩展到一般社会层面？你认为这对平权行动会有影响吗？不是说法律规定，而是作为一个宽泛的公共政策问题？

波斯纳：当然，但还是得看情况。有些时候，比如说，对于警察执法和情报机构来说，相关工作确实要求有文化敏感性。在那些领域需要有力的少数种族平权行动。这是认识论意义上的平权行动，和认识论上的多元主义类似。但是很多的平权行动其实都是在回应客户需求。如果你有很多黑人客户，你可能会觉得雇佣黑人管理人员是很重要的，即使你不认为黑人管理人员对于客户需求会有更好的洞见。你可能只是觉得你的客户会乐见你们公司里有他们的自己人。这完全是合理的。但这并不是认识论层面的积极补偿。所以我觉得很多平权行动都是在回应外部压力。我不觉得这有什么问题。显然，种族问题真实存在，因为除了那些明显的例外，美国黑人社区平均看来要远远落后于白人社区（比如黑人民众不成比例的低收入以及更多卷入犯罪），这是真切的问题。我认为平权行动是解决这个问题的一个适当工具。

问题在于当你有了一个叫做少数族群平权行动的制度后,所有其他人也都开始要往这个彩车上挤,我认为就会出现滥用。我想对于拉美裔人士来说尤其如此,因为拉美裔社群的多元性是超乎想象的。新墨西哥州的前州长比尔·理查德森就是一个例子,他曾经当过克林顿政府的能源部长。我猜他母亲是拉美裔,但是从他的名字看你绝对不会猜出他是拉美裔;他看上去也没有任何文化方面的特殊之处。我母亲生于奥地利,但我不认为你会说我是一个奥地利人。但是,理查德森大张旗鼓地宣扬自己的拉美裔身份。我想女性同样涉及平权行动的问题。我不认为有任何理由应该一般性地对女性进行积极补偿。但另一方面,我确实认为,认识论多元主义的论点会支持让女性成为法官,因为我已经注意到男人和女人对某些类型的行为的反应非常不同,尤其是性骚扰。女性对性骚扰更加敏感,而男性则对错误投诉性骚扰更加敏感。让男人和女人共同在法院内处理这类问题是有益的,因为他们带入了不同的视角,这样,法律最后就是某种混合,而不是一边倒的。

哈克尼:我想下面的问题你已经提过一些,你晚近的学术作品很多是在批判道德理论,尤其是"高级道德理论"。为什么你觉得那些理论有问题?你的一个批评是道德理论脱离了社会语境。如果社会语境是重要的,这在裁判中意味着什么?

波斯纳:我觉得,道德理论的有意思之处就在于,它是如此孱弱的一种思维模式。如果你相信一个胚胎在受精的一刻就获得了灵魂,而我不同意,那么我们之间就这个问题的讨论是不可能有什么成效的。大量这类道德原则都是建立在宗教语境之上的,或者它们也可能是基于对宗教的敌意,或者基于个人的性格脾气或生活经验。罗纳德·德沃金是非常聪明的,他能赋予他的论点以某种精妙的道德思辨,但是那些论点真正的精髓其实还是政治自由主义。一个人的道德原则显然会影响其决策,但是我不认为这些道德原则可以被搞成一个学科领域。少数族群平权行动是这个问题的一个很好佐证。你可以问它有什么后果:好的后果,还是不好的后果,如果我们废除了平权行动会发生什么?如果将平权行动的要求施加于私人主体也具有合法性的话,我们是否在某些语境中会希望有更严格的规则?我们可以很有成效地讨论所有这些问题。然而,如果换个角度,说任何对种族或宗教的使用都必须禁止,或者修复历史上的不正义是一种绝对的义务,这就不会是有成果的讨论。当出现分歧时,你应该试着去看这种分歧是否是依赖于事实的,如果是,而你们对事实有不同看法,那么就要看看是否有某种方法判断谁在事实问题上是正确的。如果这样,你们就能有切实的进展。你们能进行有成效的讨论。但是,如果分歧不是基于事实问题的,或者相关事实不可能被发现,你们之间存在的其实并非事实性争议,那么讨论就会失败,只剩下投票解决的办法。因此许多司法裁判,尤其是到了最高法院的层面,以及一定程度上我所在的上诉法院层面,最后都是靠投票决定,因为并不存在一种分析方法能够解决争议。

哈克尼:多元化的目的是追求代表性吗?

波斯纳:如果你要诉诸投票,那你会希望至少在法院确实进行政治决策的限度内,法院是具有足够代表性的。你希望他们是有代表性的。现在最高法院有九个人,这不是一个足够大到能实现真正多元化的样本，但还是在一定程度上体现了多元化。有关多元化的另一点是，如果你的聘用结构并不是任人唯贤的，那么积极补偿确实可以帮你获得一个更好的员工队伍，即使并不促进某种认识论的多元化也没关系。假设法院里同时有男法官和女法官，而男法官实际上比女法官有更丰富的政治关系资源。有些男性被聘用，被任命，可能他获得任命仅仅是因为在众议院、参议院或者行政机关中有人脉。但是如果你事先定好要有特定数量的女法官，她们没有政治上的人脉，那你就会择优任命，这样就会提高质量。这是我并不特别担心少数族群平权行动的原因。

哈克尼：在《超越法律》当中，你对一系列法律理论予以了相当多的关注。你谈了批判种族理论、女性主义理论，等等。我感兴趣的是，除了你自己仍然抱持亲近态度的法律经济学之外，在你看来，还有哪些法律理论正在做着你认为有益的工作，更具体地说，有助于推进这种实用主义的法律理论和司法裁判观？

波斯纳：你知道，说实在的，我没有特别追踪那些理论，因为《超越法律》出版时是1995年，其中大部分章节则是在更早发表的书评或文章基础之上改写的。它们是我对90年代早期读到或与人争论过的东西做出的反应。我并不真的知道那些领域后来都有什么发展。我确实感到批判法学衰败了。在后来那本《法律理论的前沿》当中，我感到关于法律有意思的思路越来越以认知心理学为基础了。

哈克尼：认知心理学很大程度上是"新"法律经济学的一部分。

波斯纳：是的，没错。确实是这样，经济学家发现了它，把它发扬光大。但我认为它本质上还是认知心理学。我曾经还跟踪关注法律经济学。我知道现在学界对于国际法的经济分析的兴趣很大。我儿子埃里克一直专长于那个领域。他还是个政治学家。我想哪些领域发展得很快,你应该比我了解得更多。

哈克尼:学界研究领域确实日益繁多。这是我作为知识史学者感到困惑的一个有趣现象。颇有讽刺性的是,看起来学派思潮之间如今并不存在真正的冲突。没有说哪个学派挑战另一个学派。有的只是数量增长。人们在自己的小鸽子笼里做自己的那点事。你写了一本有关实用主义的书,其中可以说明显有涉及法律经济学的思考,但如今法学院里充斥的那类法律经济学者恐怕永远都不会读它——也不会想要去回应它。类似地,他们可能在系里隔壁办公室就是一个女性主义理论家,但他们之间不会发生冲突。女性主义理论家们去参加女性主义研讨会,法律经济学者去开他们自己的会。没有任何交流。

波斯纳:是的,这非常有意思,因为随着这个领域不断扩展,法学教授的数量比以前多了很多,以前的小的次级单位变得很大,足够组成他们自己的一个个小世界了。

哈克尼:是的,他们组建自己的一个个小世界。

波斯纳:他们都有自己的期刊。

哈克尼:是的,他们有自己的期刊。我对今日法律理论的看法是它反映了新实用主义的转向。如果你将新实用主义理解为代表着那种认为没有占据主导地位的大写"真理"的观点,那么很自然的结论就是你会有日益繁多的理论运动,各自都代表小写的"真理",而他们在各自的狭小领域中前行。没人主张自己的理论无所不包。最后一个真正号称无所不包的理论,在法学领域就是法律经济学。

波斯纳:有意思。与60年代后期和70年代早期的动乱相伴随的是许多智识层面令人兴奋的事件。政治上的分歧可以焕发人们的活力。人们对政治问题无法达成一致意见,感到沮丧,于是开始思考怎样能够建构理论武器。今天情况就要平淡许多了。大家都是混口饭吃,谋求一份体面、舒适的学术职业和一份高薪。我说这个是有点犹豫的,因为这多少像是一个老年人才会有的反应,但我确实觉得如今的法律学术不像60年代后期和70年代早期那样令人兴奋了。在短短几年的时间里,就有法律经济学的发展,同时还有批判法学、女性主义法律理论、批判种族理论、法律与社会,以及其他领域,这是非常不简单的。现在全都消停了。

03

法律史
莫顿·霍维茨

受访人:莫顿·霍维茨

莫顿·霍维茨是哈佛大学法学院查尔斯·沃伦教席美国法律史学教授。霍维茨教授对美国法律史这一领域做出了重大贡献。他的《美国法的变迁(1780—1860)》(*The Transformation of American Law, 1780—1860*)(1977年版,作者因该书获得享有盛誉的班克罗夫特奖)和《美国法的变迁(1870—1960)》(*The Transformation of American Law, 1870—1960*)(1992)是法律史领域的经典文本。他还是《沃伦法院对正义的追求》(*The Warren Court and the Pursuit of Justice*)(1998)的作者,并(与威廉·费舍尔和托马斯·里德一道)编辑了《美国法律现实主义》(*American Legal Realism*)(1993)一书。霍维茨教授研究的主要实体法是宪法和侵权法。他也是批判法学运动的奠基人之一。

哈克尼：我想先问些关于治学历程及其影响的背景问题。那我们就从大学说起。你能谈谈20世纪60年代早期在纽约城市学院（CC-NY）——现在叫纽约城市大学（CUNY）——求学的情况吗？

霍维茨：准确的年限是1955年到1959年——也就是20世纪50年代晚期。总体印象之一便是20世纪50年代的氛围无处不在。总的来讲，关于政治、道德等等的主流判断狭隘到不可思议的地步。唯一的不同点在于：城市学院活跃着一小拨左派——其范围甚至包括了进步劳工组织。围绕这些左派发生了各种斗争。一场大争斗发生在1958年，当时有一群人想派代表团参加莫斯科青年节，而这有着独特的象征意义——那是苏联的活动。于是我成了政治活跃分子，反对派遣代表团，而首要问题最后变成了左派/自由派之间的切分。这让我老是很不高兴，因为要切分左派，只能给人们贴上某种红色标签——也就是复制麦卡锡参议员当时正在干的勾当。这让我对政治本身都非常不满。至于我在校时的校园文化，纽约城市学院最值得一提的是：我报到时的情况与二战以前大不相同。毫不夸张地讲——正如《时代》杂志还在说的那样——城市学院曾经是穷人的哈佛，而我在校时已经不是这样了。穷孩子确实有，但是从前因为歧视而不能升入常青藤盟校的孩子——特别是纽约犹太学童——已经开始大量被常青藤盟校录取。而在20世纪30年代和40年代早期,这些孩子都去纽约城市学院读书。所以学校在智识上并不太令人兴奋。不过,学校有很多优点,包括小班教学,让学生和教授可以切实互相了解。要强调学校的影响的话,有一位老师对我的影响确确实实非常大。她的名字是琼·嘉多尔。她离婚以后一段时间改回了娘家姓,叫琼·凯利。她是早期的一位非常著名的女权主义学者。当时她主要在萨拉·劳伦斯学院任教,直到短暂的一生结束。我在她去世前一直和她保持联系。她死于癌症。她教我19世纪智识史,把我从未听说过的书和观点引介给我。

1959年,我着手申请博士项目。我想读个哲学专业的博士,并获得了伍德罗·威尔逊博士奖学金的资助,深造的条件已经具备。直到大学快毕业时,我才意识到:20世纪50年代的专业哲学研究提供不了什么我感兴趣的东西。约翰·罗尔斯的社会和政治哲学还没出生呢。美国几乎所有主要的哲学系都无视这个主题。

哈克尼:我估计当时只有政治科学界才关心这个。

霍维茨:是的,要想学政治理论,只能去政府或者政治科学系。可是政治理论在政治科学界越发稀少,因为整个领域都在变得更加"科学"。哈佛政府学系算是个仍然可以学习政治理论的地方。所以在获得威尔逊奖学金之后的夏天,我从哲学系转到了政府学系。

哈克尼:你是纽约本地人吗?

霍维茨:是,我来自布朗克斯(Bronx)区,我爸是个出租车司机。我是家里的独子。我妈是家庭主妇。这就是我的世界——一个相亲相爱、但对孩子保护过度的犹太人家庭中的独生子的世界。我不清楚你是怎么走上当教授的路的。对于我来说,是琼·嘉多尔引领了我的学术进步,并指明了我该做的事情。上大二的时候,我根本不知道哲学博士是什么,而且我估计自己的小圈子里也没人知道。我还没提到这之前的阶段。我进大学前毕业于斯泰沃森中学(Stuyvesant High School)。斯泰沃森中学是精英学校之一,至今发展兴旺;它仍然根据考试成绩录取学生。我读书时与现在的唯一区别在于当时全是男生。那是我第一次接触来自专业阶层和商人家庭的学生。从这个意义上讲,那是纽约作为各社会群体大熔炉的最佳写照,虽然并没有熔合各种族。斯泰沃森中学对我来说很重要,我在那里结交了对智识有抱负的朋友。正是在那里,我第一次设想自己会成为一名学者,虽然我后来才知道如何做到这一点。

琼·嘉多尔介绍给我卡尔·曼海姆的《知识社会学论集》(Essays on the Sociology of Knowledge),这是最早影响我的智识作品之一。曼海姆认为,个人在社会情势中的位置,影响着个人对于社会情势的看法。在知识社会学及其背景史实被压制和掩盖的时代,是曼海姆在20世纪30年代的著述对欧洲社会学产生了重大影响,推动塑造了历史导向的社会学。他对我的影响极为重要,让我意识到观念——以及真理本身——都有其历史和情势条件。

哈克尼:当时哈佛的政府学项目比我们今天理解的范围要宽。那时的情况是怎么样的,你又学到了什么?

霍维茨:政治理论是——按照我认为最简单的描述方式——以"大作"为中心的。虽然与芝加哥大学不同,但哈佛的学生也要认真对待重要政治思想家的观点,并阅读文本。学生得了解早期柏拉图与晚期柏拉图、柏拉图与亚里士多德之间的区别。学生是把政治思想当成一门历史来学习的。当时系里有两位学者,如果不是因为学科划分,他们本来可能成为历史学家。第一位是路易斯·哈兹。美国史家认同他的史学家身份。他写过《美国自由传统》(The Liberal Tradition in America)和其他一些非常好的著作。他是我一生中了解或者与之有同学经历的少数天才之一。他的去世令我很悲伤。虽然他从不是我的密友,但他在智识上对我影响很深。有时我去讲学,特别是在大学讲学的时候,我会聆听自己的声音,而我听到的分明是路易斯·哈兹在讲学。他对我的影响就是这么大。与琼·嘉多尔等导师不同,他并没有正式收我为徒。我和他并没有那种师徒关系。只是通过我对他的观察和倾听,他才发挥了导师的职能。另一位对我的影响更加个人化,而且更为集中,那就是罗伯特·麦克洛斯基,他写了《美国最高法院》(The American Supreme Court)。这是另一个人们几乎不再采用的研究政府部门的角度。如果要从历史角度学习美国宪法,麦克洛斯基是导师的最佳人选。不过,他作为思想者的杰出之处与哈兹并不同。

哈克尼:哈兹是百科全书式的思想者?

霍维茨:是的,但我也想强调麦克洛斯基是位卓越的学者。他特别值得骄傲的是受邀为《哈佛法律评论》(Harvard Law Review)撰写卷首语,讨论州议会席次重新分配系列案(reapportionment cases),那是法律界以外的人第一次获选担当这一角色。

哈克尼:关于他研究宪法史的进路,你认为是传统进路,还是你本人关注的、注重某些突变和历史性时刻的、更加现代主义的进路,或者其他？你如何将他定位到这些学术脉络里？

霍维茨：在20世纪50年代，如果你在哈佛法学院学宪法，那么关注的焦点主要是最近的最高法院判决。事实上，沃伦法院促成了这种做法。我们每天都学到新的开创性判决。结果，在20世纪60年代，诸如宪法刑事问题之类的法律大为扩张，把旧判例挤得没了空间。总体上讲，正是在那个时期，法学院讲授宪法时不再聚焦于历史。历史进路在研究生院中存续下来，特别是政府学系，有麦克洛斯基这样的教授。

宪法史也有其特定的内容。它继续关注对于洛克纳时代最高法院的进步主义批评。学习最高法院史的原因就是为了不再重复法院的错误。这也是麦克洛斯基看法的潜台词。他在威斯康星州长大，又在威斯康星大学获得了本科学位。他承载了当时进步主义的、威斯康星式的、对美国史的看法。在他的第一本书中，麦克洛斯基刻画了19世纪晚期推动缔造洛克纳时代的保守主义者。其中之一是史蒂芬·菲尔德大法官，麦克洛斯基将他描绘成大商业的工具。很有意思的是，在美国智识生活中，进步主义崩溃的最后一个领域就是法律。宪法史家对洛克纳时代最高法院持有负面看法的时间，长过对于任何其他法院的负面看法。麦克洛斯基及其前辈本杰明·怀特发展了这种看法。苏特大法官在凯西（Casey）案中的意见提供了一个有趣的个案史，可以说明进步主义看法是怎样表述的。这个案件让所有人都感到惊讶，因为人们都觉得对罗伊诉韦德（Roe v. Wade）案判决的最后一击来临了。然而，肯尼迪、奥康纳和苏特与那些推翻先例的大法官划清了界限。他们首先声明并不同意罗伊诉韦德案的判决。但是他们认为最高法院不应轻率地同意推翻前判，而罗伊诉韦德案并不适合推翻。之后他们回顾了推翻前判的历史。

当我阅读他们的历史回顾时,我就知道这肯定出自苏特大法官之手。其中对于洛克纳案被推翻的描述,只有在20世纪50年代的哈佛受教于怀特和麦克洛斯基才可能习得。我从麦克洛斯基那里学到的历史跟这个一样。

现在我们快进到1977年,《美国法的变迁,1780—1860》(*The Transformation of American Law , 1780—1860*,简称《变迁 I》)面世。如何定位我的著作,从而了解这些影响是怎样作用在我身上的?尤金·真讷维兹曾给《变迁 I》写过一篇非常有趣的书评——他宣称我不是马克思主义者,而是信奉利益集团理论的自由派。我写史的目的是论证法律所受到的外部影响。法律现实主义者从20世纪30年代开始不就在这么做么?当时我只是部分地认识到宪法史的进步主义叙事受到了削弱。但我确实知道:这种现实主义叙述在法学院仍然可能遭到颠覆,因为所谓"中立原则"的哲理仍然统治着那个世界。当时我并不完全理解《变迁 I》为何产生了电击般的效果。对于《变迁 I》所引发的反应,需要解释的是为何有如此激烈的负面和批评意见。

哈克尼:谈这个问题之前,我想问你一个相关的问题,这个问题也有助于理解你所强调的、法学院内对于你著作的反应。希望你能将我们带回你在哈佛读法学院的经历,我想这能更清楚地解释你的《变迁 I》为何与美国法学的主流精神如此对立。

霍维茨:你问的是:我如何根据自己的求学经历——也就是1964年到1967年——来概括哈佛法学院?我首先想要说的是:这个机构对政治很不感兴趣,也与政治高度无涉。法律程序与中立原则的规条统治着那里的认知。而恰在此时,沃伦法院发布了一个个革命性的司法裁判。在教授所讲述的内容与我对周围事物的反映——既有消极(对于越战)也有积极(对于沃伦法院)的——之间,存在巨大的差异。我所亲历的法学院落后于时代,并且无助于理解美国社会真正重大的事务。

哈克尼:我听说你上过亨利·哈特的课。你能描述一下那段经历吗?

霍维茨:亨利·哈特是哈佛法学院缺陷的绝佳范例,他也是哈佛法学院最耀眼的代表者之一。我在三年级上了亨利·哈特的联邦法院课。修联邦法院课之前一年,我上了法律过程课,所用的正是哈特和赛克斯关于法律程序的著名未刊讲义。哈佛法学院每一届都有很大比例的学生选修法律过程课。学院以成本价将讲义卖到全国各地,并准许复制。自20世纪50年代后半段到60年代前半段,各法学院使用的讲义印本数量之多,反映了法律过程思想对法学院的统治。就在我入读法学院的时候,法律过程进路的影响开始遽然下降。

我在法学院读书时,越战征兵采用了抽签制,这意味着不再可以通过成为专业学院的研究生来规避服兵役。我周围的法学院同学一下子都变得更讲政治了。眼前的一切都令人十分痛苦。征兵在哈佛法学院引发了一场货真价实的学生造反。我说的可不是后来耶鲁发生的那种造反。但我想那是史上头一遭,哈佛法学院出现了对不问政治的书呆子教授的蔑视,甚至对他们评价更坏。越南战争和民权运动在学生中间引发了重大的政治反弹。

哈克尼:哈佛法学院的教员对民权案件有何反应?

霍维茨：我想先举自己与麦克洛斯基的交流作为例子。我记得一次我和他在哈佛广场（Harvard Yard）散步，讨论布朗（Brown）案。正如他在《美国最高法院》一书结尾所言，当时他认为：如果最高法院没有推翻普莱西（Plessy）案，而是从严把握"隔离但平等"标准，会更好些。我记得自己听他说这些的时候下巴都险些掉了下来。我非常震惊。这个例子反映了进步主义者在多年反对洛克纳案以后，在政治上已经变得无能。

哈克尼：没错，他们技术工巧，但政治上已经破产了。

霍维茨：正是。而且有的哈佛法学院教授更进一步，认为布朗案根本就判错了。这可把我惊得不轻。我简直无法相信。可见自由派法律理论家对沃伦法院的做法越来越失望。他们老师的司法节制观几乎就是法兰克福特的学术镜像，而沃伦法院事实上在这种观念上扎了一个洞。这让他们大为困扰。

再举个例子。欧文·费斯1961年在哈佛法学院读一年级。他记得有一次在兰代尔（Langdell）阅览室里学习，看到一群人凑在一起，越说越激动。他询问其中缘由，得知贝克诉卡尔（Baker v. Carr）案的判决刚刚下来。判决书推翻了法兰克福特关于司法不能裁判议席分配问题的先例。次日课上，他的侵权法老师整堂课都在指责贝克案的判决，宣称它摧毁了法治。这件事充分反映了众多观点之间的相互渗透。也就是说，最高法院的法兰克福特一翼，以及哈佛法学院居主导的中立原则理念，多年来一直在自我强化。我的老师的法律和政治立场无疑对我有很大的负面影响。我觉得哈佛法学院经历中最严酷的一点就是没有导师。可以说没人真正关照我。当然，另一方面，这毕竟是哈佛法学院嘛。

哈克尼：我们前面谈到过，马丁·路德·金（Martin Luther King）和沃尔特·若埃瑟对你的鼓舞很大，影响很深。你能详细谈谈这两位，还有你如何回应他们吗？

霍维茨：沃尔特·若埃瑟比马丁·路德·金要早一代人。他是汽车业工人联合会（United Auto Workers）的首任负责人。他在工运史上很重要，因为他建立了产联（CIO）最早的下属工会之一。他在组织工人时始终坚持平等主义，并且积极参与了1937年富有英雄气概的工运斗争，最终获得承认。对于像我这样的人来说，几乎找不到民主社会主义的榜样。虽然他自己不会这么说，但若埃瑟确实是美国民主社会主义的最佳代表。他建立了一个强大而平等的工会，为会员争得了极大的福祉。

现在让我们谈谈马丁·路德·金。他是我此生见过的最伟大的演说家。有谁能跟他匹敌呢？富兰克林·德拉诺·罗斯福只擅长通过无线广播发表演说。只有奥巴马总统演说的鼓舞程度接近金博士。这些往事的记忆片段可以一直上溯到我在斯泰沃森中学的时候。

哈克尼：斯泰沃森中学当时氛围激进吗？

霍维茨：我所在的班级中只有一位黑人男生，他后来成为了纽约警察部门的副职领导。他上的是达特茅斯学院（Dartmouth College）——那可是1959年。他恐怕是当时达特茅斯学院唯一的非洲裔美国人。我就读的时候，斯泰沃森中学的黑人学生非常少。不过我确实记得布朗案下判的那天，而且记得很清楚。当时我上中学二年级。一年后，我初中结业旅行去华盛顿时，一些南方来的律师正在辩论布朗第二案（Brown II）。我在情感上真真切切地与民权运动连在了一起。我参与了几次去华盛顿的集会，不过没有参加马丁·路德·金的华盛顿大进军。

哈克尼：现在我们把话题转移到你的法律史家生涯。在你就读于政府学系和法学院与拿到哈佛教职之间，存在一个转折。你获得任命前先做了博士后研究人员。当你最初思考写什么的时候，你是如何确定自己的学术日程的？你给詹姆斯·麦克莱伦和杰拉尔德·邓恩合著的约瑟夫·斯托利传记写书评，从中可以明显看出你最初关注的是对于历史的共识性观点。宽泛地讲，可以把你的智识规划描述为批判史学。也就是说，你要换掉共识性观点，而共识性观点可被称作保守的共识或进步主义者的回应。有些进步主义史家代表左派，但你并不赞同他们，就如你刚谈到的对布朗案的反应一样。是否有过一个时刻，你意识到自己的智识规划成形了？还是说你一开始书写自己的经历（包括嘉德尔和知识社会学），智识规划就自己喷涌出来了？

霍维茨：我想你认为我的首要议程是攻击共识史观，这肯定不错。我当时没有意识到的是，自己的做法会有如此的争议。毕竟，《变迁I》出版于1977年，当时历史系里对共识史观的全面攻击已有多年了。然而，在法学院里，共识史观还是通说。我确实想到戳破这个泡沫可能引发争议。我尤其对法律变迁的共识看法持批判态度。但我当时没想到法学教授们的态度会非常负面。我认为《变迁I》真正刺痛神经之处，在于它试图破坏那些关于法律和法律推理中立性的看法。

从职业法律史家的角度来说，最大的挑战在于通过社会、政治和经济条件来解释私法，这是从前不常用的方式。对宪法的研究当时已经用过这种方式了,并且或多或少地吸收了宪法史。我着手在诸如合同和侵权等私法领域如法炮制。最终,我打算树立一个范本,能够同时对司法观点和档案做真正的历史研究。这个想法至今未变。怎样把这些素材转化为所谓理论?我也承认,《变迁 I》中的大部分观点都过于宽泛,容易引发争论,并且所提供的证据只能部分证明理论,甚至完全无法证明。这些对于严格的社科研究可能是重要的。但是就示范如何用这种方式研究法律史而言,《变迁 I》仍然很成功,并引人思考。

哈克尼: 宪法与私法的对照很有意思。我们迄今为止所谈的都和宪法有关,并没有切实关注私法。你是如何将批判的规划从关注宪法转向私法的?这个联系很有趣,因为邓肯·肯尼迪开始学术生涯的时候也做了同样的事。你是在法学院的时候产生了做这项研究的想法吗?

霍维茨: 我想我可以大致追溯一下研究计划产生的几个步骤。第一步是写作我的博士论文。当时正赶上佩里·米勒出版了《美国思想史》(*Life of the Mind in America*),这本书对我产生了重要影响,特别是关于法典化运动智识史的部分。当时我快要拿到美国史研究的博士学位了,却既不知道曾发生过法典化运动,也不知道这个运动有智识史。佩里·米勒试图对法律做理论研究时彻底糊涂了。他把法律当成了英国文学,于是认为英国文学的范式也可以应用在法律上。这种做法行不通,但他确实发掘了丰富的资料源,并且证明围绕法典化的争论引出了绵延一百多年的、活跃的修辞传统。第二步是我在法学院的第二年,我意外地邂逅了马克·德伍夫·豪。他在哈佛教法律史。

我当时选了公司、税收和会计的课程,但是一点也不喜欢这些。于是我去找他,问他我该怎么办。我从一年级的老师那里没有获得任何建议,但我听说他是个和善的教授,同情学生,而这种老师少之又少(这也算成见吧)。于是他推荐我看一本 C. H. S. 菲弗特写的书,叫做《维多利亚女王治下的法官和法学家》(*Judges and Jurists in the Reign of Queen Victoria*)。这本线条很粗但行文简洁的史书,将 19 世纪英国司法理论(包括合同和侵权)置于政治、经济和文化史的背景之中。我马上意识到他的进路正是我想要的。我清楚地知道这一点。他的书并非通常意义上的范本,但他把我从未意识到存在的私法智识史展示给我看。这是一条绝佳的线索,我一直都没忘。

哈克尼:你能谈谈《变迁 I》与《变迁 II》(《美国法的变迁,1870—1960》)的区别吗?关于《变迁 I》,你已经谈到了几点,包括它作为档案研究的性质,以及将私法置于历史背景下。但是《变迁 I》和《变迁 II》的方法论也有不同。在《变迁 II》的前言里,你将这称作方法论的转向。从《变迁 II》能读出更鲜明的现代主义立场,有人甚至可能说是后现代立场。那本书的智识史——观念史——特点读来也更明显。我们这里谈的都是宽泛的概念。这可能也是受了邓肯·肯尼迪的影响。在《变迁 II》之中,你在挖掘档案细节方面下的工夫,不如在宏大理论层面讨论观念的用功多。你能对比这两本书么?你写《变迁 II》的思想形式是怎样的?

霍维茨:我想从《变迁 I》到《变迁 II》的主要转向在于对治史方法和目的的看法。我在 1977 年出版《变迁 I》的时候,历史基本上仍被视作社会科学的一个分支。并且,尽管到 1977 年时已经发生了很多变化,我相信当时多数史家仍然认为自己在为实证大厦添砖加瓦。这也是我写作《变迁I》时"自然流露"的状态。也就是说,研究者一头扎进档案之中,理清所有细节,并且随着信息不断积累而将这些细节编撰成大部头。到写作《变迁II》的时候,我已经走出了这种状态。我意识到这种变化是在几个特定的时刻。让我讲讲几次重新定位研究方法的经历。第一次涉及批判法学首次会议上的大争论,那时刚刚进入20世纪70年代,而那场争论也成了我们第一次夏令营的核心。那是一场关于方法论的大辩论。辩论部分是关于马克思主义,部分是关于19世纪的一般法律理论,那种理论认为存在宏观的覆盖律(covering laws),使得人们能够提炼出"如果……就……"或说条件关系,并预测未来。争论就是围绕这些展开的。辩论使用了第一手资料,那一周我们真的是要一争到底。

哈克尼: 你是说"我们"?还有其他史家参与吗?

霍维茨: 包括第一代批判法学理论家。

哈克尼: 那你是指邓肯·肯尼迪、大卫·楚贝克、马克·图施耐特等人。鲍勃·戈登去了吗?

霍维茨: 我想那个会议对于鲍勃来说太早了。他当时还没做教授。无论如何,鲍勃·戈登与批判法学的关系历来既复杂又疏远。他从没把自己当做核心成员之一。但是对我来说,批判法学的对话极其重要。它以我未曾意识到的方式,揭示了归因所引发的问题。当我早年被灌输社科观点的时候,人们对因果关系的理解非常简单,且无异议,并没有人严肃质疑它。到我撰写《变迁II》的时候,中心问题就变成了能否在存在多重原因的情况下进行归因,而这个问题也催生了后现代主义。所以当我开始写《变迁 II》的时候,我清楚地知道:在《变迁 I》与《变迁 II》出版之间的 15 年里,历史和社会思想的方法论假设发生了重大变化。我先谈谈本学派内学者对我的影响。鲍勃·戈登的《批判法律史》(Critical Legal Histories)虽然不长,却对我的研究帮助很大,为我最终理清了对功能主义和历史解释的批评。他帮助我在这场争论中定位自己。《变迁 II》的前言讨论了这些新见解。另一支、或许也是最重要的一支影响来自邓肯·肯尼迪和罗伯托·昂格尔(Roberto Unger)。我很庆幸自己比邓肯和罗伯托早来哈佛法学院一年。这么幸运的人可不多。他们接连提出新观点,速度快到令人应接不暇,这让我早年时从邓肯和罗伯托身上学到了特别多东西。我参加了罗伯托的法理学讲座系列,这些讲座最终形成他出版的《知识与政治》(Knowledge and Politics)一书。他对我研究社会理论的进路影响深远。

哈克尼:让我们谈谈另一个影响力的来源——托马斯·库恩的《科学革命的结构》(Structure of Scientific Revolutions)。

霍维茨:库恩的书是在我求学期间出版的。他对我的智识观点形成有特殊作用。存在范式转换的想法最早是卡尔·曼海姆的《意识形态与乌托邦》(Ideology and Utopia)带给我的,读这本书也是受到琼·嘉多尔的启发。读这本书时我正上大学。库恩的《科学革命的结构》对范式的兴衰持相对主义态度。简而言之,这本书对于文化的普遍影响,在于说明了一切科学都不是客观的这一立场。不过,这本书对我的直接影响在于范式和结构的概念。在我看来,法律正可用结构和推理的方式来理解。这也是该书很早就对我产生的影响所在。《变迁 II》将库恩的理论应用到了法律范式的变迁中。

哈克尼：你说得很对，形式主义与法律现实主义针锋相对——发生碰撞。《科学革命的结构》显然是本人们普遍感到重要的书，因为像理查德·波斯纳这样的人，我们本来觉得他没怎么受这本书影响，他却在评论圭多·卡拉布雷西的《事故的成本》时，将卡氏树立为法律现实主义者范式上的反衬。我觉得他甚至可能会引用库恩，把卡氏的书说成范式代换——法律经济学取代法律现实主义。这种做法到处都是。我想请你回应的另一条思想脉络是马克思主义。你能否追溯一下自己对马克思主义的看法——不仅包括它在智识上的地位，而且还有政治上的地位？因为你曾经明确声称拒绝完全的共产主义政治观点，而倾向于民主社会主义的观点。后来你写了《变迁I》，并被真讷维兹贴上了"信奉利益集团理论的自由派"这一标签。你曾经严肃地对抗过马克思主义吗？

霍维茨：马克思主义对我来说意味着两点。一是大家庭内的张力，二是政治—智识理论中的马克思主义。我们家有条政治分界线，一边是我妈和她的娘家，她们不是共产主义者就是共产主义的同情者；另一边是我爸，他倾向于做沃尔特·若埃瑟那样的自由派民主人士。我们家庭内部的联系很紧密，成员总是在一起。虽然这些人的马克思主义理论读得不精，但是当我15岁的时候，简单的马克思主义理论已经是我世界的一部分。我与我的叔叔和婶婶待在一起，他们这些来自纽约的左翼人士聚居在皮克斯基尔（Peekskill）小镇，那里把左翼的一切历史都拿出来讲。你了解保罗·罗伯逊（Paul Robeson）骚乱吗？

哈克尼：我听说过保罗·罗伯逊。

霍维茨：他是位伟大的非洲裔美国歌手。在冷战早期，他同情共产主义，还到处宣扬党派路线。结果他被列入黑名单，找不到工作。就在冷战早期，他到皮克斯基尔开音乐会。参加音乐会的有各个种族的自由派和拥共人士。那帮一心护卫美国精神的人大概是美国退伍军人协会（American Legion）来的，他们站在桥顶，居高临下投掷火把捣乱。保罗·罗伯逊的音乐会成为了美国左翼传奇历史的一部分，并且在家族内口口相传。

在我十五六岁的时候，我花时间批判地学习苏联史，以便加入家庭内的政治讨论。比如，我变得很精通斯大林与托洛斯基之间的龃龉，以及斯大林徒有虚名的公审。读研究生的时候，我获得机会向巴林顿·摩尔学习，他是美国学界仅存的少数左派学者之一。摩尔在俄罗斯研究中心（Russian Research Center）供职时写了自己第一本关于苏俄的书。他是位严肃的、有批判精神的历史社会学家，然而随着社会学转变为价值无涉的行为社会科学，他在本领域内日益边缘化。

他开课讲授古典社会理论，课程要求严格，内容涵盖马克思、涂尔干和韦伯，每页阅读材料都附有针对文本的问题。这是我第一次有机会正经学习马克思主义。十年后，我成了年轻的教员，我们组建了一个马克思学习小组。小组成员包括邓肯·肯尼迪、凯希·斯通、卡尔·克莱尔、加里·贝洛和珍妮·查恩。（我有意没提另外一两位成员的名字，因为披露这些可能给他们带来不便。）我们读原著。20世纪60年代，马克思关于"异化"的1844年手稿出版，这让马克思主义的意识（consciousness）层面和科学（scientific）层面之间的破裂变得严重起来。我当时有三十二三岁。邓肯当时已经开始强调后现代主义，于是我们读了卢卡奇——这是我第一次邂逅他，阅读他也让我非常吃惊。

总之,如果你将从曼海姆到库恩、再到卢卡奇的各个点连接起来——那就是我的研习轨迹。卢卡奇的《物化与无产阶级意识》(Reification and the Consciousness of the Proletariat)发表于1923年,这是对马克思主义意识层面的最早阐发之一。我们研习卢卡奇的时候,马克思主义理论史正处在一个节点上,当时意大利共产党代表着葛兰西主义的(Gramscian)、反斯大林主义的思维方式。在那些年里,从我早年做助理教授直到批判法学的早期,我对马克思主义的阅读、研究和思考确实比从前都要多。虽然我从不认为自己是马克思主义者,但我对有关争论非常感兴趣,特别是关于经济制度与社会的关系的含义问题。不过我要说,到了1980年,随着时光流逝,我感到从马克思主义当中已经得不到什么新东西了,即便把马克思主义看做对事物的理论化理解也如此。我的一些朋友和同辈对马克思主义的态度达到了宗教信条的程度,而我与他们不同,我始终保持着批判的距离。

哈克尼:这就谈到了批判法学的形成。我知道至少在开创阶段,批判法学内部曾存在马克思主义理论化进路与社会科学进路之间的张力。你能谈谈这个分歧,还有你个人在批判法学派内的经历么?

霍维茨:批判法学从建立那天起就致力于同马克思主义划清界限——在我的一生当中,可能只有这个组织会为了抵御麦卡锡主义(McCarthyism)以外的原因而与马克思主义保持距离。自俄国革命以来,马克思主义者唯独在那个特定历史时期最不需要为自己辩护。我实际的想法——关于这一点我和邓肯有许多讨论——那就是美国的马克思主义,或者说美国人所阐发的马克思主义,从根本上都源于简化论（redunctionist）和机械式的思潮。从组织发展来说，当时也担心它被马克思主义强行收编。现在回想起来会觉得当年全无道理，但是20世纪60和70年代的大部分行动论者/左翼分子都有马克思主义倾向。实际上，左翼组织中的马克思主义者也的确不时接管整个组织。如今想象这种事可能发生在批判法学，会觉得不可思议。当时有些律师公会（Lawyers Guild）的人——比如大卫·凯瑞斯，他是《法律的政治学》（The Politics of Law）的编者。他是一位费城的左派执业律师。这些人热衷于揭露理论与实践之间的张力，在美国法学院里，他们青睐诊所教育，而非理论。而批判法学的目的之一便是消解理论/实践之间的区隔。也就是说，我们承认诊所教育者能做出贡献。这在法学教育的职业政治之中是很不寻常的大转变。我早期在批判法学收获的另一重要方面，是对马克思主义的批评。在批判法学之内，我们围绕马克思主义发起了若干最高水平的理论之争，集中讨论因果关系的证明问题，以及宏大理论与接地气的事实之间的关系问题。对我而言，那个时期成果颇丰，我们每年都举办夏令营——有时参加者多达百人——每次都要花两周时间严肃地讨论法律和政治理论。

　　我认为，就我自己的学习曲线来说，对马克思主义的批评非常重要，它帮助我想清楚了许多我必须要回应的问题。同时，经过若干年后，这个组织内部也确实再无强硬的左派可言。这首先应归咎于里根执政时期认同马克思主义的职业障碍的增大。在创立者当中，只有卡尔·克莱尔和马克·图施耐特对马克思主义一往情深。他们两人都需要应对自己对马克思主义日益增长的怀疑。

　　我认为，到了那个时候，卡尔已经不再把对马克思主义的态度当作忠诚问题，也不再把马克思主义当成"他父辈的信念"。图施耐特曾经把《变迁 I》和劳伦斯·弗里德曼的《美国法律史》(*A History of American Law*)放在一起点评。虽然图施耐特后来温和些了,但是在他年轻的时候,同辈人都将他视作毁林开荒式的破坏分子。他从马克思主义的角度,点评两本资产阶级自由派的著作,写了篇大张挞伐的书评。你从中能看到图施耐特是多么的不同寻常。他曾师从真讷维兹,并且仍然倾倒于真讷维兹所演绎的、美国版的马克思主义历史发展阶段论。

哈克尼:可见马克思主义是批判法学的线索之一。批判法学群体的先在限制较少,这和法律经济学运动等相反,后者有一系列标准的智识范式和规则,供群体内的所有人遵守。你能再多谈点批判法学运动的历史背景吗?

霍维茨:杰瑞·弗鲁格曾在哈佛法学院开了一门课,叫做"批判法学是什么?",这已经是批判法学运动中很晚的事了。当我初次写法律现实主义的时候,我就意识到法律现实主义者不可能被归总到一起,这源于我当时在批判法学中的一手经验。我认为,马克思主义和社会科学对于实证主义的批评,在宏观层面是相互契合的。批判法学的另一条思想线索是后现代主义。所以说,经历了批判法学运动以后,我研究法律现实主义所抱持的根本直觉,便是不应寻求统一的实体教义或方法论前提,而最好把现实主义运动视作不同思想方式的联盟,尽管这些思想方式背后的政治在不同程度上具有一致性。

哈克尼:换言之,他们所回应的是同一种现象。对于法律现实主义者来说,他们回应的都是形式主义,但是进路有所区别。大家都致力于攻击形式。

霍维茨：是的，我想你说的很对。大概可以搞出一个法律现实主义的阶段论，再弄个批判法学的阶段论，就会发现它们的总体样态或多或少具有相似之处。有些人从不认为自己是批判法学理论家，但是如果回顾他们的工作，就会发现他们受到了批判法学的影响。不过他们从不愿意有意识地与批判法学联合起来。批判法学有一个重要的事实即将被历史忘却，那就是有意在组织上采取无政府主义，不搞制度结构。邓肯非常自觉地这么做。他从一开始就下了决心，不让我们变成集中的组织，不设职位，也不分利等等。组织年会的职责由各校轮流承担，一切都几乎完全由各校做主，学会也不提供组织预算。这样延续了大概十五年左右，每年也确实是勉强维持。基本的前提在于不要建立中央机构，否则这个机构一旦死亡，就会葬送整个运动，我们也实现了这个想法。当然，这也意味着探讨核心教义是荒谬的。真正值得探讨的是十五年间的思想流变。在人数最多的时候，有一年（1982年）多达七百人到哈佛法学院参加批判法学的会议。直到目睹了参会者的人潮，大多数哈佛教员才意识到变革真的来了。那是个重大的时刻，哈佛法学院的教员们认识到这个运动是严肃的，至少在成员数量和组织能量上是如此，因而需要直面它。

哈克尼：是什么引发了哈佛法学院教员的政治斗争？

霍维茨：批判法学运动确实引发了政治反扑。我不记得具体日期了。不过如果我们查清那次大会的日期，然后计算此后多久发生了清算，我估计大概不超过两三年。它们之间存在直接联系。

哈克尼：我们把批判法学看做同道者的联合。显然有些女权主义理论家属于这个群体。还有些批判种族理论家也在群体之中。美国法学智识史上有一幕很有趣,那就是批判法学与批判种族理论先结成联盟、又分道扬镳。我估计你会说女权主义理论也有类似的过程,但是比起女权主义理论来,我在智识上更关注批判种族理论。批判种族理论与批判法学的分歧在一场围绕权利的辩论中显露出来。你曾写过一篇题为《权利》(Rights)的文章,尝试调停或者理清这场辩论。你能否回顾一下那篇文章所针对的社会学现象,以及权利理论建构?还有辩论双方对你的权利理论有何反响?

霍维茨: 宏观地讲,我们探讨的是身份政治的产生。我记不清是在哪天发生了女权主义的摊牌,或者批判种族理论的嫌隙。不过,女权主义理论家和批判种族理论家都把批判法学看做白人男性的领地——白种老男人的地盘,或者哈佛耶鲁白人男性的地盘。当女权主义发起挑战时,我想她们要的无非是加入进来。她们已经当了教授了。她们真正想要的不过是让女权的修辞普世化,并且揭露实践的偏颇和男性中心现象。当黑人和少数族裔学者入场的时候,他们对这种白人男性制度的反感就更大了。其中的张力要大得多很多。我真真切切记得大部分批判种族学者都很反对批判法学。围绕权利的辩论就发生在那个时候。

有些人主张——无论他来自现实主义、马克思主义理论还是欧洲左派理论——权利是资产阶级认识事物的方式。他们认为,权利最终总是支持权力结构的。这等于掷出了挑战的白手套,因为几乎所有少数族裔学者仍然认为权利很关键。所以肯定会发生分歧。我当时认为这种分歧没有必要,因为我清楚地知道,马克思主义者在分析权利时,几乎从不去了解美国史上的权利话语是如何实际运作的。回想马丁·路德·金,我越来越觉得:权利话语借助了宗教史的话语,而权利话语内部存在特殊的宗教共鸣,这是批判法学群体内的某些人所没有意识到的。

哈克尼：粗略地说,非洲裔美国人群体普遍受宗教影响。听了你的讲述,我明白了为什么很多这个群体的人会对你的批评持有很强的个人保留意见。这里有文化分隔。

霍维茨：我认为,批判法学所传递的信息很简单,就是法律的政治。不仅要传递给未来的法律学生,而且要传递给平民大众——美国社会中的法律曾经、并且仍然受到(宽泛意义上的)政治的重大影响。由此当然会引出法律与社会(law and society)运动与批判法学的边界问题,邓肯被这个问题困扰最深。对他而言,如果非要划清界限的话,那么最重要的界线应当划在法律与社会运动的自由主义与批判法学的激进主义之间。回想起来,法律与社会运动的研究与批判法学多有重合,不过要了解这种重合究竟在多大程度上是自觉的,需要偏离我们的话题去谈法律与社会运动学者的作品。有些参加过第一次批判法学大会的学者,比如马克·加兰特和斯图尔特·麦考利——至少我觉得他们未来会成为领袖——最终他们却离开了批判法学,更多融入法律与社会运动。那些人觉得批判法学充斥着不负责任的政治煽动者。

哈克尼：我和奥斯汀·萨拉特曾谈到,法律与社会运动中的人觉得有必要和批判法学保持距离,这明确验证了你所说的史实。我想和你专门聊聊法律经济学。你在《变迁 I》的导论里写了个有趣的脚注,用来支撑你在正文中的观点,即运用无所不包的单一理论——经济理论——去解释历史是危险的,因为科斯曾证明经济效率可以通过不同的法律安排来实现。之后你在1980年发表的《科学还是政治?》(Science or Politics?)一文中继续批判法律经济学。你能回顾一下你对法律经济学的观点吗?你是侵权法教授,法律经济学在20世纪60年代以后的侵权法理论中明显占据了中心地位。

霍维茨:我了解法律经济学的过程非常之慢。这就是哈佛与耶鲁的区别,而主要的影响来自圭多·卡拉布雷西。教我侵权法的是路易斯·加菲教授。他非常聪明,对我影响很大。我清楚记得《芝加哥大学法律评论》(*University of Chicago Law Review*)刊出了一期对产品责任的专题研讨。这是产品责任首次被承认为侵权法之下的独立分支。加菲在一年级侵权法课上提醒我们注意它,但他不过是说产品责任还没有作为专题列入侵权法课程。其实,我觉得正是产品责任领域让科斯定理的力量强大起来,因为科斯定理总算获得了一个实例:各方之间存在谈判关系,而法律却设置了侵权的严格责任。科斯理论的保守主义旨趣在于企图将产品责任重新契约化。那么我是什么时候了解法律经济学的呢?1970—1971年,我开始教侵权法,卡拉布雷西到哈佛法学院访学,他的办公室与我毗邻。我当时仍然主要关注司法观点。加菲在课上花了五周讲诽谤和诬陷——从中可见1964年的研究状况。直到开始教书的时候,我才觉察到法律经济学的著作已经积累起来了。虽然我在书里写那个奇特脚注的时候,已经了解科斯了,但我当时并没有意识到科斯最极端的观点——如果没有交易费用,就只需要合同法——和我有什么关联。我当时正在写关于水法和财产法以及权利移转的文章。我把手稿发给同僚传阅后,收到了布鲁斯·阿克曼的提问:根据科斯定理,如果交易费用低,当事各方自己就会行动起来,那么讨论水法和财产法还有什么意义?我需要解释。显然,如果我当时对法律经济学的了解更深入些,我会统计交易费用,证明真实世界的交易从不是没有成本的。是邓肯寄给了我一些阅读材料,我引用这些材料来说明效率是根据先在的分配方案来界定的。这一洞见也清楚表明:科斯对效率的理解是静态的,而不是随时间变化的动态观点。所以那个脚注多多少少可以算作我企图将科斯理论中性化的徒劳挣扎,那时,我忽然意识到科斯威胁到了我对法律变迁的解释。

哈克尼:那个脚注原来是这么一回事。那么1980年的《科学还是政治?》是怎么写出来的呢?

霍维茨:到写那篇文章的时候,我教侵权法已经满十年了——那是侵权法的话筒被科斯、卡拉布雷西和其他法律经济学者把持的十年。我最初的反应相当积极,原因有几点。法律经济学帮助人超越司法观点,而我与波斯纳一样,都倾向于将经济学看做一门真正的社会科学,是后果导向的、对真实世界运转的看法。甚至在我的侵权法课上,学生的课程评估始终在批评我,认为我掺入的法律经济学过多。当然,我渐渐地认识到,如果能够引导学生认真阅读法律经济学,而不是像反对派那样一扔了之,那么学生就可以进入法律经济学内部来批评它。我几乎想不起来自己当时为什么觉得法律经济学理论正在衰落。我不记得自己预测法律经济学濒临死亡的时候,究竟只是种修辞,还是真心认为末日来了。文章发表前后(1980年),法律经济学的作品在相当程度上沦于俗套,这和20世纪70年代前半期的上升形学习曲线不同——那时我发现成本—收益分析非常有启发。法律经济学的大部分工夫都花在证明显而易见的事情上。早期那种令人惊奇的、违反直觉的学问,沦为了库恩式的"常规科学"。这也包含对波斯纳本人的评价。我并不认为他当时已然开始炫耀成就。但有时甚至连波斯纳都不再提出洞见,而是开始越来越强硬地维护那些自己观点的同义反复。不过,我记不太清自己写那篇文章的时候,究竟仅仅是出于修辞目的而预测兴衰,抑或已然感到法律经济学将要沦为常规科学。

哈克尼:我对1980年情势的理解——包括如何在其中定位你的《科学还是政治?》——是分配状态不可知论已经严重衰落,以至于研究者再也无法为分配状态无关论辩护了。波斯纳从效率转向财富最大化,以图避开德沃金这样的批评者。而一旦他转向财富最大化,他就必须应对邓肯·肯尼迪和艾德·贝克(Ed Baker)——或说围绕起点问题的批评。法律经济学的政治维度就在这时显露出来。显然,法律经济学内部可以容纳不同的政治观点。波斯纳当时就批评卡拉布雷西的自由派倾向。当我读到《科学还是政治?》的时候,我仿佛在聆听法律经济学作为科学的时代的华丽终曲。但那篇文章也阐明了制度环境,这一点我们可以稍后详谈。说回波斯纳,他在转向财富最大化后,又转向了新实用主义。读到《超越法律》和他关于法理学的作品时,他的终极观点就是不可能从规范的、理论的或形而上学角度来支持他的法律经济学观点,那从根本上是倾向自由市场的。但是可以从实用主义的角度来为他的观点辩护:你更愿意生活在美国还是苏联?波斯纳还会补充说:并且苏联已经不存在了,如今的国家叫俄罗斯,而且自由市场资本主义在那里成了主导。这就是波斯纳的新实用主义转向,我想请你谈谈对这一转向的看法。整个法学界也转向了新实用主义。这在法律与哲学的研究者朱尔斯·科尔曼身上可见一斑。科尔曼重新包装了对分析哲学的批评,用新实用主义把它装点起来。在宪法学也能看到这个转向——凯斯·桑斯坦就是典型的新实用主义者。所有这些进步主义者都摇身一变,成为新实用主义者了。法学界整体转向新实用主义,使之无所不包,以至于法学理论家不管倾向何种做法或理论观点,都要用新实用主义来辩护,你能谈谈这一点吗?

霍维茨: 你说的很有意思。我听你说这些的时候,发现自己从没兴趣参与这些争论。我深深觉得那不过是老话新说而已,纯粹的老话新说。有人跟我说波斯纳作为实用主义者很有魅力,而我已经知道几乎所有实用主义者都站在进步主义一边,我对波斯纳这么做从来提不起兴趣。我唯一一次间接提到这回事是在《变迁 II》的某个地方,我提出法律经济学和波斯纳要求传承法律现实主义的衣钵是否正当的问题。这就引出了法律现实主义究竟只是一种方法论,还是和某些政治价值紧密结合在一起的问题。对于波斯纳,我只能谈这么多,而且当他试图转向实用主义的时候,我已经知道了,而且感到厌倦。我的基本看法是:当一种方法论确实有力量、有活力的时候,它就不可能不以某种方式包容政治价值。这很难反驳。这就是我对波斯纳的看法——他不过是重新发现了实用主义游戏的玩法,并将其转到自由市场的方向上去。

哈克尼: 好的,现在我们谈谈更大的话题。你对新实用主义有整体的看法。我对当今法学界图景的解读,是我们生活在多元的世界里,没有哪个理论框架居于支配地位。到 1980 年,法律经济学填补了这个空白——之前的填补者是法律过程理论,再之前是法律现实主义,而此前形式主义是法律话语的支配模式。我觉得如今不可能识别出哪个运动有支配力。大量涌现的是越来越技术化的理论声音。典型的就是法律经济学。我估计如果没有拿到经济学博士的话,几乎不可能在顶级法学院获得法律经济学教职。想做法律与历史等其他学科的交叉研究,难度同样在加大。如果想在法学院做政治科学,最好拿到政治科学的博士学位,以此类推。可见法学界越来越技术化,而与一般性问题的关联越来越少,所以美国法上的整体性话语变少了。这是我自己的看法,我很关心你怎么看当代的法学状况。

霍维茨:嗯,我想我们所见略同,但我的体验与你差别很大。对我来说,如今不过是20世纪50年代的再临而已。我的观点很简单,就是专业主义(professionalism)缓冲、保护并掩饰了研究者,使之与政治不生瓜葛。研究者可以发展各色中级的方法论,毕生徜徉于这些观点之中——而无需将其与催生这些方法论的政治议题连接起来。我确实是这么想的。我不知道你读不读克里斯汀·朱尔斯(Christine Jolls)的作品。她在哈佛教法律经济学,以前当过波斯纳的法官助理(她也是波斯纳和斯卡利亚的自由派助理之一)。她拥有经济学博士学位。长话短说,她投入了行为经济学之中,因为她喜欢行为经济学的颠覆性。然而,她并没有把研究搞成颠覆。她把行为经济学做成高级科学——用于探察理性的限度。她谈学问的时候,从来都中规中矩。由于所受训练的缘故,她不会从任何经济学的做法中体会到政治含义。这很不可思议,但这种情况越来越多。我最早体会到专业主义对政治的遮蔽效果,是在批判法学遭到清算的时候。人们开始在求职面试时字斟句酌,掩盖其政治内容。如果多参加一些求职面试,就会发现政治的热度其实在不断升高。但教员和求职者也会合作,采取各种方式避免挑明政治观点。这样做的原因很简单,那就是如果真的一律按政治来任命教员,就会导致灾难。正是这种远虑催生了所有这些努力,将理论限制在方法论的中层,在这个层次无需触及方法论背后的政治。

哈克尼:在这个层面不需要触及政治,而且也不存在方法论之间的对话。我觉得20世纪70年代最有意思的地方之一,便是总会有对话和争议的时刻,这样的年代还可以前推。而在克里斯汀·朱尔斯和哈佛法学院里拿过政治理论博士的女权主义学者之间,肯定没有任何争论。我们或许可以检视双方,认为他们无法并存,但肯定不存在对抗和对话。他们只是生活在相互分隔的世界里而已。

04

法律与社会
奥斯汀·萨拉特

受访人:奥斯汀·萨拉特

奥斯汀·萨拉特是阿默斯特学院威廉·纳尔逊·克伦威尔教席法理学与政治科学教授,兼任五校联盟四十周年教席教授。他被公认为是"法律与社会"运动的创始人之一,并曾担任法律与社会协会的主席。萨拉特教授最著名的贡献是关于刑事司法体系——特别是死刑——与社会的关系。不过他对文化、社会与法律之间的关系也有很大的兴趣。他有多部著作,包括《文化分析、文化研究与法》(Cultural Analysis, Cultural Studies, and the Law)(与乔纳森·西蒙合编,2000)、《杀人的国家》(The Killing State)(编辑,2001)、《当国家杀人时》(When the State Kills)(2001)、《法律、暴力与正义的可能性》(Law, Violence, and the Possibility of Justice)(编辑,2001)、《疼痛、死亡与法》(Pain, Death, and the Law)(编辑,2001)、《回望法律世纪》(Looking Back at Law's Century)(与罗伯特·凯根及布莱恩特·加茨合编,2002)、《可信之事》(Something to Believe In)(与斯图尔特·谢恩古德合编,2004)、《死刑的文化生活》(The Cultural Lives of Capital Punishment)(与克里斯蒂安·布朗热合编,2005)和《当法律失灵时》(When Law Fails)(与查尔斯·奥格特里合编,2009)。他目前正在写一本关于好莱坞法的书。他担任期刊《法律、文化与人文》和《法律、政治与社会研究》的编辑。

哈克尼：你最初学习的是政治科学，而阿默斯特学院也不设法学院，那么你是怎么对政治科学之下的法律产生兴趣的？还是说你一直对法律感兴趣？

萨拉特：我去威斯康星大学麦迪逊校区读政治科学研究生的时候，本想研究并从事城市政治。后来我的兴趣转变了，我在研究生阶段的训练以及博士研究的关注点变成了政治科学领域内的一个专科，当时叫做公法。从威斯康星大学毕业后，我到耶鲁法学院的罗素·塞奇项目（Russell Sage program）做博士后研究人员。我是作为政治科学内搞美国政治与法律的人去求职的。

哈克尼：你那时关注什么专门的法律领域吗？

萨拉特：我的背景纯粹是政治科学，所以我所受的训练是为了研究政治科学家所说的司法过程。不过我并没有采用政治科学家常规的方式去研究司法过程。我在阿默斯特学院任教的第一年，也就是1974年，开了一门叫做"法律、政治与社会"的课。早在那个时候，我的研究范围就超出了法院。这也算是我研究轨迹的基础吧。

哈克尼：之后你在耶鲁拿到了法律博士（JD）学位。你读这个学位的动机是什么？你已经有罗素·塞奇项目的经验了，为什么还要读法律博士呢？

萨拉特：我博士论文的主题是人们为何守法。这个项目关注的同样不是法院。我早期的研究兴趣在于法律与社会的关系之类的主题，但我也关心法律过程问题。在20世纪70年代晚期和80年代早期，我和其他学者一道参加了"民事诉讼研究项目"。这个项目由司法部资助，而我们的兴趣在于尝试自下而上地理解美国民事司法过程如何运作。我当时对纠纷的产生很感兴趣：问题如何变成了纠纷，而纠纷又如何转变为法律诉讼？通过参与民事诉讼研究项目，我终于对政治科学所说的私法问题更感兴趣了。研究越多，我对律师行事方式的兴趣越大。我读大学的时候曾想成为一名律师，后来被其他事情吸引走了。到了20世纪80年代中期，我觉得根据自己对法律的了解以及研究兴趣所在，我应该去拿个法律学位。这并不是我的职业生涯所必需的。我并不想离开阿默斯特学院；我也不想当法学教授。法律是我的职业兴趣，我只是认为从中可以丰富我关于自己研究主题的知识。我读法律博士的第一年都住在纽黑文，当年没在阿默斯特学院开课。后面两年我全职在阿默斯特教书，同时也是耶鲁法学院的全日制学生。总之我三年就拿下了法律博士学位，其中有两年都在全职任教。

哈克尼：我本人在1986年到1989年也是耶鲁法学院的学生。你觉得哪位教员最有趣？

萨拉特：我想做回学生，但我也不愿意放弃自己的职业和研究。所以我与斯坦·惠勒联系紧密，我在罗素·塞奇项目做博士后时曾与他共事。他的工作反映了我的研究兴趣，所以联系多也就顺理成章了。我还认识了杰弗里·哈泽德，他影响了我，我也很尊敬他。你知道，哈泽德的专业是民事诉讼，他的兴趣点也和我完全不同。但我认为他非常聪明,而且他描绘了我想要了解的东西,也就是非常传统的法律观念。和我联系比较紧密的还有鲍·博特,他是个非常有趣的人。我在诊所课程中也和史蒂夫·魏兹纳联系很紧密。不过耶鲁法学院和我关系最近的人是乔·戈德斯坦,如今想来都觉得吃惊。戈德斯坦的研究与我不同,但我发现他非常有说服力和挑战性。

哈克尼:他的专业是刑法。

萨拉特:他的专业确实是刑法,但当时我对这个没兴趣。我当时正在做一个关于离婚律师及其客户的项目,所以我的兴趣在家庭法上。戈德斯坦和鲍·博特也对家庭法感兴趣。以上这些,特别是戈德斯坦就是我当时打交道的人。

哈克尼:说回麦迪逊校区,那里有谁影响过你?

萨拉特:我去那里本来想跟一位叫做迈克尔·利普斯基的学者学习城市政治学,可是我入学的时候,利普斯基已经离职了。于是我沦为了研究生院里所谓的"孤儿",因为我没了导师。当时有位非常年轻的学者也做城市社会学,他叫彼得·埃辛格。彼得很慷慨地指导了我,但我联系最紧密的是一位政治科学家,叫做乔艾尔·格罗斯曼,他也做了我的博士导师。他后来离开麦迪逊分校,转投约翰·霍普金斯大学去了。我也和麦迪逊分校法学院的斯图尔特·麦考利与霍华德·厄兰格共事。当时麦考利已经功成名就,而厄兰格的事业刚刚起步。

哈克尼:谈到研究背景,过去经历中的哪个时刻影响了你的世界观?有没有什么事情让你产生成为学者的愿望,因为某个问题对于世界很重要?许多学者的学术冲动都来自外部事件,是这样的事件将他们导向思想者的生活,而不是从事其他力所能及的事。

萨拉特:我可能是个例外。我家很穷,社会经济地位很低。我是家族里第一代大学生。我去读研的时候,家里没人理解我。我读研的动机主要不是某个社会改良计划或者世上发生的大事。我之所以选择普罗维登斯学院(Providence College),是为了成为一名律师。我在那里迷上了两位教政治科学的教授。所谓"迷上",我是指我听他们课的时候下巴都快掉下来了。这并非因为他们要改变世界,而是因为他们如有神力:我课前做足了功课,而他们上课的内容也是我读过的,听课却仿佛把黑白电影一下子变成了彩色电影。我记得自己坐在教室里,暗下决心:"我也要像他们一样做。"我也想拍电影,并且把黑白片点化成彩色片。而我去研究生院读城市政治的原因,也不是想去参加什么社会改良活动,而是因为读了迈克尔·利普斯基的一本书,叫做《街道层官僚制的理论化》(Toward a Theory of Street-Level Bureaucracy),这本书带给我的惊奇正和上课时一样。我认定那就是我想做的事。如今,随着职业生涯的深入,我越来越多地超越自己的"惊奇"时刻,而与更广阔的事物联结在一起。我曾写过——这也是实话:"法律与社会"运动并非我读研的动机,它对我的吸引力部分源自对于无力者的斗争和世界的关注。我对靠福利维生的人、受到刑事检控的人、遭受死刑的人很感兴趣,我想探究他们所承受痛苦的社会意义,但这并非我投身学术的动机。我读研的时候赶上20世纪60年代中期和70年代,越南和柬埔寨的话题正火爆,游行不时发生,但这并非我上学的原因。我的目的是智识的,甚至有些学究气。我就是对这些很着迷而已。

哈克尼：你有兴趣研究的人更多与你小时候的特殊成长背景有关，这很有意思。你关注"普通"人。

萨拉特：正是。就像社会学家说的那样，比起眼睛朝上看的研究，我更喜欢眼睛朝下看的研究。不过，虽然成长经历对我的研究兴趣很重要，我同样是被好奇心所驱动的。我不觉得我的工作在学界之外有很大意义。我不像有些人那样，认为写一本关于死刑的书就是改变社会之道。作为学者，我不搞倡导。在我的职业生涯中，我并没有花很多时间与"意见团体"合作，去增进某些价值。我的职业工作的主要动力、包括我选择项目的标准，仍然是那些激发我好奇心的事物，它们让我着迷。我对死刑的研究就是个很好的例子。在研究当中，我对死刑在大众文化中的表征产生了兴趣。于是我去看关于死刑的电影，又对电影生出很大兴趣来。所以我在继续手头的工作之外，又做起法律与电影的研究来。我曾和查尔斯·奥格特里做过一个叫"走向废除死刑？"（The Road to Abolition？）的项目，还合作过"误判解读"（Making Sense of Miscarriages of Justice）项目，这和社会现实密切相关。然而，即便这些项目也是源于我的智识好奇心被激起的瞬间。奥格特里对这些项目的态度大概不一样。是智识好奇心推动了我。比如，人人都青睐美国的昭雪运动（innocence movement），那我们就思考一下昭雪运动，把它放到历史视野里去。我们考察一下运动兴起的时间和原因。从法律过程的更宏大视角思考一下昭雪运动。我写过一本书，叫做《审判中的仁慈：终止行刑的意义》（Mercy on Trial: What It Means to Stop an Execution）。书中很大篇幅都在批评乔治·赖安在伊利诺伊州宽免死刑犯的做法。我通过讲座等宣讲这本书的看法，触怒了许多死刑废除论者，他们对我批评乔治·赖安很不满意——他们并非主张我在智识上有错(虽然有的人可能这么想),而是认为他们和我同属一个政治阵营,一起和死刑做"斗争",那就该去批评"反对者"而不是"自己人"。总之你说得没错,我的兴趣在于眼睛朝下看,做社会学研究。我确实对理解社会痛苦和暴力有兴趣,但这对我来说更多是学术分内的事。我参加学术会议的时候,学者总在谈自己的工作能够产生什么实际效果。我不那么想。比如,我从没有骗自己说那本关于宽免的书当真会改变什么。那只是一套智识论证而已。

哈克尼:谈到智识论证,你的大部分工作都与"法律与社会"运动有关。你如何界定作为智识分科的"法律与社会"呢?

萨拉特:呃,这个问题的答案取决于特定的时间点,因为我现在的定义与10年前或者职业生涯开始时并不一致。事实上差异很大。我历来很怕厌倦感。我很容易感到厌倦。有些学者一辈子都投入到对司法任命的研究中,说"这就是我的事业"。他们能花30年去研究司法任命,就算小有偏离,绕回来还是研究司法任命问题。还有人说"我要研究某些作品"——然后一干就是30年。我写过民事诉讼。我写过离婚问题。我写过死刑问题。我写过白领犯罪。我写过执法协助局(Law Enforcement Assistance Administration)。我写过宽免罪犯。我正在写法律与电影。"法律与社会"之所以令我着迷,不是因为那本身有什么引人之处,而是因为对政治科学的某种厌倦。读研的时候,我研究政治科学,从城市政治转向公法,又在公法和法院之间摇摆,所以我对"法律与社会"的兴趣早在研究生院就确立了。但这并不是因为当时存在"法律与社会"运动。我参加过法律与社会学会(Law and Society Association)的历次会议,从一开始就加入了这个运动。要再次强调的是:我参加运动并非出于某种范式。我参加的原因在于不喜欢政治科学,想要寻找对于法律研究有更广大视野的人。我修了一门斯图尔特·麦考利和豪伊·厄兰格的课,他们讲的有趣东西可真不少。他们不局限于法院和《宪法》。在职业生涯早期,我以为自己知道"法律与社会"的含义。对我来说,"法律与社会"在很大程度上继承了法律现实主义,并关注纸面之法与行动之法的裂隙问题。也就是说,"法律与社会"研究者热衷于揭露纸面之法与行动之法的差异。我有很长时间都认同这种界定,觉得它涵盖了"法律与社会"运动的所有倾向。不过,到20世纪80年代中期,我就对这种看法不耐烦了,并从根本上批评了它。我认为,"法律与社会"应当关注我所说的法律的构成理论(constitutive theories of law),也就是法律如何构成社会关系。这样,我不再关心弥合法律的说法与做法之间的裂隙,兴趣转向了构成理论,并主张"法律与社会"应当以构成理论为组织范式。经过一段时间的努力,我们在这个维度上取得了很多进展。

哈克尼:那你如何界定构成理论呢?

萨拉特:关注裂隙的进路致力于证明法律的实效之微小:虽然《民权法案》(Civil Rights Act)通过了,但歧视仍然存在;虽然通过了消费者保护法,但仍有很多女性被汽车商人给忽悠了;就算通过了安居法令(housing ordinance),其实也没什么用。斯图尔特·麦考利论证商人无视正式合同规则时,就证明了这一点。这形成了一个范式:法律一点儿实效也没有。构成理论则与此相反。它认为法律构成了社会关系。法律无可避免地牵连到社会关系之中。在裂隙理论看来,社会在一头,法律在另一头,法律不时向社会发射导弹,我们就能观测发生了什么以及有无实效。构成理论则认为法律寓于社会之中。比如,我们将自己看做有权者,这便是由法律观念所构成的。又如,财产如何组织也是由法律观念所构成,所以当国家依法干预财产体制时,我们可能以为这种法律不会起作用,殊不知法律早已存在于社会关系之中了。我希望把构成理论描述为一种新马克思主义(Neo-Marxist)/福柯式(Foucauldian)的观点。法律的力量既是弥散的,也是意识形态的——这便是构成的观点。我认为这对"法律与社会"产生了巨大影响。并不是每个人都转到这个观点上来了,但是在20世纪80年代中期,它就是我对"法律与社会"的界定。这么讲,既有实证的含义,也有规范的含义。现在我会说:"法律与社会"这个叫法错了,其实该叫做"法律与事物"(law and stuff)。组织问题根本不存在;没有什么组织范式。关于法律的几乎一切事物都可栖居在"法律与社会"之中。唯一不在此栖居的,是最狭窄形式上的、司法观点意义上的、传统的法学院研究,不过"法律与社会"的研究者也研究司法观点。他们把司法观点解读为修辞,或者研究司法观点所揭露的内容。所以我现在认为"法律与社会"就是个空洞的符号。我无法告诉你"法律与社会"指的是什么。

哈克尼:所以任何以"法律与社会"论者自许、并参加有关会议之类的人,都是"法律与社会"运动中人?

萨拉特:对。过去的范式之争从根本上已经结束了。如今的时代,我们互有好感,基本点有二。基本点之一是:我们是一个共同体,互相善待,正是相互的善待让我们成为了"法律与社会"运动。另一个基本点在于回到实证主义,也即所谓"对象动一动,我们就能算一算"。

不过,"法律与社会"现在被另一个所谓实证法学研究运动给围困起来了,这个运动一方面从事完全纯粹的实证法学研究,另一方面被称作法律、文化与人文群体,他们对法律的文化研究抱有真诚的关切。所以我现在认为,"法律与社会"不过是个空洞的符号而已。

哈克尼: 这其实也回答了我要提出的下一个问题:"法律与社会"运动中的主要张力何在?你的基本回答看来是根本不存在张力。

萨拉特: 呃,要理解我的意思,你必须采取历史的观点。在20世纪80年代中期,"法律与社会"充满了巨大张力。某些斗争毫不留情,指名道姓,大伤感情——这主要发生在实证主义者与后实证主义者、实证主义者与阐释论者之间,以及构成论与非构成论的维度上。斗争火花四溅,动辄开大会辩论,也伤了人心。问题在于我们中的某些人同情批判法学,希望更多地将批判法学引入法律与社会。而其他人则视批判法学为虚无主义和世界末日。斗争双方都动了真格。如今我要说,"法律与社会"现状的成因之一,便是共同体从这些斗争中抽离了出来:伤心太多,人员进出以及是非判断的困扰过甚。所以我认为,今天已然从人人卷入宏大理论之争的时代撤退了(我认为在很多方面都如此)。之后,批判法学在20世纪80年代成为主流,再后来每所法学院都开始搞批判法学,也就没人关心这回事了。如今,"法律与社会"的最时髦话语是"全球化"和"国际化",但是它们仅仅意味着"法律与社会"应当注意其他国家的现象。理论之战已经停息。这并不像诸如研究施米特的人与弗洛伊德主义者的斗争。我曾说:你之所以知道某个人属于"法律与社会"研究者,是因为他或她所从事的研究内容:"我在研究行刑和死刑,所以我要参加'法律与社会'的会议。""我对修改反色情作品法有兴趣,所以我要加入'法律与社会'研究。""我对研究法律与电影感兴趣,所以我要加入'法律与社会'研究。"如今在"法律与社会"运动中并不存在重大的范式之争。

哈克尼:你认为这能够解释"法律与社会"作为运动的韧性。比如,批判法学已经分崩离析,无论就学术会议还是就组织而言都是如此。"法律与社会"运动的长寿是许多其他运动所不具备的。你是否认为成因就在于"让我们停止争斗"的观念?

萨拉特:我并不认为"法律与社会"在很大程度上是个政治运动。它尽管确实有政治面向,但更多是专业的产物。我们的争斗是智识之争。我们并不企图颠覆自由主义法治,我们不会说"天哪,你竟然还没颠覆自由主义法治?"或者"天哪,你们这些人企图以平等之名颠覆自由主义法治,却都在哈佛教书,毫不关心黑人或妇女"。正是追问这些问题导致了批判法学的终结。"法律与社会"运动更多是由我这样的人组成的——他们对事物好奇心更强,导向也更多是学术性的。至于那些关注政治大势、宣称"我们热切期盼世界的变革"的人,和"法律与社会"所吸引的人并不是同一类型。当然,也有些人会感兴趣考证诸如麦当劳咖啡杯案只是迷思、侵权诉讼改革本可停下之类的事情。但是,如果你了解一下"法律与社会"中人如何打发闲暇时光,我估计他们通常不会与某个运动结盟。

哈克尼:我认为你说的通常情况下的"法律与社会"中人都拥有哲学博士(PhD)学位。这个发展很有意思。我们法学院的教员中越来越多地出现了拥有哲学博士学位的法律人。"法律与社会"运动中的某些人拥有哲学博士学位,对法律感兴趣,但并不以法学院为基地。

萨拉特：呃，你应该把眼界放宽些。在某个范围内你说的不假，但是"法律与社会"的许多领军人物都以法学院为基地，而且没有哲学博士学位。你可以算一下"法律与社会"先贤祠中的人都在哪里高就，他们当中的许多人、特别是早期的参与者都没有哲学博士学位。

哈克尼：你说得对，他们只有法律博士学位。但是如果参加当今的学术会议，你就会注意到很多与会者并不在法学院工作。

萨拉特：确实如此，"法律与社会"如今不再是个法学院内的运动了。我认为"法律与社会"的"韧性"（这个说法好）跟运动本身的非政治性有关系。我认为从赋予韧性的角度来讲，其实非政治性对"法律与社会"是好事。如今，当法律与社会学会在圣路易斯开会时，谁也不去；一旦移到柏林，就有两千人想去。我从中悟出了些东西。大家想去个好地方，也想会一会朋友。这和美国政治科学学会（American Political Science Association）的会议没什么两样，只不过规模小些。这和美国历史学会（American Historical Association）的会议是一回事，只不过规模小些。其实跟所有其他会议都是一样的，区别只在于规模更小。我们中的某些人搞了个新的地区性组织，叫做东北地区法律与社会会议。我们今年6月开了第一次会议，有75人参加。这就反映出"法律与社会"的第二个特征——规模小。人们相互了解，非常友善，并且强调支持年轻学者——提供指导——对我来说现在这很要紧。谁知道这些人呢？谁又想知道这些人呢？所以我们当中的很多人都试图做些其他事情，旨在将我所体会到的、法律与社会学会的亲密关系、共同体和指导后辈传递下去。指导后辈——这是"法律与社会"早期身份认同的重要组成部分。正如劳伦斯·弗里德曼所说，如果你感到自己处在本学科的边缘,那么你会在"法律与社会"找到自己的家。你可以拥有政治科学家、历史学家,或者任何其他头衔。"法律与社会"运动自觉地努力涵括不同的学者,这也是它的重要特征。

哈克尼:你能梳理一下自己的治学方法吗?

萨拉特:记得我前面谈到过,我的学术兴趣很大程度上是出于好奇心和厌倦感。在"法律与社会"运动中,我试图不断在智识的汤锅里搅动。正因如此,我作为法律与社会学会的主席,在运动内部下大力气引入人文和文化研究:组织大量关于文化研究的会议,请霍米·巴巴到芝加哥讲座,等等。我对"法律与社会"的体会已经不同以往。我不会参加2007年的柏林年会。这是我头一次不参加年会,但我决心已定。我会参加明年蒙特利尔的年会,但柏林这次就不去了。柏林太远,会议规模也太大。10年前我建立了另一个组织,称作"法律、文化与人文"。我们已经开了10次年会。年会每年3月举行,学会还有了自己的刊物。我估计在10年、12年或者40年之内,我会有新的发现。那时我的心思就会移除"法律、文化与人文"。里克·阿贝尔多年前曾用一个绝佳的词来形容"法律与社会",他说,"法律与社会"有发生"克嘟、克嘟"现象的危险,这个词是模拟火车轧过铁轨的声音,就是那种单调重复的"克嘟、克嘟"声。我与他所见略同。不过我得承认,"法律与社会"的某些内容已经让我心生厌倦,而且假如"法律与社会"中的人仅仅热衷于搞搞关系、互相恭维,那就不是我心之所愿了。

哈克尼:既然如此,我的问题的答案大概就是:你的研究并非受到特定的方法论进路的启发,而是关注如何找到思考有趣问题的方式。如果为了寻找这个方式而引入文化研究或者文学研究,等等,你就会转向这些研究。

萨拉特：我来正面回答一下方法论的问题。我所受的训练是定量的、实证主义的分析。我曾经真心相信这个。我并不采用最复杂的定量方法，但是我从根本上真心相信这个，一直到我参加前面谈到过的民事诉讼研究项目。当时我们筹到了超过一百万美元，钱不是问题。我们用高级定量研究工具解释了12%的变量。对我的方法论的另一方面影响来自文理学院的教学经验。在文理学院任教，意味着我与历史学家和哲学家共事，这对我影响很大。它让我离开了定量研究。我如今还会做定量研究吗？当然会。但是我的心思已经不在这里。并且你描述得很准确：指引我的并不是方法。我感兴趣的是问题。比如，我要理解死刑的文化生命，我就开列自己需要做的事情。这意味着我要读最高法院的判例。这意味着我要旁听死刑案的庭审。这意味着我要看反映死刑的电影。这意味着我要做历史研究。总之，当别人说到"方法"的时候，我的心跳并不会加快。

哈克尼：换个话题。你的《当国家杀人时》的一个有趣之处在于：你宣称自己对社会在死刑问题上如何作为没有兴趣，对美国在执行死刑时如何作为也没有兴趣，而是对死刑对于我们社会的影响有兴趣。你从多个角度——历史角度、第一手的观察、电影的研究，等等——分析了这个问题。你认为死刑对于我们的社会意味着什么？从中有何推论？回到福柯式的概念，死刑又是如何弥散在美国文化中，并塑造美国文化的？

萨拉特：我并不是专攻死刑的学者。确实有学者专攻死刑。他们学术兴趣的中心就是死刑。他们研究死刑。他们希望废止死刑。他们做研究,并且将研究与死刑的废止连接起来。我做死刑研究是在20世纪70年代中期。动机何在?是因为瑟古德·马歇尔在福尔曼诉佐治亚州(Furman v. Georgia)一案中宣称:人们只要了解了死刑,就会拒绝之。我一听,觉得这个观点有意思。他的观点是:支持死刑是源于无知。我就是觉得这个观点有意思,于是研究死刑来尝试检验这个观点。我在死刑问题上下了很多工夫,因为我觉得死刑为美国文化提供了一扇窗口。并且我也对死刑的文化景观感兴趣。你可以看看我1990年以来写作和编辑的书,书名包括"国家杀人""杀人的国家"或者某个事物的"文化生活"。我感兴趣的是死刑所打开的美国文化的窗口:面向种族问题,面向暴力问题,面向牺牲特定群体问题,面向再分配问题及其含义。我希望理解死刑的文化影响。我认为死刑的功用在于为复杂问题提供了简单解决方案,所以它在某种程度上包含着简化法的成分。我认为死刑在很大程度上将我们从盘根错节的问题上引开。我们逮住坏人,宰了他,这样就无需思考不同的结构问题。我认为死刑迎合了以暴力解决问题的信念。正如我在《当国家杀人时》所写,死刑凸显了美国对内主权的虚弱,并且帮我们确信主权在美国确实存在。美国是民主政体——那我们如何知道自己确实拥有主权呢?靠杀人。我认为死刑所带给我的思考就是这些。

哈克尼: 死刑对于文化的影响可能因地而异,那么你如何分析普通美国公民对于死刑的看法呢?究竟是说对死刑的看法属于先在的个人觉悟、与诸如蒂莫西·麦克维(Timothy McVeigh)之类大案无关,还是说对死刑的看法取决于所在地的背景,比如得克萨斯州某县的一桩死刑案即将下判?

萨拉特：我关心的不是人们的看法。我关心的是文化——也就是我所称的、美国公民在其中生活的文化环境（cultural surrounding）。我的意思并非人们会有意说："我喜欢死刑是因为我为主权感到担忧"——让我解释一下。我的方法是阐释性的。我试图理解死刑作为一种实践的意涵。我把死刑当做实践来解读。我不会退回自己在20世纪70年代的方法，通过画箭头或者阐发人们对主权的焦虑程度来判断死刑的影响。我不用这个方法。所以你有一个判断是对的，我并不认为大多数美国人意识到了用简单方法解决复杂问题的倾向是由于死刑造成的。我的论证并非是对美国人观点的实证。我关心的是文化环境。我关心的是通过解读实践来尝试理解其文化意涵。

哈克尼：我认为，你关注的一项政策——对遇害所致后果陈述的运用在大众文化中产生了广泛的反响。你建构这些陈述意涵的能力让我印象深刻，因为，如果对态度做实证研究，我估计大部分美国公民会反馈说："啊，这是件大好事，家属应该能够自愿作证"，如此这般。你能否详细回忆一下：对于遇害所致后果的陈述，你是如何形成了这样反主流的看法的？

萨拉特：讲得对，我是说，我觉得你刚刚的用词很好。我刚才谈到过，我之所以被法律和社会运动所吸引，乃至我的工作的特色，就在于"反主流"。记得我是怎么跟你说乔治·赖安的吗？我讲过，所有人都喜欢乔治·赖安。正因为人人都喜欢，我对这事很不感冒，我想挑出毛病来。这是我的智识气质——有位朋友说，我更适合反击，而非主动出击。我感兴趣的是检讨理论，盯着它们看，找到错谬之处。我对遇害所致后果陈述的研究，在一定程度上是根据对实际情况的解读和思考来进行的。每个人都说这意味着复仇的回归。而我却说：我确实看到了复仇的回归，但是我还看到了别的东西。重申一下：我的工作在很大程度上是阐释性的，这一次尤其如此。它的基础是对实践的解读。乔治·赖安做了什么？他站起来说："我要赦免这些人。"我要做的不是实证。我并不关心"人们怎么看到乔治·赖安的作为"。我研究的是实践的意义。于是，我用文学批评家解读小说的方式来解读法律和社会实践。我提供的是对于小说意涵的解读。而你可以自己去读、去思考："嗯，我觉得他说的不对。我其实是这么想的"，如此这般。也就是说，我提供的只是解读的一种，并不一定代表着其他人阅读小说时的想法。这就是我在做的工作。回想一下我们早先的讨论，我的工作更像是批判法学早期的研究。人们解读契约理论，尝试理解契约理论是如何将对个人的某些假设编成密码的。并不是要走到大街上问人们对契约的看法，或者问他们用不用契约、甚至知不知道契约。我并不研究《统一商法典》（Uniform Commercial Code）对商人实践的影响。我就坐在屋子里解读文本。我审视《瓦格纳法》（Wagner Act），尝试思考劳动法。这更符合我现在做的工作。20世纪90年代后期，我研究陪审团成员。当时我参与了死刑陪审团项目（Capital Jury Project），这是对陪审团成员的大规模实证研究。我访谈陪审团成员，探讨他们为何做出特定裁决。我还做了个小项目，那是一项叫做"公正学校"（Just Schools）的研究项目的一部分——研究那些对多元文化主义感兴趣的人，以及多元文化主义对学校的影响。我带着磁带录音机，到马萨诸塞的阿莫斯特去做研究，访谈学校官员、教师和家长，请他们给我讲校内的多元文化主义，告诉我它是如何运作的、人们又是如何看待它的。这到现在都还是我工作的一部分。我仍然在做这个。

哈克尼：我想谈点批判法学运动，不过只是为了回到你的观点——将你的解读与批判法学的经典解读做个对比。区别之一在于，批判法学的经典解读通常包含着特定的背景，也即影响解读的结构，这一点你可以澄清一下。当然，这一结构在批判法学里并不统一。它既可以是结构主义的、具有新马克思主义的倾向，也可以表现为用阶级观点看待世界。不过人们确实可以说："嗯，当批判法学的学人谈问题的时候，我能猜到他会怎么讲，因为他们有特定的解释进路。"而你的方法论以兼收并蓄为风格，你的情况可能不一样。你认为这是你和批判法学经典解读的一项区别吗？

萨拉特：当然是。再强调一遍：我尊敬做那种工作的人，但是他们的作品变得很容易预测。经典做法是通过证明司法学说的内在冲突来解构，他们能举出许多冲突的地方。所以要重申：仅仅是在都做解读的意义上，我的工作才与他们可比。他们搞出一套架构，然后套到所有事情上，而我的工作在这个意义上与他们并不相似。那样做比较容易，但我不愿意。我不是说所有批判法学的学人都是那么做的。无论如何，那不是我的行事方式。我的解读既是自下而上的，也是自上而下的。我从文本出发来解读时，是怀有一系列理论追问的。但我的解读仍是从文本出发。在这个意义上，我认为自己的解读不那么容易预测。读我写乔治·赖安的书的人会说："阅读之前，我不知道他会写什么"，而不会说："我早知道他会在书里写什么，他在前一本书和更前一本书里都说过了"。这并不是说我的解读完全是随机的。它们有理论关照，但我只运用与解读最为切合的理论。

哈克尼：让我们谈谈一个抱持和你完全相反观点的学科——法律

与新古典经济学。美国法律理论史当中可以抽出这样一条线索：先是法律现实主义，战后（20世纪五六十年代）社会科学伸入法律领域并拓展了法律，拓展了法律现实主义，并在政治运动怀有进步理想的时代填补了空白。大体上说，法律与社会科学的学者和法律与社会的学者都持进步观点，倾向政府并支持行政国家。然后就到了20世纪80年代。正如丹尼尔·耶金在他的《制高点》(The Commanding Heights)一书中所回顾的，撒切尔和里根在那时崛起，并大举进攻规制国家。正是在那个时候，法律与新古典经济学成为了法学院内统治性的智识运动。理查德·波斯纳所代表的经典模型认为，新古典经济学可以解释法律的一切。你是否同意这种对法律与新古典经济学兴起及其政治背景的历史梳理？法律与新古典经济学也很符合某种科学观，因为新古典经济学可以给问题提供技术解决方案，并附带做出通常保守（或有温和保守倾向）的政策诊断，而20世纪80年代以后的政治环境恰恰支持这种诊断。

萨拉特：呃，我没研究过法律经济学的兴起史，只能从主观印象出发跟你谈点看法。我认为你讲的历史大致不错，不过你忽略了某些后现实主义的法律思想重建，法律过程学派在其中占有重要地位。这很重要，因为在我看来，法学院里的法律经济学并不仅仅服务于特定政治目的。它同样致力于兰代尔和霍菲尔德这些学院派的大业，也即找到一个可以用来组织司法学说的视角。它告诉你判例是讲什么的。这在法学院非常有地位。法律与社会的学者永远没法告诉你判例讲了什么。我们不读判例。我们更感兴趣的是如何批判撰写判决的人，因为他们的判决对实际生活根本没有影响，或者他们不够进步，或者他们在一定程度上凭意识形态断案。法律经济学，特别在早期，是一套能起到普遍化作用的体系。它是一种方法,你可以凭此阅读法律,无论是财产法、公司法还是证券法,它都能告诉你法律讲的是什么。这对于法律经济学的兴起非常重要。我认为,法律经济学的学者在学界的权势,并非仅仅源于他们的保守立场。他们能够明确地告诉你:法律应当以市场为导向。他们所兜售的东西在美国法学界很强势,那便是:"我们可以给你解读司法意见的罗塞塔石碑*(Rosetta stone);我们可以告诉你司法学说是如何运作的,学说背后的理由又是什么。"毫不意外地,法律经济学随即从实然——司法学说是如何运作的——转向了应然。另一方面,当时的法学院毕业生给持有法律经济学观点的法官当助理,然后自己当了法官,他们就说:案子就该这么判,因为裁判必须将交易费用最小化,并提升最优解。不过,我觉得法律经济学的历史上不太被提起的还是前一个方面,那在法学院很强势——"上帝啊,总算有人把罗塞塔石碑给搬回来了"。

哈克尼:正是。法律经济学是一种解释法律的简单、普适的理论。

萨拉特:说得对。它是组织司法学说的工具。有了它,你就不会坐在那儿读判例而不得要领。你拥有了帮助自己理解司法学说运作的范式。

哈克尼:让我们再谈谈批判法学以及它和法律与社会运动的关系。它们之间存在历史联系。第一次批判法学会议是在威斯康星大学麦迪逊分校举办的;大卫·楚贝克也参加了。在那个时候,你是怎

---

 * 罗塞塔石碑是一块大理石碑,因最先发现于埃及罗塞塔城而得名。碑文同时以古埃及象形文、古埃及简写连笔字和古希腊文三种文字撰写,各种文字内容大体一致,使得考古学家能够通过文字间的互证来解读古埃及象形文字。——译者注

样看待这种联系的？你先前说到，法律与社会的学者持有这样一种观点：他们最不希望的便是批判法学的人来插手，因为后者把问题政治化，等等。二者有什么相互影响吗？

萨拉特：嗯，我认为法律与社会对批判法学几乎没有影响。你知道马克·凯尔曼写过一篇文章叫《否弃》(Trashing)，里面说法律与社会什么用都没有，不过是个好东西。法律与社会中的人大都不喜欢批判法学，也不喜欢批判法学所代表的一类研究，因为它不实证。这不过是旧批评的重演：法学教授从不离开法律图书馆。他们是些精英人士，是"品酒师"，当他们品酒的时候，我们却顶着烈日在外面摘葡萄。诚然，法学教授如今还是这样。这可追溯到书本上的法律和现实中的法律之分。法学教授不去警察局，不坐警车巡逻，不在福利办公室工作，也不参加庭审。所以，就法律与社会对批判法学的影响来说，我认为法律与社会对于大部分批判法学者都不十分重要，他们可以轻松地把法律与社会甩到一边，因为这并不要紧。而批判法学之于法律与社会，无异于邪恶帝国之于罗纳德·里根。批判法学，不过是法学院里的又一场运动而已，充斥着特权思想，这场运动是概念主义的，而不是经验实证的——批派都是些疯狂的左翼分子吧。确实有人试图把批判法学的人安插进法律与社会。不过，除了大卫·楚贝克和了解并喜欢他的人以外，我估计你都不知道还有谁这么做过。从法律与社会的角度出发，法律与社会中人曾经对批判法学运动做出过重大批评。我们当中有人同情解构的、新马克思主义的、福柯式的思潮，这一兴趣在某种程度上取自批判法学，也即我所称的法律的建构理论。我们在阿莫斯特的一些同道参加"阿莫斯特研讨班"(Amherst Seminar)。我们举办聚会，建立学习小组，小组之外还有几十个人（大部分人属于法律与社会,但不是全部),其中在很短时间内就产生了三位法律与社会学会的主席。所以,批判法学对于法律与社会圈子的影响,更多是作为邪恶的他者而存在的。我们当中有人同情批判法学,试图采用那种我称之为建构理论的范式——鲍勃·戈登在《斯坦福法律评论》上的一篇文章也是这么称呼的,还想把这个理论应用到法律与社会。我其实可以坐到福利办公室里,去思考法律的建构理论。我在1990年发表了题为《法律无处不在》的文章,那就是关于福利办公室的。我也可以到离婚律师的办公室去思考法律的建构理论。我针对的问题是实证性。在20世纪80年代,法律与社会中人的争论在于:某项研究是实证的吗?如何判断它是不是实证的?漫长的对话都是围绕这些问题展开的:实证与否的判断标准是什么?是可概括性,抑或是可证明性?所以我认为,批判法学所扮演的最重要角色,或者说批判法学之于法律与社会的特别重要之处,在很大程度上都呈现出消极的样态。这就如同俄国的军事行动之于美国的防务部门一样。诚然,他们是我们的敌人,但是谢天谢地,我们正是因为他们才有了更大的生存空间。重申一下,虽然当年丝毫没有这种企图,但是回望过去,我认为法律与社会运动中人很有必要直面这个敌人,如果不能直面也至少想象一下。大多数时候,法律与社会和批判法学被视作对方的敌人,而非大卫·楚贝克所说的、奇迹般的结合。

哈克尼:我想返回去聊一聊那些曾经同情批判法学的人。我觉得批判法学被当成敌人这一点很不寻常。你在谈论法律经济学时并没有这样说,而后者在政治和方法论上都和法律与社会相抵触。那才是居于统治地位的法律和社会科学理论,通常也并不实证,大多数时候也具备温和右倾的政治意涵。但它并没有被当成敌人。

萨拉特：理查德·波斯纳参加了法律与社会的会议，他的大意是说你们该干些正事。法律与社会中人深受冒犯。法律与社会运动之中确实没有以法律经济学为业的人。没有任何法律经济学者在法律与社会当中发挥了积极作用，相比之下，那些兜售建构理论的人则扮演了突出的角色。法律经济学之内没有人扮演了那个角色。法律与社会学会有一位主席，叫做劳伦·埃德尔曼，她在2004年的主席演说中提出要和法律经济学和解。她讲得很有意思，但是我看没有任何实际影响。并不是说下一年法律与社会中人就会举行小组讨论，谈怎么做法律经济学。如果你检阅法律与社会学会的项目，或者《法律与社会评论》中发表的文章，你会发现极少有经济学家出现。所以说，批判法学之所以扮演了法律与经济学所没有扮演的角色，是因为法律与社会中人推销了看起来很像批判法学的一种进路。没人为法律经济学做这个。标榜批判法学的群体在法律与社会共同体中非常显眼。人们觉得这仿佛一场政变——他们当中出了疯狂的左翼分子。重申一下，这一点对于20世纪80年代到90年代早期的法律与社会运动非常重要。还记得我谈起过自己的学术动力吧？如果你在20世纪80年代后期或90年代早期和法律与社会中人谈到我，我估计他们会把我当成疯狂的左倾分子，满嘴法律的建构理论——只有疯狂左倾的批判法学才会扯那个，我们搞实证而他不搞，他这是蛊惑人心。法律经济学中并没有人发挥影响。确实也存在一些法律经济学人，像路易斯·科恩豪瑟，他写了关于谈判与法律的重要作品，但是大部分会议他都没参加。

哈克尼：他没有试图做组织工作。

萨拉特：另一方面，正如你所说的，法律与社会具有政治身份，它认同左派。而法律经济学人也有认同，他们认同右派。他们没有占去我们的地盘。即便是温和的法律经济学人也被认为非常保守。不过说实话，真正的原因是因人而异的，而不是智识上的，不是说存在某种范式，或者人们觉得相互竞争的范式构成了真正的威胁。这和一群恰好处在职业黄金阶段的学者有关，也和一系列智识影响有关。我觉得法律与社会中人不会有很多像我这样谈批判法学的。对批判法学的兴趣数我最大。他们则很实证。他们不想读司法学说。如果你关注司法学说，就会被打上阐释派（interpretist）的标签——"那是些阐释派"。你没有走出门去接触实际。另一方面，波斯纳让人们照着他的做法来行事，这一点冒犯了大家。不过经济分析运动中并没有走出什么热心人来，所以法律与社会中人并没有感到威胁。人们不喜欢那个，但那并不构成威胁。

哈克尼：我读过你和苏珊·希尔比合写的《政策受众的牵制》(The Pull of the Policy Audience，简称《政策受众》)一文，我本人觉得这是篇批判法学文献。

萨拉特：许多法律与社会中人都这么想。

哈克尼：嗯，那我不是唯一一个。

萨拉特：但那并不是批判法学。只不过人们把它当做批判法学。其实有两篇文章。你知道，《政策受众》一文的部分解读依赖的是我和苏珊的另一篇合作文章，标题叫做《法律与社会研究中的批判传统》(Critical Traditions in Law and Society Research)，那是 1987 年发表的。《政策受众》则发表于 1988 年。《法律与社会研究中的批判传统》一文很短。同时,《政策受众》也受到《法律有效性与法律的社会研究》(Legal Effectiveness and Social Studies of Law)一文的启发,那篇文章是我于1985年发表在《法学论坛》(Legal Studies Forum)的。所以说,法律与社会中人对《政策受众》的看法受到了其他因素影响。就我个人来说,《政策受众》其实是对法律现实主义的攻击。基本观点在于我们不该充当自由派改革人士——不是说我们该成为偏激的疯子,而是因为我们不该对政策世界那么感兴趣。《政策受众》说的是:法律与社会中人对政策感兴趣,也能够影响政策,这削减了法律与社会研究的批判力。一旦企图影响现行政策,就会给法律与社会研究带来常规化效应、主流化效应。这个部分抹上了批判法学的色彩。不过我认为,我们在文中的主要工作在于攻击法律改革人士/法律现实主义者的影响,而文章的力量正在于此。诚然,该文主张提高批判性,论证方式让人觉得像批判法学。不过那其实是一次反击,记住,我是个进行反击的人,这里反击的是徘徊不散的法律现实主义信条:"要通过《公平安居法》,我们就必须查明立法的后果,所以让我们做研究给安居、城建或其他部门看吧。"那篇文章在法律与社会中颇具争议的另一个原因,在于违反了法律与社会的某些规矩——点名了。文章批评了一些法律与社会的大腕,包括我的一些老师。它解读了这些法律与社会的经典文献。它没有按照法律与社会的常理出牌。法律与社会的常理是填空——"我已经做了某项研究,做得也很好,但是遗留下了某个空白,所以现在写文章填补一下",或者"这个方法用错了,让我们试一试不同的方法"。《政策受众》则解读了大腕的文章,通过解读来尝试找出政策受众的影响。有人认为这无异于智识恐怖主义。我给你讲讲反映这个观点的另一件事。在我成为法律与社会学会主席之前很久,我还是个很年轻的菜鸟。我受邀在学会会议上做长篇发言。我在发言中批评了填空式的研究。我就站在那里一通批评,某种程度上是给《政策受众》探路,并频繁引用福柯。我站在教室前的讲台边演讲,讲完之后就坐下了。坐在我旁边的是一位法律与社会的大腕,他当过主席或者即将要当主席,他对我说:"你永远当不上法律与社会学会的主席"。他没说"讲得真差"或者"天呐,无聊透了"。他说的是:"你永远当不上法律与社会学会的主席"。他这么说的原因在于我做了批判,而法律与社会这个地方欢迎那些在其他领域感到被边缘化的人。在法律与社会圈子里,人们并不大打出手,而更多是"我觉得你研究这个问题的方式不对,我要纠正你的错误"。而真正的批评并不多。我不是说我是第一个或者唯一一个吃螃蟹的人。但是在20世纪80年代,也就是《政策受众》成文之际,人们讨厌真正的批评。他们受够了那个,打算揭竿而起。大卫·楚贝克当时已经发表了关于批判法学与实证主义的文章,那是一篇真正的批评。人们抱怨说,你们就知道批评。在一定程度上,这就是法律与社会学会收到《政策受众》一文时的形势。那篇文章批评得更厉害:"你解读我的文章,认为我的文章存在根本问题,不是数据错误,而是与自由派国家沆瀣一气。"我认为法律与社会运动还没有从20世纪80年代晚期至90年代早期彻底走出来。正如我提到过的,这可能和高校的宏观局面有关——"大理论家都老了,谁在乎他们"。但另一个原因在于:"我们来这儿不是干这个的。我们应该培育人脉,为共同体做贡献,指导后进学者。我们再也不想要这种争斗了。"

哈克尼:我觉得这种想法在整个法学界都普遍存在,后面还可以再谈谈,不过先聊聊你与苏珊·希尔比合作文章中的另一处反击:你们讨论了分析哲学的崩溃。这让人们的兴趣更多转向了哲学上的新实用主义。你谈到了罗蒂和其他哲学界中人。在国家政策体系当中，有一个重要的部分、一种特殊的科学信仰——科学至上论（scientism）。你和希尔比攻击了科学至上论，并且论证了类似的观念是如何延伸到了哲学领域。因此，法律与社会学者不应屈服于科学至上论。这一点很有意思，因为新实用主义在如今的法学界很流行。你看，一些法律学者披上了新实用主义的斗篷——理查德·波斯纳现在也成了新实用主义者。你认为自己在哲学上是个实用主义者吗？你怎么看法学界的新实用主义浪潮？

萨拉特：嗯，你的问题很好。我先回答第一个问题，不过方式略有不同。这个问题很好，因为它引出了一些我认为对于理解法律与社会共同体很重要的事情，一些让共同体凝聚起来的因素。我们在《政策受众》一文中所做的是质疑实证主义的哲学假设。这一击直取法律与社会大业（这是一种社会科学）的心脏。你早先提到的那些拿哲学博士学位的法律与社会中人就这么看。而即便是当时的法学教授——劳伦斯·弗里德曼、马克·加兰特等——也相信社会科学，他们对社会科学怀有非常深刻、但并不怎么批判的看法。无论加兰特还是弗里德曼——就以这两位我十分尊重、著述颇丰的学者为例——都不处理大量的数据。但他们相信：那些被当成科学证据提出来的东西，在一定程度上就是真理。而希尔比和萨拉特站出来说：你们能做的就是关注政策。你们为什么应该关注政策呢？为了关注政策，你们必须用实证主义的方式来展示自己的工作。如果我们实地观察一下那些实用主义者，我们会对科学大业产生非常不同的看法。记得我说过，我无法告诉你法律与社会是研究什么的。嗯，不该把它称作法律及其他。

应当称作法律与社会科学。它是一种对社会科学兼收并蓄的观点。把法律与社会共同体凝聚起来的是一系列信念:相信并认可对于社会科学证据的依赖。所以对第一个问题的回答是肯定的,我确实认为自己是个实用主义者。渐渐地——由于某种兼收并蓄的观点,由于某种方法论上的兼收并蓄——我开始对哲学上的实用主义立场感兴趣,被它所吸引。对于很多进步派的学者(正如在法律与社会中一样,许多学者来自完全不同的领域)来说,实用主义、极小主义(minimalism)和后果主义(consequentialism)成为了仅存的栖身之所。宏大的解决方案导致了糟糕的后果。我对凯斯·桑斯坦和他的实用主义的兴趣大于对波斯纳的兴趣。我没有追溯过桑斯坦的智识历程,所以我说的可能都不对。不过,对于桑斯坦这样的人来说,既然不掌权,实用主义就是绝佳的落脚处。这样一来,如果右派掌控了最高法院,那我就可以对他们说:你们都错了,我可以写更多文章来分析他们对宪法各条文的解释。我可以支持自由派的司法学说主张,我还可以说司法的角色实际上要求极小主义。重申一下,我并不是揣测桑斯坦的政治动机。我只是解读它的含义。如果你不掌权,就鼓吹极小主义。我认为还有另一个方面。就算我们掌权了,也不太可能实现全民保健,所以不如鼓吹诸如改善儿童健康之类的项目。我们不可能通过伟大社会(Great Society)工程来终结贫困,那就不如考虑一下收入所得税抵免(Earned Income Tax Credit)。我认为这两件事情结合到了一起——实用主义和"社会主义的终结"的隐喻。罗伯特·马丁森写了篇关于复健的文章。他不是一位进步派学者。他的文章发表在《公共利益》(*The Public Interest*)上。文章题目叫《什么才管用?》(What Works?)——答案是什么都不管用。许多怀疑动摇的进步派学者都在一定程度上吸取了这个教训——我不是指马丁森说的什么都不管用,而是指小步前进好于迈大步,要关注潜在后果,等等。你知道,我们倡导解除学校种族隔离,结果50年过去,美国学校的种族隔离反而更严重了。重申一下,你提的问题已经远远超出了我的学术范围,但我认为这两个因素有助于解释人们对于实用主义的喜爱。

哈克尼: 我想探讨一下你的其他作品。让我们谈谈《当国家杀人时》和你对美国种族与死刑问题的看法。

萨拉特: 我们转向那个问题之前,我还有几点要说。虽然我提倡与政策受众保持距离,但是与所有其他学者一样,至少是和其他大部分学者一样,我对政策受众有着复杂的情感,所以我的一些研究工作最终致力于政策考量。我给报纸写评论,参加广播节目,诸如此类。我打断你的原因在于:我想到了《当国家杀人时》的结尾。《当国家杀人时》的结尾描述并赞同新死刑废除论。嗯,我以前没想到过这一点,你可以认为《当国家杀人时》的结尾是极小主义或者实用主义的。换言之,我对旧死刑废除论者的批评在于他们没有采取极小主义,他们想要全面变革:要摆脱死刑,要说服人们死刑是罪恶的。我则说:那种观点从没有改变任何人的看法,那种批评从未令人信服。如果你想终结死刑,你最好考虑一下新死刑废除论。新死刑废除论是大势所趋。我关注美国的走向,指出这是终结死刑的唯一道路。不过我有一点和别人没区别。我在20世纪80年代持某种看法,到了20世纪90年代和21世纪初想法就有些变化。不过,如果你是从文本出发,回答我同情实用主义的问题,你可以说《当国家杀人时》一书结尾受到了实用主义的某些影响。这是一方面。我想对你说的另一方面是所谓法律、文化与人文,你还没谈到这一点,而我希望你能谈到。你知道,除了法律与经济学和批判法学,还有人对法律与文学感兴趣。我不是研究法律与文学的,不过我也算这个群体的创始人之一,因为我既读法律与文学,也读文化研究的作品。这在法律与社会当中没有地位。我没法给它定位。我在法学院的工作坊里给法律与文学找到了不少空间。法学院里有很多这种工作坊,法律与文学中人都会参与,但是他们在哪儿聚集,在哪儿开会呢?所以十多年前,我联系了罗宾·韦斯特、杰克·巴尔金、迈克尔·佩里、罗宾·钱德勒和艾尼塔·艾伦等人,建议在法律、文化与人文的题目下把人们聚拢过来,因为那些人实在太边缘了。他们并不呆在法学界。如今我们每年有 200 到 250 人在会上露脸,期刊也出到了第三卷。我不知道它是不是和法律经济学、法律与社会一样重要,它也不同于法律与文学,因为我们并不是只关心文学。我们说,我们对法律、文化与人文感兴趣,所以对象可以是文学,可以是电影,可以是哲学,也可以是历史。我希望在你的解读中能够关注这一法律、文化与人文运动。

哈克尼:这其实引出了另一个话题。《当国家杀人时》之中看来有两条批判种族理论的线索。一条是关于种族的持久性的看法。它确实存在,而且贯穿全书。另一条线索是将叙事(就你而言,是基于你的观察的叙事)用作文学批评(或者说运用文学工具)。我将这与帕特里夏·威廉斯的《种族与权利的炼金术》(*The Alchemy of Race and Rights*)联系起来。读起来就是这种感觉。所以我的问题是:你是否曾受到批判种族理论的影响,或者对这个感兴趣——特别是在你涉足法律、文化与人文的时候?

萨拉特：答案是肯定的，这取决于你如何定义批判种族理论。我认为《种族与权利的炼金术》是本好书。它是个大突破。我读了很多批判种族理论的作品。我并不参加他们的会议，也并不觉得自己对批判种族理论做过贡献。我确实与查尔斯·奥格特里合作过。我们一起编了一本关于私刑和国家杀人的书，叫做《从私刑暴徒到杀人国家》(*From Lynch Mobs to the Killing State*)。在我看来，批判种族理论的核心洞见，在于从把种族当做可变量，转向把种族当做社会事实。社会科学往往把种族当成可变量。种族是个变量，教育是个变量，等等。批判种族理论告诉我：在美国，种族是一个社会事实。我所说的社会事实，就如同社会中有空气一样。我是说，我们并不觉得空气是可变量，我们把空气看做事实。所以，这种观点确实影响了我写作《当国家杀人时》。至于叙事的问题则更复杂些。我不想做截然的区分，不过批判种族理论曾经以两个方式运用叙事研究。第一种方式并不限于批判种族理论，它把法律看做叙事。他们对法律所讲述的故事感兴趣。我认为这是批判种族理论的重要组成部分，对于法律与文学也很重要。这也是定性社会学的重要部分。如果你读读定性社会学，就会看到他们做叙事分析和亲历者观察——看看民族志研究就知道了。我对于叙事学的兴趣受到了所有这些的影响，不局限于批判种族理论。我希望自己能做帕特里夏·威廉斯的那种叙事研究，也即自传体。我试着在法律与社会的大会上做了场关于自传的发言。听完了我的自述以及个人经历如何影响了研究，一位同事说："帕特里夏·威廉斯讲述自己生活时就像读诗一样，而你讲的个人生活味同嚼蜡"。我认为，无论是德里克·贝尔的研究、松田麻里的研究，还是帕特里夏·威廉斯的研究，运用自传体叙事来打破法学常规的能力都非常重要,我很羡慕这种能力,也试过几次,但办不到。不过你说的对,把法律当做叙事的转向确实存在于批判种族理论,但也存在于政治学、社会学、民族志研究,法律与文学也促进了这个转向。如果你想理解《当国家杀人时》,就该提到另一个名字,我觉得如果不提就不对了,那便是罗伯特·卡沃。罗伯特·卡沃的《暴力与言词》(Violence and the Word)发表于1986年,它对我的学术转向有重大影响。我在20世纪80年代中期以来的许多作品,比如与汤姆·科恩斯合写的《穿越遗忘的旅程:走向关于暴力的法理学》(A Journey through Forgetting: Toward a Jurisprudence of Violence),都受到了卡沃作品的影响。在教学和研究中,我都对法律的暴力因素感兴趣。这是文化层面。我对文化感兴趣,但我也对法律暴力的实践感兴趣。对我来说,国家杀人就是法律的暴力。它不仅仅是美国社会的一扇窗口,而且是法律作为暴力实践的窗口。卡沃在他的文章《暴力与言词》中当然谈了很多,但他特别提到法律将言词与暴力结合起来,并试图用语言来主宰暴力。这是20世纪80年代中期以来对我的学术影响最大的观点,而我至今仍在与卡沃对话,探讨法律中的暴力和法律所实施的暴力。《暴力与言词》对于整个法学界的影响都非常巨大,同样影响巨大的还有卡沃的《规范与叙事》(Nomos and Narrative)——不过《规范与叙事》对我的影响没有那么大。对于很多法学工作者来说——对于法律与社会则不那么显著——这些都是人们阅读和理解的名篇。

哈克尼:最后,我想请你谈谈对于法学总体状况的一些想法,我认为这与你对法律与社会的历史回顾联系密切。你回忆说,20世纪80年代爆发了大争论,但是80年代以后则出现了"争论疲劳",人们觉得我们该继续做学问去了。我想我们在整个法学界都能够看到这种现象。80年代晚期发生了各个思想流派间的激烈冲突——比如批判法学对垒法律经济学。有许多争论。如今,法学界已经没什么冲突了。人人都是实用主义者,人们都做技术,所以经济学家也是搞技术的经济学家——人人都搞技术。他们各自只顾着自己的事情,出成果、开小会。所以说,可以把法律与社会中的现象推广到整个法学界。你是否同意这一点?

萨拉特:我觉得你还可以推广到法学以外。这是元理论之死。这是元理论疲劳症。再也没有福柯和德里达那样的人,写出的作品人人都读、人人都思考。"谁最流行?"嗯,就我到处旅行所见,如今流行阿甘本和施米特。但这些人并没有把世界组织起来。所以我认为,在整个社会科学界,法学院也在内,都存在一种元疲劳。我并不供职于法学院。我认可你所说的,我觉得确实如此。我想增加另一个可能的维度。我认为,围绕哈佛法学院人事任命的政治斗争是文化环境的一部分——哈佛树大根深。法学界的其他人目睹了哈佛的一幕,说"我们可不想那样"。重申一下,这是文化上的,不一定是个人自觉的产物。我认为,哈佛事件是个例子,反映了压迫许多人思维的政治缺陷。当时,每个人都知道哈佛无法任命那些人。不过我想你是对的。我认为,我对于法律与社会的一般看法并不局限于法律与社会。

05

批判种族理论 / 法律与文学
帕特里夏·威廉斯

受访人:帕特里夏·威廉斯

帕特里夏·威廉斯是哥伦比亚大学法学院詹姆斯·道尔讲席教授。威廉斯教授通过文学和法学理论思考当代议题,特别是种族与性别议题。威廉斯教授的兴趣在于种族在美国社会中的角色,这也使威廉斯教授成为批判种族理论运动的一员,她在学界声名鹊起正好伴随着批判种族理论在法学界的兴起。她的代表作包括《种族与权利的炼金术》(The Alchemy of Race and Rights)(1992)、《公鸡下的蛋》(The Rooster's Egg)(1997)、《不分肤色的未来》(Seeing a Color-Blind Future)(1998)以及《开放招待日》(Open House)(2005)。威廉斯教授为《国家》(The Nation)杂志撰写名为"疯子法学教授日记(Diary of a Mad Law Professor)"的专栏。她在2000年曾获麦克阿瑟学者的称号。

哈克尼：你能讲述一下你本科阶段的教育经历么？那时的学术和政治环境如何？

威廉斯：我其实在韦尔斯利学院和麻省理工学院两所学校都注册了。也就是说，被韦尔斯利学院录取之后，我其实有将近一半的本科时光都在麻省理工度过。我的专业是都市研究与城市规划，对绿茵环绕的韦尔斯利学院来说，这在当时并非其强项。不过，麻省理工的这一专业就非常出色，因此我几乎都在那里上课。那里的课程具有相当高的跨学科性，它们至今仍然强烈地影响着我的思想生活。这些课程包括社会学、心理学、人类学、早期符号学以及语言学等。麻省理工的语言学非常强大，尽管这一领域并不能说是我的专长，但这方面的学习引发了我对语言的架构、句法以及理论的极大兴趣。我所感兴趣的语言学并非只是语言的神经科学（也许麻省理工在此领域久负盛名），而是修辞、劝说和隐喻的艺术，以及不同的语言如何表达同一种思想或建构同一种叙事。例如，我上过一门课叫做心理历史（psychohistory），它关注的是个体的精神状态与广泛的社会运动之间如何相互影响，以及思想如何被塑造出来，如何传播，或者如何以富有表达性的方式被解读出来。对于我来说，这种观念是非常具有诱惑性的。当时，我试图在城市设计上花工夫做研究，甚至曾申请到在麻省理工攻读硕士学位的奖学金。但最后我还是选择了法学院。回想起来，当我接触到那些错综复杂的辩护技术时，我发现自己其实不是那么想成为一个法律人。

哈克尼：韦尔斯利学院和麻省理工学院当时的政治气氛怎么样？

威廉斯：当时全国的学生都在造反，发生在肯特州立大学和杰克逊州立大学的镇压事件以及政治大动荡代表了那个时代。然而，韦尔斯利学院和麻省理工与外部世界的交汇则比较特殊。至少在当时，韦尔斯利相对隔绝，相当具有"淑女"氛围。我曾经写过一篇文章，描述韦尔斯利的女生们如何参与政治，她们通过丝印的抗议横幅来支持自己在坎布里奇的男友。但这不是说韦尔斯利不存在活跃的批判性论辩。韦尔斯利的学风很好，有不少对于越南战争、民权运动以及女性解放的反思。

不过我在麻省理工的生活则完全不同。我的宿舍楼里都是各种怪才。我记得曾有一只松鼠钻进了楼下同学的房间，嚼坏了一本物理书，于是他们用了那个学期剩余的时间造了一把松鼠电椅。我在麻省理工看到的一切都如此不同。

哈克尼：然后你就去了哈佛法学院，那肯定会带来文化冲击吧。

威廉斯：对，之所以有文化冲击，是因为我在七年级之后一直读女校。我读过波士顿女子拉丁学校，当然，韦尔斯利也全是女生。尽管我是麻省理工五百人宿舍楼里仅有的两名女生之一，整天也是在各种恶作剧中度过的。但法学院完全不同，在法学院里，你清楚地意识到"你是女人"，甚至"你是黑肤色的女人"。我到法学院时，巴基案（Bakke）判决已经过了好几年了，因此，少数族群平权行动（affirmative action）正聚讼纷纭，这令人感到不太舒服。人们会过来问你："你的

LSAT考了多少分啊？"（对于今天的学生来说，我觉得情况变得更糟糕了。）

然而，民权运动距离我们仍很近，我的很多同学都很理想主义，仍然沉浸在法律胜利的喜悦之中。我们这代人之所以进入法学院，就是为公共利益服务。但是，我们仍需要做很多工作。各家法学院都只关心公司法务。这时法学院还没认识到法律诊所教育的价值。加里·贝罗的课程当时影响还很小，迈克尔·梅泽纳[*]刚开始试验合作式法律教育，他那时还在哥伦比亚大学，还没有作为西北大学的院长来实施他的想法。

现在想来也许难以置信，我在法学院上学时，从未遇到过一位女性老师。虽然哈佛官方取消了"女士日"（ladies' days），但仍有很多教授非正式地因循旧例，每月或每周才在课堂上点名女生一次。我们班有500个学生，只有8%是女生，直到今天，我们这些女生仍然都是好朋友。我们互相之间会发电子邮件，讨论我们的生活以及子女。这种恒久的友谊正是当时我们被孤立而团结起来的体现。

另外，当时只有9位有色人种的女性，都是非洲裔美国人，我不记得有拉丁裔或亚裔的女性。如此明显的非黑即白。班上倒是有两名拉丁裔的男性，也许还有一两个亚裔男性。也有一些国际学生，但他们似乎各自活在自己的世界里。所有这些都让人感到不舒服，为了挤进核心避免被排斥在外，每个人都争得打破头。此外，还有那些基于出身（legacy）和秘密协会（secret clubs）而形成的小圈子。《平步青云》（*The Paper Chase*）和《一年级》（*One L*）就是那个时代写成的。你能想

---

[*] 此处原文为Michael Meltzer，疑应为Michael Meltsner。——译者注

到的所有东西都在为每个人带来差异感、自我意识以及疏离感。

哈克尼：你当时比较欣赏哪些教授？

威廉斯：德里克·贝尔从那时起就一直是我的导师。如果不是因为他，我也许已经退学了。我在法学院的生活很悲惨。德里克·贝尔和他当时的妻子珠儿给了我极大的帮助。他让我做他的研究助理。他们相当慷慨：我当时整天住在他们家里，他们还做饭给我吃，给我各种指导并不断激励我。我也帮他们遛狗，照顾他们的三个孩子。德里克不仅让我留在了法学院，还让我坚信坚持下去是有价值的。因为他，我才找到了自己的生活，若干年之后，德里克又将我推上了教席。

哈克尼：他那时已经开始叙事形式的实验了么？

威廉斯：还没有，这是在他写《哈佛法律评论》卷首语和《井底之脸》(*Faces at the Bottom of the Well*)之前。他只教一门关于种族与宪法的课程，不过这已经够有实验性了。直到后来，德里克才开始在他一系列以吉内瓦·克伦肖为主人公的书中采取那种黑人牧师布道的形式。

哈克尼：当你开始考虑如何以与众不同的方式来书写和思考法律时，为什么你会选择用文学或散文(essay)的方式，而没有选择其他类似哲学、语言学或城市规划的形式？

威廉斯：我在1988年写成了《论作为财产的对象》(On Being the Object of Property)，但是它并没有发表在法律评论上，而是发表在《符号》(*Signs*)杂志上，这是一本关注女性与历史的刊物。这篇文章引发了很多争议，我猜测大概是因为玩弄语言或使用第一人称对于法律人来说太过离经叛道了吧。但是，在此之前，我为《哈佛黑人法律杂志》

(Harvard Black Letter Law Journal)写了一篇短文,其中我模仿了正规法律评论的写法。这篇短文每页只有三行正文,其他部分都是脚注,因此,所有重要的讨论都在脚注里面。这是一种戏仿,颠倒了正文(text)与附文(subtext)。在那段时间,我一直在做各种尝试,并且真的获得了乐趣。我并不真正认为我自己走进了文学本身。法律有自己的符号系统,也有风格的边界。法律的语言是一种建筑学。比如各种证据规则,它们就像一部探测仪,能让你看到某些东西而同时又看不到某些东西。此外,还有法律中不同的称呼模式,以及何时可以使用第一人称,何时不能。剧场与法庭的仪式永远那么令人着迷。它就像一幅错觉画,你是否可以看到景深,取决于你观看的角度。

劝说提供一种论证的维度,有时展开于像语法一样最基础的层面。例如,使用虚拟语气会产生一种条件性(conditionality)和临时性(tentativeness)的感受;但如果我们去掉它,就像很多时候现代英语所做的那样,我们将会走向一种近乎片刻的希望满足。而这带有微妙的意识形态意涵。

哈克尼:能不能谈谈你是如何从法律实务转向学术的?

威廉斯:我参与过庭审,也曾喜欢庭审,但后来我厌倦了。我曾经从事过卫生法以及与金融有关的消费者保护业务。后来,罗纳德·里根当上了总统,我当时在法律服务部门工作,我记得他签署了一项行政命令,禁止我们代表非法移民或提起集体诉讼。这对我当时正在做的诉讼类型造成了极大限制,因此未来似乎没有什么希望。我便在德里克·贝尔的支持下去教书了,并且从未想过回头。

哈克尼:你最初如何抉择自己学术生涯的方向?你是否将自己视

作散文家或文学理论家?

威廉斯:谢天谢地,我最初的写作现在已经基本看不到了。我当时写的大概是《再融资的另一种形式》(A Refinancing by Any Other Name)之类的东西。现在没有人知道我写过这些,我刚开始教的是合同法、《统一商法典》、个人资产经纪法和消费者保护。我也教过"食品法理学",它是关于各种家禽牲畜养殖的合同法。我那段时期写的东西确实如你听起来这般无聊。我决定做一个传统学者。我每天穿着小西装,系着金质腰带。但我在这份工作中并不是真正地快乐。后来我在《高等教育纪事》上看到了纽约市立大学法学院的广告,其中将迈克尔·梅泽纳的理念提升到一个全新的水平——按照律师事务所的模式打造法学院的经验——学生们要写备忘录,将他们的教授当成律师事务所的高级合伙人。他们感兴趣的是集体的动力。查理·哈尔彭当时是院长,他是内森·卡明斯基金(Nathan Cummins Foundation)的前负责人及人民组织(Demos)的创始人。

在来纽约市立大学之前,我从来没有做过团队教学。我与迪内希·科斯拉共同讲授一门课程:"现代经济中的法律",科斯拉是一位很好的同事,同时拥有法律学位和社会学博士学位。他的专长是印度南部的产权。这次教学是一次非常好的体验。每人每天花费12个小时一起工作。它也是一所非常新的学校,这意味着学生们是主要的风险承担者,因为它在当时是未被认可的。但那里的学生不同寻常,其中许多人已经在其他领域有所作为——有皇后学院的教授(法学院坐落在皇后学院校园之中)、地方政治家、警察和消防部门的资深人士、年长的退休男女、退伍军人、有犯罪前科的人、诗人和无家可归的工人。这当然与我现在执教的哥伦比亚大学相反,在哥大每个人都非常年轻、地位优越。在纽约市立大学的经历令我大开眼界,给了我更宽广的视角。

纽约市立大学也重新安排了课程,因此你虽然并没有教合同法,但你将合同法和财产法放在一起教,因为每个合同法案件都可能涉及一些财产法的问题。而你也不用教从刑法中分出来的侵权法。你教的是"损害行为的可追责性与责任"(Accountability and Responsibility for Injurious Conduct),它结合了刑法和侵权法。整个思考过程是迷人的,它会促使人去思考如何围绕实际问题的实践维度重新组织课程。

哈克尼:这是否对你的学术生涯带来了影响?

威廉斯:纽约市立大学的创新环境得到了提升,这源于我们办公室中巨大而原始的王安电脑。那时还没有分体机或今天那些花里胡哨的笔记本。用原始电脑很难做脚注,你必须建一个单独的文件,保存你的脚注,我总是把它当作我的"垃圾文件"。我就这样进行着有关合同法的写作,开始注意到正文是如何短小,而所有有趣的东西如何都放在垃圾文件里。此时,我才真正开始考虑形式问题。

我也会做一些自由写作,这只是因为我喜欢写作。但它与法律无关。我一开始写的是儿童读物。到了1986年或1987年,我想过回去读一个英语博士学位。我读了一个叫批评学派与理论的项目,这是个暑期项目,当时是在达特茅斯学院,现在是在康奈尔大学。它汇集了所有类型的理论家。雅克·德里达、芭芭拉·约翰逊和萨克文·伯科维奇当时都在那里,他们在文学理论领域都是很棒的人物。我整个夏天的写作就像疯了一样,他们发现我的作品很有意思,虽然我没有正式的文学背景。就是在那里,我写了《论作为财产的对象》,它是《种族与权利的炼金术》的最后一章。我让自己富有创意,并摆脱法律写作的约束。我认为这是我写过的最好的东西,在那之后,我把我的垃圾文件中所有的东西都翻了出来,把它们放到台面上。从此一切都不同了。

很奇怪,这种转变将我拽回到法学院的教学中,因为我突然变得备受争议,突然变得具有批判性,突然变成了一个理论家。人们不再记得我教过合同法和《统一商法典》,那些在本质上我觉得很无聊的东西。

哈克尼:在《论作为财产的对象》的结尾,你讲到了与达特茅斯学院篮球运动员的相遇。关于他们的象征主义,曾经有过讨论。从那篇文章起,你开始将同哈佛相关的片段编译到书里。除了形式问题以及将"垃圾文件"中的所有内容整合进核心,你是否准备在正文中明确表达一组特定主题?你是否把它作为一个解决种族问题的机会?

威廉斯:我知道,人们认为《种族与权利的炼金术》一书仅仅与种族相关。对我来说并非如此,我一开始并没有决定只写种族。我不是一个民权律师,也从来没有教过宪法。《论作为财产的对象》写的是关于把我放到法学院的环境中去。当我开始教书时,全美法学院中只有六位女性任教。因此,它让我在自己的头脑中理顺自己的故事,而并非为了某个特定观众而写,也不是要试图说服任何人。它更多是对我在职业中位置的反思。当我开始考虑全书的结构时,我所想的东西都与《天路历程》(Pilgrim's Progress)有关。在《天路历程》中有一座"阐释者之屋",基督教朝圣者描述了一个家庭,每个房间都被设置为上演圣经训示或道德故事的舞台。所以我的书围绕着一种非常特殊的史诗形式来进行安排。我的意思不是说我将《种族与权利的炼金术》写成了一部宗教史诗,而是我确实借用了古典的政治修辞模式,例如清教徒的悲叹。我喜欢这种写作形式。我也喜欢爱默生。

我之所以将我的第一本书命名为《种族与权利的炼金术》,是因为它的论述就像炼金的过程。每一章都是一个步骤,所有的标题都有镜像或反射,你可以透过它看到某些东西。第一章是最后一章的镜像,然后在中间有一个铰链,事情随之切换,书里有一个关于我妹妹的小故事,在这个故事中,我那位讲求逻辑和理性的妹妹,开始以充满魔性的术语来说话。这经过非常精心的组织,恐怕没有人会关心,但这就是这本书的组织方式。

书中也嵌入了不少炼金的图像,因为炼金术是一种据称能将铅变成金的过程。对我来说,这种图像包含了最广泛意义上的身份认同,它与自我的转变有关。这就是为什么你还会在书中发现北极熊和兔子的比喻。北极熊显然是具有极性的,它们有黑皮肤和白皮毛。在这本书中,任何事情都有双重含义。炼金术不是真正的科学,但它是一种基于神话形象与哲学的实践,它拥有目的论意义上的融贯,并且许多心理学和精神分析的图像都是从它的符号体系中借用过来的。

炼金术也是一种测序实验的过程。在最后一章中,我讲述了一个小男孩在布鲁克林动物园被北极熊袭击和吃掉的可怕故事,我使用了炼金术的某些仪式化的、步步为营的戏剧风格。这个故事每一部分的结构组织都是非常小心翼翼的。在这个故事的结尾处,一系列的段落全部都起始于"在什么什么中"(In the):"在报纸中""在公共辩论中""在流亡者的平均主义中"和"在全体会议中"。然后,有点像音乐中的间歇,最后一段切换到了"在葬礼上……"。"西班牙裔—以救济为生—黑人—寡妇—酗酒母亲"(Hispanic-welfare-black-widow-of-an-alcoholic mother)在这里走上前台,对她各种各样矛盾的描述也因此得以显现。这就是我在整本《种族与权利的炼金术》中试图做的。如果你直接读这本书,它只有一个意思,而如果你换一种方式读它,它就会有另外的含义。

但你不能过于抠字眼儿,也不能完全停留在一种缺乏建设性的原教旨主义之上。有些人读过这本书之后说,"她显然需要心理帮助,因为她竟这样处理熊"。但我不是这样,他们弄错了重点。而且我又没疯。至少不是那么疯。

哈克尼:很多人为北极熊赋予了不同的意义,你对它们的使用引起了争议。你可以谈谈它们的意义么?

威廉斯:我不希望它成为一种人们能够直接转译的意义符号。我想读者能够稍稍困惑于它的意义,可以自己思考,"这是什么?!"我希望你突然意识到自己附属于某种意义——分配着某种意义。这也就是在句子中间拦住你,并让你问,"这是什么意思?"这就是我试图实现的,这样一来,在阅读文本时,你就会意识到意义如何被建构,以及你正在参与这一建构过程。我试图创造一种文本,其中你能够意识到自己试图理解该文本的努力。精心安排的比喻可以提示读者寻找他们自己的感受以及他们赋予文本的意义。

哈克尼:这相当于在迫使读者与他人对话。

威廉斯:是的。我尝试这样做,让人们去询问:"它真的是看上去那样黑白分明么?"它需要常规词语。还要拷问词语的运用。我在某一章中使用了某个词的某种用法,它将在后面的章节中被完全颠覆,这种颠覆方式将会让你思考。

哈克尼：你还写了三本书《公鸡下的蛋》,《不分肤色的未来》和《开放招待日》。《不分肤色的未来》有些特殊。你可以谈谈它特殊在什么地方么?

威廉斯：只有《不分肤色的未来》是我在英国国家广播公司(BBC)瑞思讲座(Reith lectures)的讲稿。所以这本书是专门针对英国读者的。BBC 有自己的要求,所以每篇文章都不是太晦涩,或者说更加直白。全书共有六章,因为有六个主题,它们可以结合在一起,但每一章处理一个单独的问题。

其他几本书写得比较洋洋洒洒,不断回到某些问题,直到结尾。《公鸡下的蛋》的章节各自独立,但它有个贯穿始终的主题。在《开放招待日》一书中,正如我所说过的,明确地提出了"阐释者之屋",它是班杨《天路历程》的某一章。在这一章中,朝圣者得到了房屋内每个房间的引导,故事情节得以展开。而在《开放招待日》中,我运用了我家房子的比喻,在我们居住了一百年后,我们搬了出去并且卖了它。这本书的每一章都侧重于一个不同的房间,关乎它的内容与回忆。各自都有一些当下寓意。

哈克尼：从一开始,似乎家族的历史就在你的写作中起到了重要的作用。看一下《开放招待日》,我们就知确实如此。你在写作中如何安排讲故事的重要性?

威廉斯：我的作品有时会被斥为"只是讲故事而已",我认为这个标签不是完全正确的。我的确使用了大量的文学手法,甚至在法律评论文章中也使用第一人称,但我这样做有着非常仔细的考虑,它们也发挥着非常特殊的作用。人们有时会忘了,我的很多作品不是第一人称,也不是意识流,或者我永远不会在法庭上或案例摘要中这样做。那样做不是漫无目的的,也不是因为我写的是意识流。只有当我试图提出一个观点时,才这样做,例如扩展某种既定类型的界限。当你在从没人用过第一人称的法律评论中使用第一人称时,那会怎么样?这就像是在使用北极熊。这是一种游戏,它的目的是让你思考其内容,并且追问这里会传达出什么新的信息。如果你漫无目的地使用第一人称,这就存在陷入唯我论(solipsistic)的危险,但在某些意想不到的适合谈论它的场合,它确实是一个令人震惊的好办法。

122 　　我偶尔也用童话故事的风格来写文章,这种游戏也是有目的的。我现在研究的与遗传学有关,但并不是以第一人称写作,但我做的方式还是相当标新立异,并不是你经常在社会科学期刊上看到的风格。

哈克尼:关于瑞思讲座,他们是否要求你写关于特定主题的东西?

威廉斯:我做瑞思讲座是在1997年。它是以BBC创始人的名字命名的,也是BBC给的最高荣誉。我之所以变得备受争议,因为我是美国人,而且我也是第一个做这个系列讲座的黑人女性。演讲者可以在BBC四台发表六个半小时的演讲,为期一个半月。规模的确很大。几乎所有人都会听。那年,欧盟致力于消除种族主义、性别歧视、仇恨同性恋主义、反犹主义以及其他各种主义。之所以选择我,是因为我以前为BBC做过几次节目,理事会也读过《种族与权利的炼金术》一书。在英国,它得到了别样的赞赏。他们有种族问题,但他们听到的说法是不同的。他们阅读《种族与权利的炼金术》时,会像关心种族一样关心阶级,这很有趣。

哈克尼：你是否看到了一个不分肤色的未来？

威廉斯：不，我需要提醒人们注意，这本书的完整标题是《不分肤色的未来：种族的悖论》。它是个关于无视肤色的悖论。同样的悖论出现在当人们谈论"后奥巴马"或"后种族的时刻"之时。这就像那些众所周知的三只瞎眼的猴子：看不到邪恶、听不到邪恶、说不出邪恶。所有人都知道，种族主义和阶级分层仍然是世界上的大问题。所以，简单地标注我们的社会是"无视肤色"，更多的只是愿望而非现实。如果走向一种意识形态的极端，就会变成一种故意的无视。这就是另外一码事了。这个系列讲座分析了种族机制如何作为一种禁忌话题或公开的秘密而运作的。我们会感到难堪或受到冒犯。我们不容许自己用理性的词汇去处理它。

哈克尼：你谈到了你的工作，以及同德里克·贝尔的关系。在批判种族理论的组织和体制发展中，你起到了什么作用？

威廉斯：我见证了数次组织意义上的重大时刻——包括一次研讨会。但那时还不是批判种族理论，而是批判法学。当时很多对不同问题感兴趣的人都在谈论批判法学，包括罗伯托·昂格尔、邓肯·肯尼迪、彼得·加贝尔、大卫·肯尼迪、马克·图施耐特、杰里·福拉格，等等。所以，刚开始的讨论并不是关于种族的。我去了批判法学的会议，因为我对法理学饶有兴趣。

当时，马克·图施耐特正在写他的权利批判。我觉得权利有一种象征性的力量。而且，即使图施耐特的观点——权利完全没有实现它们应该做的一切——是正确的，我还是认为它们以不同的方式获得了运用。当下有一种不同的解释学，也不应被低估。很多少数族裔的学者就是这样想的,但我们之中很多人都羞于提出这样的观点,因为那些"大男孩"拥有很大的权威和光环。虽然他们都很有趣,但我们也很难插得进话。当时,玛莎·费恩曼、玛丽·乔·福拉格、弗朗西丝·奥尔森、克莱尔·达尔顿和其他人正在进行女权主义的写作。她们同样试图让自己的观点被人所知,或在一个仍被男性主导的学术界中找到自己的立锥之地。要知道,当时法学界没有几个女性或有色人种,所以我们想方设法使自己被人所知。

哈克尼:那么种族问题是如何走上前台的?

威廉斯:在20世纪80年代中期某次批判法学的会议上,一些组织者很纳闷,为什么他们很难招来有色人种的与会者。因此,他们让我们这些参会的人发言,谈谈如何才能让批判法学对有色人种更具吸引力。我记得我当时跟松田麻里、尼尔·五反田、查克·劳伦斯,也许还有理查德·德尔加多和杰拉德·洛佩斯一起。我也许记得不是太清,但我们的人数非常少。我们每个人都作了报告,批判种族理论由此诞生。

哈克尼:拉尼·吉尼尔和德里克·贝尔在那里么?

威廉斯:不在,克林顿时期发生的事情让拉尼很难过。拉尼不是此阶段批判法学运动的成员,德里克也不是。德里克所做的工作与种族有关,但从来不是通过批判理论,至少在初期是如此。当然,在这之后,只要是个黑人(无论是否做过种族工作),都站到了批判种族理论的大旗之下,这也损害了它的名声。

哈克尼:会议上发生了什么?

威廉斯:我记得一件有趣的事情。我们一群人聚集在草坪上,想要弄清楚我们要说些什么。当我们讨论时,另外一些人一直在问我们,为什么我们要自我"隔离"。我们正在准备讲讲,他们如何才能吸引到更多我们这种人,而他们却一直在问我们:"你们为什么要将自己隔离起来?"这种处境很奇怪,相对于整个会议的人数来说,我们这些人是微不足道的,但却十分扎眼,似乎我们只要在一起,就肯定要做一些敌对的事情(如"避开其他人")。因此,我们使用这个例子开始了我们的讨论:为什么他们很难吸引有色人种?此后不久,在另一个研讨会上,女性和少数族裔的学者讨论了如何把种族、女权主义、移民问题放到批判法学的框架内进行分析。从组织上说,我们仍然团结在批判法学的旗帜之下。但在那之后,法学界中"他者"的数量开始增长,在金贝利·克伦肖从教数年之后,女权主义法理学运动登堂入室,她在组织批判种族理论的专门会议中起到了很大的作用。

后来,一系列非正式的晚餐会发展成了东北走廊共同体(Northeast Corridor Collective),其更多关心的是如何支持彼此的作品,而不是法理。后来又如雨后春笋般,批判种族理论网罗了密西西比河以东的所有人,让他们变得更有组织。从那时起,发展出了西海岸的支持群体,然后是拉丁裔批判法学理论(LatCrit),以及其他一些组织。但这是很久以后了。因此,批判种族的学者群体是从分散的网络中自由发展而来,并没有某种统一的意识形态和法理学立场。那段时间,我觉得这个群体非常普遍。它们包括来自不同学科和方法论视角的人。它是一个网络。这也是我的观点:无论是批判种族理论,还是批判法学,都缺乏一个特别融贯的意识形态支柱。我并不是持一种否定态度;但我觉得它有时的确过于多样化了。如果你看一下松田麻里的作品,他的作品与我、理查德·德尔加多或罗伯托·昂格尔的作品非常不同。我们有共同的利益和共同的反歧视范式,但没有像"法兰克福学派"或"后现代"这样统一的标签。

哈克尼: 你认为自己算后现代么?

威廉斯: 我的某些作品是。《论作为财产的对象》一文就吸收了一些后现代的手法和后现代的把戏。对于写作过程的自觉(self-consciousness)深深地扎根在我对某些作品结构的处理方式之中。但需要说明的是:我的确不太认同把后现代主义贬低为相对主义。这种理解是错误的。我不是一个相对主义者。我认为自己是一个接地气的政治倡议者。虽然我可以并经常以直截了当的方式表达政治主张或推进政治抱负,但我的学术兴趣是修辞和叙事的建构,以这种方式,一种宣言可以说服他人,也可能说服不了。所以,我将语法和词汇作为玩具。我没有对于语言的原教旨主义意识,我认为,在我们所使用的词语与它所代表的事物之间,总会有一定程度的游戏。总有一些游戏的成分,问题在于你如何理解它,谁翻译了它,它被翻译成什么,正在发生什么转变,句子里隐藏着什么,你正在使用什么时态,以及它是否会发生转换。

哈克尼: 理查德·波斯纳一直是你的批评者,在《超越法律》中,波斯纳其实很赞赏你的写作,但认为你对真实的理解和对事实的运用都太宽泛了,因为波斯纳认为法律和法律写作都基于讲述"真实"。然而他谨慎地指出,考虑到他作为实用主义者的倾向,他所指的事实上是一种小写的真实(truth),而不是任何普遍的大写的"真理"(Truth)。你对他的批评有什么回应么?他的批评也是对你的作品以及其他讲故事类型作品的典型批评。

威廉斯：在我看来,我们之间主要的意识形态分歧在于,波斯纳似乎相信,真实是以比我更加原教旨主义的方式建构出来的。我坚信对真实的标准定义,即真实是可在科学上再现的。但是,法律很大程度上并不是真实的科学;正相反,法律是依存于真实之表象的语词协商,比如说正当程序。在庭审中,我们遵循避免一罪再审的伦理。由于我们面对的是单个的案件和争端,因此会抵制这样一种观念:应该存在可被无休止检验和再现的结果;我们坚信应存在"终局"(closure)。在做判决时,我们依据行为和概率,类比和隐喻。我们坚守这种模式,也因此,即便有了可靠的科学依据(例如在定罪后的 DNA 检测),许多人仍倾向于禁止 DNA 检测,因为这会威胁已经通过判决做出的正义表象。近年来,人身保护令状的审查始终受到最后期限等技术性规则的制约,有时还受到认定案件"结案"的制度性效率的约束。所以,我不是以一种漫不经心的态度来面对真实;我的目的是表明我们有时候身处表象的领域内。我尝试着阐释表象是如何被语境、修辞和信仰所改变的。

此外,在我看来,波斯纳意义上的真实高度依赖于这样一种社会科学,它虽基于概率意义上的相关性,但却错误地理解了证据或真相。当你像波斯纳那样,把一切都放进一个很狭隘的计量经济模型中,你就让自己对某些交易成本、人力成本和其他不可估量的成本视而不见。如果你想想他在"婴儿短缺经济学"中的想法,就会看到他把复杂的生活塞进还原方程、饼状图、坐标轴中去了,这看起来很漂亮,但也忽略了很多东西。请相信,我并不是天生不信任波斯纳使用的模型或数据;相反,我认为你需要使用非常复杂的随机模型,以便能够支持你的结论。但他并没有这样做。波斯纳所做的,是不断重复采取一种过于简化的社会观念,把它变成一个精炼的模型,从而让它看起来是必然的。从他的供需曲线出发,波斯纳会断言,从强奸到种族,任何事情仅仅是消费偏好而已,只需要调整一下金钱或行为激励即可加以改变。但这会忽视其他各种重要的数据、因素和学科洞见。消费偏好是在消费主义的背景下形成的;如果这是你唯一的或主要的衡量标准,那么在你的论述中,消费偏好就已经从法庭、治疗、心理、道德、社会学、构成性、宪法及其他领域中抽离了。

哈克尼:波斯纳继承了实用主义的衣钵,所以他事实上强调他对小写的"真实"的信仰,而反对大写的"真理"。他也许会回答说,当他起初倡导法律的经济分析时,他曾经阐述了关于真理的形而上学信念,但今天他作为法官或学者,其实会同意你的看法,真理是偶然的,是基于语境的。

威廉斯:我理解这一变化,但我仍然反对他所用的经济分析。说回到"婴儿短缺经济学",波斯纳当然可以仅仅描述收养市场中发生的那些事,因为事实上的确存在婴儿的市场,它看重种族,讲究优生,这是个相当丑陋的市场。不同的孩子被标上不同的价格,这是事实真相。但波斯纳分析最大的问题是其本质上是规范性的。而他的解决方案则是减少对"次等婴儿"的"生产",也就是那些被他定义为"更老、又黑并且存在其他障碍"的孩子。我的反对正在于此。这不是对消费行为模式的总结。他直接提倡某些婴儿的数目应当减少,我认为这就是优生学。我并不认为波斯纳一定就是坏人;我认为,他依赖于一种不可思议的原教旨主义,他自己的框架拥有整齐、简洁和明确的边界,这让他无法考虑到他所持立场的所有后果。

哈克尼：你能评价一下法学界的现状么？经济分析的发展已经将行为经济学包含进来。有很多关于作为框架的新实用主义以及其他各种发展的讨论。技术专家越来越多，学术博士学位成为普遍现象。跟你职业生涯起步时相比，你如何看待今天的法学界？

威廉斯：我乐于见到这样一个事实：各种学科让我们所知道的事情越来越多。我认为当我刚开始教书时，还不是这样。僵化教条的特定边界正在崩溃。法学院一年级课程得到了重新安排。但我认为，事情正再次变得狭隘起来，人们只强调经济学中的计量经济学，以及社会学中其实非常有限的数据库。这些学术对话已经陷入了自己的小世界中，并没有我希望看到的跨学科交流。我想人们会一如既往地追逐金钱。正如奥林基金会（Olin Foundation）对法律经济学的资助，上述趋势的背后往往都有特殊利益集团的身影，而这很可能是未来发展的方向。我很担心这点，因为这往往意味着缺乏对伦理的全面考量。当前受到青睐的经济学模式是自给自足的，很难判断其所带来的社会后果和产生的伦理问题是否符合终极正义。比如在合同法中，过于重视效率的利益使得预期利益变得不平衡。而效率利益与预期是两回事。预期涉及当事人的陈述以及他们保证或同意了什么。效率对商业和商品流动是最有利的。然而，合同法基于私人同意的本质却被行业利益侵入或取代了。也许有朝一日，效率为王可以转化成某种更大的社会或道德善好，但如果缺乏对预期的考量，一切最终只会有利于商人阶级，而非个体交易者。

06

女性主义法律理论
凯瑟琳·麦金农

受访人:凯瑟琳·麦金农

凯瑟琳·麦金农任教于密歇根大学法学院,为伊丽莎白·郎法学讲席教授,常年担任哈佛法学院詹姆斯·安米思访问讲席教授。无论是在美国国内,还是在国际舞台上,麦金农都是一位领袖级的女性主义学者、活动家、性别平等议题的理论家。麦金农教授还开风气之先,确立了性骚扰诉求以及挑战色情资料的法律框架。在一次集体诉讼中,麦金农还担任律师团的主要律师,为波斯尼亚的妇女争得了7.45亿美元的赔偿金,这些妇女是在塞尔维亚种族屠杀中性暴行的受害者。麦金农教授出版了多本著作,其中包括《女性工作者的性骚扰》(*Sexual Harassment of Working Women*)(1979)、《未修正的女性主义》(*Feminist Unmodified*)(1988)、《走向女性主义的国家理论》(*Toward a Feminist Theory of the State*)(1991)、《言词而已》(*Only Words*)(1996)、《妇女是人吗?》(*Are Women Human?*)(2007)和《性别平等》(*Sex Equality*)(2007)。

哈克尼：请谈一下你在法学院和研究生院之前所接受的本科教育。

麦金农：我读的是史密斯学院，专业为政府学，不过我还修读了许多其他领域内的课程，充分利用了史密斯学院作为一家文理学院的优势。我当时的计划是，前两年学习政府学以外的一切，后两年集中在专业上。政治理论和宪法是我的主要兴趣。

哈克尼：在史密斯学院，你主要师从哪些教授？

麦金农：里奥·温内斯坦，我在有些书中曾向他致谢。我从他那里学到了很多很多。他是一位卓越的教师、杰出的思想家，是一位活得非常精彩的人。

哈克尼：就温内斯坦的理论而言，哪些是你的兴趣点？

麦金农：他同时讲授古典政治理论和宪法，两者之间的关系可以说是显而易见的。

哈克尼：在耶鲁法学院，你对宪法还是这么关注吗？

麦金农：我首先是进入了耶鲁的研究生院，学习政治科学，继续钻研政治理论。后来，我进入了法学院，可以说多少同政治学有所交叠，但并不是那种联合学位的项目。我修读了法学院常规的一年级课程，接下来还学习了许多其他课程，包括宪法在内。

哈克尼：你在1977年获得了耶鲁法学院的法律博士学位(JD)。在耶鲁法学院,有没有谁对你产生了特别的影响？

麦金农：若是说影响,我不确定是否有特别的。但是,我非常喜欢汤姆·爱默生(Tom Emerson),从他那里学到很多。此外还有芭芭拉·安德伍德、圭多·卡拉布雷西和欧文·费斯。从每一位我曾跟从学习的老师那里,我都学有所获,但是我大概从同学那里学到了更多,特别是肯特·哈维和安妮·西蒙,而且也从纽黑文女性解放组织的所有女性同胞那里学到更多。当我就要离开法学院时,伯克·马歇尔(Burke Marshall)和我有着密切的联系。我同伯克、汤姆一直过从甚密,直到他们去世。

哈克尼：你在政治系内获得了哲学博士学位(PhD)。

麦金农：是这样的。我在罗伯特·达尔的指导下读书,他让我的生活为之一新。在政治系内,我也从许多教授那里学到了很多。但同样如此,说到影响力——未必见得确有此事。

哈克尼：你在耶鲁法学院或研究生院时,是否已经开始教书？

麦金农：我最初开始教耶鲁的本科生,是为了让自己完成法学院和研究生院的学业。我在教政治科学时,还是一名助教,此后在耶鲁的学院研讨课项目中设计出了我自己的研讨课。后来,我得到聘用,去创设首个女性研究的课程,同时协助设计耶鲁的女性研究项目。在我就读于法学院的大部分时间里,我都在教耶鲁的本科生。

哈克尼：那么就你所认为的自己的学术方向而言,你是什么时候开始有了特定的理论关切的？

麦金农：我当时所思考的,并不是学术这件事,而是我们现在应当做什么工作。大约是在1971年或1972年,我首次开设了一门名叫"个人的即政治的"(The Personal as Political)研讨课,是关于女性主义的课程,在这之后,我还开过一门"女性主义与马克思主义"的研讨课,这门课集中考察了我博士论文的核心命题,形成多篇文章发表于《符号》(Signs)杂志。我写这些文章时是在1972年和1973年,但真正发表,要到十年以后。而我的博士论文后来也得以发表,这就是《走向女性主义的国家理论》。

哈克尼:谈到外部力量,回头去看,是什么特定事件塑造了你的世界观?

麦金农:那要数黑人民权运动和妇女运动。它们的影响是最强有力的——甚至远超过我求学当下所发生的任何事。

哈克尼:纽黑文是此类活动的一个大熔炉。

麦金农:的确如此。我同一些正在为黑人黑豹党辩护的律师有过合作,当警察查抄即将到来之时,我们就躺在他们的草坪上,而且特别要指出的是,我那时还在研究生院,还没有读法学院。我们举行过示威游行。在我到耶鲁那年,我们甚至关闭了耶鲁校园。

哈克尼:20世纪70年代,当你开始思考你的理论取向,特别是关系到女性主义理论时,你所面对的智识图景是什么样子的?

麦金农:我并不认为我曾经设想过什么是我要去思考的,当关涉到女性主义理论时尤其如此。那时还谈不上我们现在所说的这种女性主义理论的智识图景,可以说,它尚未产生。只在法国可能有一点儿。当时存在着的,是一种充满活力的妇女运动,其中,女性言说、讨论并书写着女性的处境,这是我们所有人都参与的行动的一部分。这就是你说的智识图景。在我的博士论文中,我决定要做的,就是建构起在这场运动内所实践着的意识和社会变革之间关系的理论。我研究了我能得到的所有材料。这时候也已经出版了一些书。安德莉亚·德沃金的第一本书出版于 1974 年,朱丽特·米切尔关于马克思主义的书,杰梅因·格利尔的《女太监》(*The Female Eunuch*)则是前一阵子的事,还有凯特·米丽特的《性政治》(*Sexual Politics*)。我想凯特·米丽特的书对我产生了最大的影响。在该书出版前,我就在油印手稿上阅读了它的几个章节。此外,罗宾·摩根的杂志《老鼠》(*Rat*)得以解禁发行,还有她的诗集《怪物》(*Monster*)。关于法律,实在是没什么可谈的。大约是在 20 世纪 70 年代中期,由班考克、诺顿、弗里德曼和罗斯编写的案例教科书《性别歧视与法律》(*Sex Discrimination and the Law*)出版了,这是真正的起点。这本案例书收集了这一主题的大量材料和案例。

哈克尼:因此,总体上说,除了女性运动、相关的作品以及刚开始起步的理论框架的介入,就法律来说,可谓是一片空白——当然还有那本教科书。

麦金农:我之所以写作了后来成为《走向女性主义的国家理论》的博士论文,就是因为我认为女权运动应当具有其自身的第一流的理论,这应是一种真正的政治理论,从根本上以哲学方式处理女性问题。而在我看来,我们当时并没有这种理论。那时可以讲的是玛丽·渥斯顿克雷福特、克里斯蒂娜·德·皮桑、密尔和恩格斯这些理论家。也并不是说完全一片空白。但是,如果就当代理论而言,还没有一种理论可以将我参与其中的运动的洞察把握住,我认为我们需要一种可以将这种洞察表达出来的理论。

哈克尼：你能描述一下你同马克思主义理论的遭遇吗？在何种意义上，你认为马克思主义是相关的，而你又是如何用马克思主义作为一种出发点的？在你的很多作品中，一开始就指出女性主义同马克思主义理论在运作方式上的区别，那么女性主义理论是如何运作的？

麦金农：在我看来，从方法论上讲，马克思主义由现实出发，或者说由该主义所认为的现实出发。马克思主义认为物质第一位。对于一个现实从未成为某种理论之基础的民族来说，马克思主义看起来提供了一个重要的出发点。马克思主义还讨论阶级，而这是自由主义理论所力图避免的，至少它们回避任何集体意义上的阶级概念。但马克思主义并不理解女性的地位——虽然曾有人在过去做出过尝试——因此在我看来，马克思主义中既有可以合作的资源，又有需要对抗的资源。我学习过欧陆哲学传统，并受其影响，也学过英国的分析哲学传统，对其基本上不以为然。但是，当我通过现存不同思想学派的理论路径领会到大局之后，对于我来说显而易见的是，马克思主义的理论更为直接地把握住了受压迫人民生活的现实，而且这种把握方式最终是为了改变现实。而这最接近于我所目睹的所有人都投身于其中的行动。

哈克尼：所以，马克思主义是一个出发点，但在此之后发生了一次断然的决裂。因此，当你建构一种女性主义理论，并名之为未修正的女性主义（feminism unmodified）之时，你显然披上了后马克思主义的外衣。你能解释一下你对后马的界定吗？是否存在着一种特定的流派？

麦金农：事实上，我创建了我自己的理论。若是说我曾与马克思主义有一场决裂，听起来就好像我曾是马克思主义的信徒，而后来又脱离了此阵营。压根儿没有这样的事情。在我看来，马克思主义的理论，特别是它处理其所观察的现实的方式，是有指导意义的。我决心要为妇女完成马克思主义理论为工人阶级所做的工作，这就要求我必须同时弄清楚两件事，那就是如何处理现实和现实是什么。这关系到的是第一性的现实，而不是基于其他理论进行建构。我所要理论化的，并不是任何关于现实的理论。我的理论来自于这个现实，而不是任何其他理论。在我看来，马克思主义的有用之处就在于它是一种来自于现实的理论。一定程度上，正是通过观察马克思主义是如何完成它所需要完成的理论任务，也包括它的缺失，我学到了应当如何进行我要进行的工作。

哈克尼：我们来关注一下理论本身。一个核心概念就是权力以及性别宰制（gender subordination）。在性别、性态、权力和性别宰制之间存在着交叠的关系。你能否概括一下，在你的理论框架内，它们相互间是如何成为一个系统的？

麦金农：这是关于性别等级（gender hierarchy）的理论化，性别等级这个概念分析并且描述的是女性和男性之间的权力分配，主要围绕着这种权力结构是如何形成并且实施而展开。宰制就意味着男性的主导，非常实质性的主导。而当男性主导，女性必须臣服时，我们就有了性别等级。而在我看来，性态是性别等级的一个中心场域，甚至包含了其关键动因。

哈克尼：性别等级的一个面向就是国家的角色。那么，你是如何看待国家的？它既是这一现实的基础,同时又推进了这一现实。

麦金农：我们说,国家就是社会权力的一种制度,它反映并且强化着既存的社会权力的形式,有些时候也可以被用来对抗社会权力。举个例子,在一个白人至上的社会里,国家基本上是在反映和执行着白人至上主义,但与此同时,国家也可以被用于去反抗白人至上主义,比方说民权法律就是一种反抗。在一个男性主宰的社会内,国家就是一种男性的制度,无论就其行为、意识形态和活动来说均是如此。而且社会和国家也存在着合谋。与此同时,有一些概念——我的研究所讨论的是平等的观念——可以同时也必须被用来对抗这些不平等。

哈克尼：我们确实曾有过一些解放时刻——这是在时间长河内的断续时刻——比如说我们经历过民权运动,我们经历过妇女运动等等。

麦金农：在这类运动的机制中,国家成为了一种手段,经由其去实现法律的平等,最终实现社会的平等。关于国家的性质或品格,关于国家权力掌握在何人之手,关于国家是要为哪些人的利益而服务,他们并没有任何幻想。他们致力于行动起来,让国家忠于它所主张的理想,而不是作为国家通常所为的白人至上和男性主宰的工具。有些时候,我们获得胜利。有些时候,我们使得国家必须做出回应,这毕竟是一个据说民主的国家。

哈克尼：从性别宰制的概念出发,生发出来的观念之一就是在关于强奸的法律学说中同意的作用。关于同意,你是如何认识的,而它在性态政治中又是如何展开的？

麦金农：同意（consent）是一个堕落的概念，当一个拥有更多权力的人强行向另一较少权力的人施加某种要求时，同意通常被用来指称弱者的顺从状态。因此，同意这个词被用来代表她的自由，甚至是她的欲望。但是，一个人在不平等的条件下怎么可能是自由的，这是在这里必须要处理的问题，但是却没有得到应有的讨论。

哈克尼：同意的观念，主要被用于讨论异性之间的性态。那么，它是否也会延伸到同性恋的性态呢？

麦金农：性态的范式本身是异性关系的，是等级制的情欲化——哪一性别是主宰，哪一性别要臣服，是实体化的形式。但是，在异性恋正统规范的笼罩下，性态以及主宰和臣服的角色，并不局限在我们所理解的异性恋的结合，这里的异性性态是指男性和女性之间任何方式的结合。

哈克尼：在你发表于《符号》的两篇论文中，你讨论的理论进路是自由主义理论和自由女性主义理论的缺陷，而至少在美国，后者是一种主导范式。那么你是如何理解自由主义理论与女性主义理论相比时的缺陷的？而自由主义的理论进路的一般缺陷又是什么呢？

麦金农：你要知道，要充分回答这个问题，需要经年累月并且卷帙浩繁的工作，因此在这里想用三言两语来说明，基本上不太可能。如果这可以用几句话就解释清楚的话，那么我从一开始就会这样做了。无论如何，一个基本的问题在于，在面对问题时，自由主义理论采用个体化的而非基于团体身份的进路。而且，在法律中，自由主义理论拿起了"让我们假设"的方法论，就好像是说，我们可以到达我们要去的地方，只要我们假装我们已经到了那儿，并且据此制定规则。大量的问题都可以追溯至亚里士多德。但社会变革并不在他讨论的范围之内。

哈克尼：所以，这是一种对罗尔斯及其自由主义政治理论的批判？

麦金农：总的来说，这就是《走向女性主义的国家理论》所做的工作，虽然从文本上看罗尔斯并不是它的核心关注。

哈克尼：既然我们谈到了以团体而非个人为关注单位的观念，与此相关的是，你曾主张，在事关女性主义的政治理论时，意识养成（consciousness-raising）是主要的认识工具，你对其方式也有所讨论。那么就现实生活中的政治而言，意识养成是如何充当一种工具的？

麦金农：它并不是作为一个概念提出来的。它是正在发生的现实。而我的工作计划就是去发现它是如何运作的，它正在做些什么。它的主要机制就是改变一个人看待他自身在一个集体框架内的位置。此前，其他团体曾经做过类似的事情。虽然每一位女性都会面临特定的困难，不过女性意识还是可以养成的。

哈克尼：我完全理解这种观察（observation）和概念化（conceptualization）之间的区别。但是，对于那些并未涉足某一运动的人而言，概念化可以以某种方式引导他们去思考他们该如何行动。因此，就概念从何而来这个问题，我理解你的观点，但是概念如何影响读者，是否会导致读者有所不同地去对待观念和思考世界？

麦金农：那么，这就是书写的用意之一了——将那些正在个人间互动完成的事情，诉诸纸面。而一旦观察得出了洞见——当然，这是一种持续进行着的过程——一旦洞见被认为是真实的，那么就可以通过各种不同的方法对这些见解作出安排：它们可以形成社会科学调查的假设,成为统计研究所记录的对象,在历史、文学、案例法或媒体中得到分析,或者成为你同母亲之间闲聊的内容。只要你可以洞悉,角色的自我理解本身就是一个被教育的过程,而是可以记录下来的,同时女性认为她们是谁,也正是这一教育过程的展开,使任何人都可以体会到这一过程是如何在日常生活中复制不平等的。而在这时,你就不必对之有切身体验,也不必同他人进行口头交流,也无需看到它正发生在你周围人的身上。这变成了一种信息。

哈克尼:色情资料是你关注的实体领域之一,而且在此你也运用了上述的团体分析和意识养成的观念。如果色情资料仅仅被理解为一种个体对个体的行为或者表达,这种理论化的方式确实遗漏了一些关键的东西。我知道,你在这一主题上著述颇丰,但是你能否勾连起基本的理论进路,而就适用这一进路而言,色情资料是如何成为一个具体的参照点的,同时,你又为何将色情资料定位为一种涡流——在美国和全世界的性别政治中,大量出现的有关同意和宰制的那些事被卷入其中。

麦金农:色情资料当然是这些力量的涡流中心。色情资料运转的方式之一,就是作为一个巨大的意识形态引擎,生产出女性作为一种被宰制阶级的性态经验。这并不只是言词而已,也并不是陈述相关的意见;它正在消费者中间实现这种经验。消费者在他们的观念中相信它,是因为在现实中,它们正在身体上体验着它。如我对色情资料的理解,色情资料之所以可以做到这一点,其方式就是从根本上制造出关于女性的性态经验——女性正在被进入和使用,甚至经常被侵犯、伤害或虐待。这种经验被体现为性的愉悦,性的挑逗,性的欢乐,性的满足。这是一种非常强有力的训练机制。它利用了各种类型的女性，也利用了全世界妇女之间存在的不平等。它还利用男性——特别是以一种种族主义的方式利用有色人种的男性。色情资料将这一经验性态化，其方式可以绕开你的价值建构。它运转在一种无意识的训练层面上。当然，这并不意味着它不可能被推翻，特别是当这种训练转化为行动之时。但是，它确实有一种非常深远的作用力。而当社会变得日益为媒体所主宰，日益资本主义化时，色情资料在全世界范围内蔓延，助长了这一效应。

哈克尼：这是麦迪逊大道和性剥削的联手。在你的有些作品里，你非常打趣地在不同形式的色情资料之间做了关联，论述了它们是如何有效地强化了社会内原有的不同修辞的。例如，社会中存在着白人至上主义的修辞，因此就出现了特别迎合这种修辞的色情资料。这里存在着一种值得追问的原因—效果的机制。色情资料的生产者实际上将目标瞄准市场，同时也在创造着市场。

麦金农：色情产业要做生意，关键在于创造出需求。而他们创造需求的策略，就是回应社会中正在发生的潮流——性别主义、种族主义，以及两者之间的联手。而在色情资料中，阶级政治也被性态化了。当他们这么做时，他们是在让需求变得更强烈、更稳固，不只是去迎合需求，而且是在增加、深化和扩展原有的需求。整个社会已经隐含地支持着这种机制，因此每一个他们借此机制可以接触到的人，都将是他们银行账户内的又一笔钱。

哈克尼：在我看来，你提到的这种强化角色形象的观念很有意思，在最近一次的拉美批判的学术研讨会上，我遇到一件有趣的事，在那次会议上,有位发言者介绍了一项经验研究,讨论了在一个名为《犯罪鉴证档案:迈阿密》的电视节目上对拉美裔男性和女性的呈现。节目里有着性感的拉美裔女人,也有暴虐的拉美裔男人,而在白人角色同拉美裔角色发生角逐时,性别政治又以非常不同的方式得以上演。所以说,传媒描绘的观点很显然并不只限于色情资料。就传媒工业而言,这是普遍现象吗?

麦金农: 传媒内的不平等绝对是普遍的,而且有着巨大的影响力。但在这一普遍现象中,色情资料就其影响的程度、即时性以及耐久力而言都是鹤立鸡群的,因为它将性的露骨和宰制结合了起来。当你所有的只是性露骨或者性别宰制时,这种影响仍存在——我并不认为会有人觉得影响在这时会消失不见。我们现在之所以会组织起反诽谤联盟(Anti-Defamation League)这样的团体,就是因为人们清楚地意识到,媒体拥有一种强大的力量,可以影响我们理解他人和对待他人的方式。但是,色情资料之所以具有远超过普通传媒的影响力,原因在于这种影响力是极端的,即刻的,基本上是无意识的,而且难以消除。如果你的底线是"这是否会导致女性被强奸",那么色情资料同其他材料相比当然会得出不同的答案。这并不意味着其他材料就可以脱掉干系,但是这通常而言更意识形态化,也更概念化。如果我们所知的某种材料将会以某种可预测的准确度而导致女性被强奸,那么我们就应当可以对这些资料做点什么,尤其是我们可以证明,这种伤害事实上已经发生。

哈克尼: 如果以对女性的暴力而言,那么色情资料和强奸都是最严重的行为。但是,按照你的理解,它们也是性骚扰和其他性举动的光谱上的一部分。那么你如何看待这道光谱,其中是否存在着明确的分界线,或者这些性举动彼此之间是相互重叠的?

麦金农:这光谱可以有一道,也可以有多道,取决于你如何界定光谱。有些行为带有明显的暴力,或多或少。就侵犯程度或严重性而言,也有多有少。就性骚扰所凭借的力量来看,其中有些力量在形式上并不是暴力的(比如在雇主和雇员之间,教师和学生之间),但也可以极其严重。这道光谱之上并不必定要有截然的分界线。所以,问题的答案取决于你所谈论的是哪个光谱。

哈克尼:很显然,它们确实在相互渗透。因此,在有的性骚扰案件中,骚扰者会在工作场所内利用色情资料。

麦金农:绝对如此。一位女性可能会受到性胁迫,因为她不想失去工作。即便没有发生法律上的强奸案件,在现实中也存在着强奸。米切尔·文森的案件,是美国最高法院首个处理的性骚扰案件,也说明了这一点。

哈克尼:显然,你正在通过推进反色情资料的立法,来介入这场辩论。这些立法将为女性带来为自己提起诉讼的能力,从而主张某一特定的色情资料所具有的侮辱效应。

麦金农:是这样的,安德莉亚·德沃金和我构思了该立法。

哈克尼:这部立法代表着同自由主义女权视角的一次彻底决裂。它摆脱了个体伤害的观念,同时又和意识养成的观念联系在了一起,它是以团体伤害而非个体伤害的视角去思考的。

麦金农:说得很对,当然个人也会受到色情资料的伤害。通常来说,性别歧视会被认为是一种个体伤害,但它的实施却是基于团体成员身份的,就好比其他类型的歧视。每一个因其受到伤害的人,都是在她自己的生活中受到伤害,而不只是因为某件对她而言具有个体意义的东西。这是以团体为基础的。然而,虽然法院并未否认,反色情资料的立法处理了一种形式的性别歧视,但它们还是推翻了这部立法,即便该法已经在多个立法机关内得到通过。

哈克尼:你如何看待司法抵制的原因?你认为原因是否在于自由主义的学说和思想在美国法律文化内的权势?

麦金农:部分原因在于此,还要考虑到色情资料生产商的能力,他们可以让自由派和放任自由派(后者是古典意义上的自由派)去支持他们。这些人是在挑战由人民所通过的法律,而这正是关于反色情立法所发生的事。

哈克尼:关于你的这一立法动议与你同琳达·伯曼(Linda Boreman)的合作之间的关系,你能简单介绍一下吗?(琳达·伯曼曾用名琳达·拉芙蕾丝,是电影《深喉》的主演。)

麦金农:好的。该立法动议之所以出现,很大程度上是因为我同琳达的合作。琳达并没有起诉,对她而言,她根本找不到可以据以提出诉讼的适当或有效的法律主张,正是基于这一主要原因,我们开始涉足创制出你所提到的民权立法。对于琳达来说,如要挑战这部她曾被强制参与的色情电影,她无法提出任何法律诉求。

哈克尼:既然谈到反宰制运动,那么你是否还在其他政策领域内处在斗争的第一线?

麦金农:是的,还有很多——有一些我可以讨论,有一些还不行。多年来,我同妇女法律教育与行动基金这个组织合作,参与到许多诉讼中,现在加拿大的最高法院已经采纳了我的平等理论。这一理论路径从加拿大传播至南非,现在已经被用于许多国际环境中。《保护女性免于暴力法案》(Violence Against Women Act)也主要是我的主意,虽然是由其他人发动、起草并且支持的,但这部法案也得到了一个广泛联盟的支持。在国际舞台上,我为波斯尼亚和克罗地亚的妇女设计并且提出了一项法律诉讼,控诉塞族力量在波斯尼亚的种族屠杀中对她们的强奸。根据1993年的《外国人侵权诉求法》,我们还提起了针对拉多万·卡拉季奇的民事诉讼,控诉在种族屠杀中的强奸以及在战争中的强奸和作为酷刑的强奸。我们提起了对抗种族强奸的法律诉求,并且在2000年赢得了审判。我还同国际法庭就强奸法理学进行合作研究。还有其他不少工作在进行中,现在是保密的。

哈克尼:现在,我很有兴趣想要知道,《保护女性免于暴力法案》的理念是什么。但是,在这之前,当我浏览你的简历时,我发现一处很有意思的地方:从很早开始,你都对加拿大保持着特别的关注。从政治上讲,对于你所相信可以在实际上推动女性利益的路径,加拿大看起来并没有特别敌意的法律和政治环境,至少相对于美国而言是如此。

麦金农:我之所以在加拿大工作,是因为他们邀请我过去。但是确如你所言,所有的文化都以它们自己的方式去敌视女性平等,也确实如此,美国当下存在着一些在加拿大证明没有的歧视女性的方式。

哈克尼:你能给我讲一下《保护女性免于暴力法案》的基本理念吗?

麦金农：根据这一新法案，由性别所激发的暴力是一种性别歧视，受害人可以在联邦法院提起民事诉讼。在莫里森（Morrison）案中，联邦最高法院认定国会无权通过这部法律，我认为这一判决是错误的。

哈克尼：你当下的兴趣点之一，就是将人权作为一种工具，向一般意义上的性别宰制发起攻击。在前面，我们讨论了美国的法律和政治领域无法摆脱个人本位的误区。当我阅读你的人权论著时，那里面看起来包含着一种更有希望的情感。读者会产生这样一种感觉，在全球范围内确实存在着这样一组工具，虽然它们并不完美，但看起来更契合这一议题，同时若运用得当，则可以推进女性平权的进步，其范围将大大超过美国国内政治所能给予的空间。

麦金农：这么说确有一定道理。在观察女性到底需要什么这种现实问题上，国际秩序要比美国政治更有回应性，动作也更迅速。

哈克尼：当前女性对国际非政府组织的关注，是否有可能发挥20世纪70年代女性团体在美国国内所发挥的作用？

麦金农：是的，这里有关联，虽然在上述两种情形中，我们一方面既在政府组织内工作，另一方面又在对抗政府组织。但又不仅如此，同此前工作相联系的还涉及客观性以及男性所说的客观性问题。显而易见的是，当掌权的男性说要保持客观性时，他们的意思就是他们并不认同这个人：他同他们看起来不一样，说话也不一样，崇拜不同的上帝。如果我们说，他旁边的男人侵犯了他旁边的女人，他就不可能看得出来，因为他认同身边的这个男性，认为他们看起来是一样的，因此就会接受其他的借口，无论是文化分裂还是"男人总归是男人嘛"。而国际的视野就赋予了那种可以增进认知清晰度的空间距离，所以他们就可以看清楚他正在做的事情的本身意义。而且男性也无法施以报复,因为他鞭长莫及,这很可能也有所帮助。

哈克尼:所以说,理解上述境况的一种方式就是认为,国家代表着个体男性的目标,而国际法则是一种刺穿国家之外饰的方法,回到我们此前关于国家的讨论,以此方式去致力于对抗宰制。

麦金农:国际法并不会大范围地刺穿国家的外饰,但是也许会刺穿一些。太多的时候,男性就是会有一种相互之间的认同,而且他们彼此间最为认同的一点就是他们就是国家。因此国际法未必能帮上什么忙。但是,在国际层面确实也存在一种可能性——因为站得远,所以可以看清楚正在发生些什么,这种可能性虽然很小,但却意义重大。

哈克尼:但是,这样说来就出现了一种有趣的趋同。我们在国内意义上所运用的公与私之间的区别,在国际层面上也同样被利用起来,以此划分出什么是私和什么是公。这就是主权之用意。你想要保护你自己的主权和私领域。

麦金农:是的,这是相同的难题。而且,即便对于男性而言,现在也愈发清晰地看到,在国际层面上主权面临着真正的难题。在"9·11"事件上,它根本不起作用。恐怖袭击者并不是一个国家。他们是非国家的行动者,来自于一直以来都在侵犯女性的民族。现在,大门已经打开,我们可以发现,国家边界并不必定是对外保护人民免于外部攻击的界线,也未必是对内识别内部攻击之严重程度的界线,就好像国家边界一直以来同女性受侵犯的问题并无关联一样。"9·11"事件以及此后发生的事情,已经使人们开始质疑大量此类的国家职能,这种质疑会以某种方式对女性有利。

哈克尼:质疑国家这个概念,即便短期看可能会助长好战分子的声望,但长远看可能会有有益的效应。

麦金农:我可以有把握地说,这会招致许多有害的结果,但是我也认为,正如在事情真正出现问题的许多场合内,机会也会随之出现。万事都有好的一面。

哈克尼:国际意义上的人权确实有别于美国国内政治。人权至少已经对经济正义和权利表示点头致意,而就美国的宪法政治而言,经济正义是完全不在议程上的。你提出了一个很精彩的观点,这就是女性关于人权的视角确实改变了权利的序列,男性的权利序列是"私人的—政治的—经济的—团体的",而现在转换为"团体的—经济的—私人的—政治的—民事的"。关于经济权利,我们不能忘记在美国并没有相关的话语,但在人权领域内,经济权利确定已经加入进来。

麦金农:我的一些同事很关注免于匮乏的自由,他们已经观察到这种自由是如何被建构进入国际法律结构的。所以关于这一问题多少有些讨论,但你确实很正确地指出这种讨论是非常稀缺的。

哈克尼:让我们花些时间去思考当下存在的其他法律理论,将它们带回到其语境中。批判种族女性主义(critical race feminism)在影响力上看起来与日俱增。关于这个题目,目前至少已有两本文集。

麦金农:这是精彩的文献,始终保持着原创性,而且富有启发。

哈克尼:在你的工作与批判种族女性主义之间,你看到有什么关联或者张力吗?

麦金农：关联是深远的。我们在以相同的方式去做相同的工作，而且一直以来都是如此。如果作品是准确的，就完全没有你讲的紧张。

哈克尼：法经济学，或者是我所界定的法律与新古典经济学，在法律理论的场景内可以说是独占鳌头。按照加里·贝克的说法，在那些我们一度不能想象存在经济维度的领域内，比如在家庭、收养和性态领域，现在都有了法经济学的介入。法经济学显然也存在你在讨论古典自由主义理论进路时所指出的缺陷，但是它也以一种有趣的方式展示出了经济领域的普遍存在。

麦金农：我从法经济学那里学到很多。我经常会发现法经济学很有启发，并且在同法经济学的学者和学说的互动中收获许多。当然，法经济学的许多预设、理论基础和标准，我一点儿都不同意，但是我仍从法经济学中受益良多。我尤其认同他们的这一追求，就是要努力弄清楚正在真实发生的现象。有些时候，法经济学者会过于拘泥于他们用以描述现实的模型，但是他们确实想要弄清楚现实。除此之外，正如你所说，此前很多只能以情感概念加以分析的领域，现在法经济学者投射上物质和经济的维度。

哈克尼：你是否曾与理查德·波斯纳有过交流？

麦金农：哦，是这样的。曾有大约七年的时间，我在芝加哥大学做长期访问，那个时候我可以经常见到他。我曾与波斯纳有过非常多的交流，当然也包括那些将法经济学适用于我们共同感兴趣的议题的学者。

哈克尼：法经济学有一个很有趣的现象，而我认为人们并未给以持之以恒的关注,这就是法经济学的第二代学者事实上要比第一代学者在方法论上更开放,所以现在的法经济学并不全都是理性选择说。现在此领域内有着大量的认识行为研究。

麦金农:凯斯·桑斯坦近期所完成的认识行为研究,还有其他学者在这一领域内的研究,都是极为有趣的。它确实超越了理性选择说。

哈克尼:是的,如果说我们的目标就是要弄清楚现实中正在发生什么,那么就这一工作而言,认识行为的文献确实比理性选择模型做得更好,甚至连经济学家都承认这一点。在你的作品中有一个反复出现的有趣主题,这就是批判自命为科学的伪装——无论是马克思主义某个特定流派的伪装,还是自由主义理论的伪装。我相信,同样的批评也可以适用于法律与新古典经济学的理论预设。它们同客观性的概念捆绑在一起,而正如你先前所指出的,客观性这个概念经常是为了服务于这样一种目的,即认可某种基于现状的分配。因此,这种观念认为,如果你运用任何被归类为主观的方法论,那么你所做的任何事情都不可能是科学的,传统的科学观就是客观的,是对主观性的脱离。关于观察和客观性,存在着一种非常男权中心的观念。我们在此可以主张,科学是实现宰制的核心工具之一。康奈尔·韦斯特(Cornel West)在讨论种族范畴和种族主义是如何形成时,也回到了种族概念是如何被科学化的以及种族分类是如何固化的问题上。如果看西方的智识史,可以看到在宰制和科学之间的一种结合。在你的写作中,随处可见的是对这类科学观念的指涉,以及它们在现实中是如何运作的。

麦金农：《走向女性主义的国家理论》，就是一次对此理念的直接清算和系统攻击。人们总是会认为，当他们在建议或论证某议题时，他们是站在真空中的，但是我所要问的是他们站在何处。无立场性（point-of-viewless-ness）是一种正当化的机制。掩盖着你的决定因素，也就提升了你的立场。

哈克尼：这是一种经典的笛卡尔哲学观，"我思，故我在"。而我是抽离的。在进行我的访谈项目过程中，我观察到的现象之一就是，在20世纪70年代和80年代，法学界出现了后现实主义时代的法学理论的复兴，此期间的这代学者有着真正的大视野和大观念，在学界内外获得了广泛的接受。从我作为智识史学者的视角来看，那是法学理论的大时代，而今天举目望去，我可以看到的只是通过与日俱增的专业化而向大学模式接轨的法学院。我们从教员雇佣的决策上就可以看到这一点。现如今，如果没有拿到哲学博士学位（PhD），那么在精英法学院内求得一席教职几乎是不可能的。法学的专业化程度越来越高。

麦金农：大多数我跟随学习的教授都没有哲学博士学位。我甚至想不起来他们中间有谁获得了博士学位。

哈克尼：确实如此。所以说，如果你去看波斯纳、卡拉布雷西那些人，他们都没有博士学位。但是现在，哲学博士学位看起来已经是一个必要条件。可以想见，这已经妨碍了学者在彼此之间互动的能力，因为学者的专业化程度是如此之深，所以相互之间已经没有了交集。

麦金农：他们本应是专业化的。但从某种意义上讲，这些人反而不那么专业化，因为他们知道某些法律以外的事情。法经济学虽然极其狭窄，但还是拓宽了法律。即便这些拥有博士学位的学者是非常专业化的，但他们还是为法律带来了许多此前并不存在的新东西，这是一种同专业化背道而驰的牵引力。

哈克尼：这里还有一个问题，这就是法律内的通才是否还能理解这专家的一代，就像他们可以理解上一代学者那样。每一个人都能够读懂波斯纳和卡拉布雷西的法经济学作品。而专业化程度的与日俱增，看起来会制造更多的难题，因为法学者正在运用日益复杂的技术，这使得他们只能与同行专家进行交流，但是请问，一位侵权法教授，他没有经济学的背景，而出身于批判理论，他是否可能理解他的经济学同事的技术化著述，虽然他们的办公室可能是门对门？反之，这位法经济学教授能否理解侵权法同事基于批判理论的作品？

麦金农：这是真实情况，而它还意味着只有专家才有资格去评价同行的作品。但是，这也提出了一个问题，法律学术的使命应当是什么？什么是法学界应孜孜以求的目标？

哈克尼：那么，你认为应当是什么？

麦金农：这目标曾经同实践保持着一种直接关系。现在看来，那些在他们生命中有此信仰，并且以此作为他们工作的主要部分的学者，基本上是上一代的前辈了。在我们这一代，我们中间有些学者——特别是女性、有色人种、国际法律师——也有相同的信仰。而接下来的这代学者，他们看起来并不追求理解法律的真正实践，而是更依附于其他的学术领域。而随着学者的学术资质越来越高，我们正在失去的或者正在流失的，是学者同真实世界和法律实践之间的关系。

哈克尼：你正在思考着法律的实践，同样也思考法律的政策意义。

麦金农：确实如此。当我说思考实践时，我希望不止是写作报刊的专栏文章，或者在你自己的象牙塔内高谈阔论。我所指的是，要真实地涉足现实的法律工作，评价实践者的行为，保证你的教学是在为学生投身实践工作而做好准备，因为我们的大多数学生将来都会从事法律执业。法学人士今天所做的工作，往往同法律实践渐行渐远，而实践者也在拒斥理论，他们甚至并不希望同学界人士打交道。

哈克尼：这很有意思，因为如果我们去看法学院以外的整个大学，风行的口号就是可转化研究的理念。因此整个大学正在走向实践，而我们正在脱离实践。或许未来某个时刻，可以出现某种交汇。

麦金农：那些老一辈的学者，若是按照今天的教职资格标准，他们永远无法在法学界谋得一席之地，但他们都是真正的领袖——伯克·马歇尔或汤姆·爱默生。我从他们那里真正学到的是，我亲眼看到他们在实践着法律。他们的教学也因此变得更卓越，而他们所参与的那部分世界也因此更美好。现如今，法学院的大多数教员并没有参与法律实践。而在医学院，你永远无法摆脱实践。

哈克尼：事实上，实践还可能成为一种取消资格的元素。

麦金农：有些地方确实如此，虽然有些地方看重实践，比如密歇根法学院有些时候就如此。但大量的精英法学院并不如此。法学院内还有一些人物，比如艾丽娜·卡根（哈佛法学院的院长），他们尊重实践，他们对真实世界有感知，他们将法律视为一种实践的事业。

07

后现代法律理论
杜希拉·康奈尔

受访人:杜希拉·康奈尔

杜希拉·康奈尔是罗格斯大学的政治科学、女性主义以及比较文学的教授,同时也是南非开普敦大学习惯法、本土理念和尊严法理学的国家研究基金教授。康奈尔教授是卓越的后现代主义和女性主义理论家。她在将欧陆理论家,特别是德里达,介绍到美国学界中起到了重要作用。康奈尔教授还对罗尔斯的康德建构主义理论有过非常深入的探讨。她已经出版了一系列书籍,包括《超越和解》(*Beyond Accommodation*)(1991, new ed. 1999),《极限的哲学》(*The Philosophy of the Limit*)(1992),《转变》(*Transformations*)(1993),《想象性领域》(*The Imaginary Domain*)(1995),《自由的核心》(*At the Heart of Freedom*)(1998),《正当事业》(*Just Cause*)(2000),《在女性和代际之间》(*Between Women and Generations*)(2002),《为理念辩护》(*Defending Ideals*)(2004),《自由的道德形象》(*Moral Images of Freedom*)(2008),《克林特·伊斯特伍德和美国男性气质问题》(*Clint Eastwood and Issues of American Masculinity*)(2009)。她最新的著作是《新人性的象征形式》(*Symbolic Forms for a New Humanity*)(2010,与 Kenneth Panfillo 合著)。除了学术著作之外,康奈尔教授也积极投身于政治行动。她还曾经是一名工会组织者。

哈克尼：首先，你能简单地介绍一下你的本科教育吗？是哲学和数学吧？

康奈尔：我是在1968年开始进入本科学院的。那时候，我已经是一个政治上的激进分子，因为我在高中的时候就已经开始参与民权运动了。事实上，15岁的时候，我就自愿申请了一所黑人高中学校。我的第一所大学是斯克里普斯学院（Scripps College），那时，那里还在为开设一项黑人研究的项目而斗争，而我很快就卷入其中。我对斯克里普斯学院里的白人特权的气氛感到厌恶，于是我在那个夏天转学到了伯克利。在那段时间，我开始非常严肃地阅读德国理论家（康德、黑格尔和马克思）的著作，所以我下决心去德国做研究，然后在那个秋季学期在欧洲旅行。我最终参加了可能是20世纪最伟大的黑格尔主义者之一——米歇尔·特尤内森——的系列讲座。在那之后，我转学到斯坦福，在那里我再一次深度参与了学生运动。1970年，美国政府入侵柬埔寨，而在那一年的春季，几乎所有的学生都在抗议。从那时起，我参与了一个叫做"我们必胜"（Venceremos）的组织，这个组织和黑豹党人①有着密切的联系。所以我反战的政治倾向再一次和黑人权力结合

---

① 黑豹党是一个由非裔美国人组成的社会主义革命组织，在20世纪六七十年代的民权运动中极为活跃。——译者注

在一起。这或许是命中注定的:我将成为一个支持黑人权力的白人。在一次非法的准许搜查中,我和其他许多学生一起被斯坦福停学;当时,还在纽约大学法学院任教的唐尼·阿姆斯特丹教授对这项搜查令提出了挑战。六年后,我回到了大学,这一次是安提亚克学院(Antioch College),学习哲学和数学。而在进入安提亚克学院之前,我仍然是"我们必胜"的成员之一,仍然去工厂工作,而且更深地卷入了电子工业的工会组织。当我丈夫去纽约上研究生院的时候,我仍然是一个工会的组织者。那段时间里,我一直在工会,在社区群体,在左翼中工作。我之所以回顾这一段历史,是因为我有一段非常特别的本科学业:我不仅仅将它用于研究康德、黑格尔和数学,而且试图实现马克思的根本主张,那就是哲学不应当仅仅用于研究世界,而且应当用于改变世界。

哈克尼: 你的哲学研究在什么程度上影响了你在工会、政治等领域的积极行动主义,而你的积极行动主义又在什么程度上影响了你的研究,或者你对待思想的方式?

康奈尔: 哲学以两种方式影响了我在工会和政治上的积极行动主义。首先,因为我的信仰始于康德的德国理想主义,我深信我们可以争取我们的自由,而且我们可以集体性地努力追求类似于社会主义的东西,即使并非理想型的社会主义。我的康德主义使得我有一种理性的信仰,那就是人类能够道德性地行动。当然,即使在激进政治中,许多活跃分子也完全不顾道德的约束。即使是左翼,许多活跃分子也仍然是可憎的种族主义者。但是康德教导我们,即使是可憎的种族主义者——康德自身也是一位种族主义者——仍然有能力克服它,而且与其他人一起走向目的的王国(Kingdom of Ends)。如果你能和我一起道德性地行动,而且如果我意识到你的尊严,就像你认识到我的尊严那样,那么我们就能够一起为自身立法,为实现在目的王国的共同和谐生活而努力。如果一个人对于康德的理解是宽泛的,是为了保护道德行为的可能性,那么就有足够的理由相信,他有可能使得世界变得越来越正义。而你有责任去实现它——就是你,不是其他人。我认为正义有可能实现,这还和康德对于我的生活和工作的影响相关。康德认为,如果一个人能够根据他的正义观念而行动,并且不离不弃,那么这个道德法则就不会消失,而且我们努力约束自己并使得自己符合目的王国的可能性也就不会消失。我感觉,对于某种康德主义来说,参与民权运动是一个必然的选项,因为那里有很多人被当做有尊严的个体得到对待。这项运动是任何道德上有责任的个体都应当参与的事业,而这也是我参与其中的原因。我最初转向黑格尔是因为早期遇到的异性,以及与他们的对话。我对我的约会对象读黑格尔,试图说服他们:作为伦理上的人,比起在电影院中荒诞地擦身而过,"他我即是主我"(me that is I)和"主我即是他我"(I that is me)是一种更加值得生活的方式。而我的祖母是一位印刷工,她将黑格尔早期手稿制作成漂亮的装订本送给我。所以,当一个男人在和我的约会中举止不当时,他将得到的是一份漂亮的黑格尔手稿的装订本。我之所以转向黑格尔,是因为我在康德那里看到的不是个人主义,而是一种抽象的道德自我,这种道德自我无视我作为女性这一生活事实。所以黑格尔开始成为我的女性主义基础,以及我早期约会经历的基础。那时我并不是一位德国理想主义者,想着成为职业哲学家。但德国理想主义深刻地影响了我的日常生活。我那时还不知道有谁还在阅读康德或黑格尔。查尔斯·狄更斯在我的高中图书馆里是被禁止的,因为他太激进了。所以我当时并不知道这些人是著名的德国哲学家。就像出色的女权主义者莎拉·鲁迪克所说的,这些人是"我的兄弟们"。这些人是我在遇到生活问题和我难以解决问题时会求助的人。

哈克尼:嗯,你最初是如何发现他们的?

康奈尔:我哥哥进入大学的时候,他选修了斯坦福的"人文101"(Humanities 101)这门课,并且带回了一份阅读清单,我就向我祖母说,我希望能够拿到这些书。我开始喜欢上他们。当我在约会的时候,发现康德还不够。我需要另外的帮助。我曾经尝试过多次求助康德,但你能想象康德的回答:"乔,道德律令!"要理解为什么乔没有遇到伦理问题,我需要更深入地理解伦理。所以我想,好吧,我需要黑格尔,所以我开始阅读他的早期手稿以及《精神现象学》,然后我很快就着迷了。

哈克尼:你最终去了加州大学洛杉矶分校法学院。你和那边有什么关系吗?是不是因为组织工会和劳动法?

康奈尔:是的,非常相关。我在年轻的时候希望成为一名诗人。实际上,在我还小的时候,可能是八岁或九岁的时候,我就出版了一些诗歌。但是,诗歌无法挣钱。所以我想,我可以成为一名翻译波兰革命女诗人诗歌的翻译家。所以我开始加强波兰语学习。这是我一生中比较现实的行动之一。当然,我一直认定,我是积极左翼的成员。在我还小的时候,左翼就让我感受到,我可以变得多么有力量。我没有想过要成为传统意义上的学者,如果说成为学者,我只能想象是在一所工人大学或类似机构里进行教学。但后来,在一次工会组织遭到巨大挫折之后，我开始进入法学院。1976年，我当时为电子工人工会（United Electrical Works）工作，而我们工会的所有努力都遭到了美国运输工会（Teamsters）的干扰，因为美国运输工会和雇主之间达成了甜心协议①（sweetheart agreements）。当然，这些都是陈年往事了，如今，产业工人阶级的政治力量大为削弱，成员数量急剧减少。当时，在美国运输工会签订甜心协议后，我说服了电子工人工会与运输工会进行斗争。那时，新泽西哈肯萨克的运输工会成员都是黑手党，除了我之外，没有人觉得与他们斗争是好主意。但如果你是一个康德主义/黑格尔主义的理想主义者，没有理由将黑手党流氓和道德律令割裂开来，你永远都不能放弃。事实上，我的轮胎被割，我的车窗被砸，而且我还收到了死亡威胁。有一天，我走到两位运输工会的小流氓面前，对他们说："作为人，你们不知道自己是谁。但是，我相信你们，我相信你们可以找到你们的道德的一面，实现真正的自由。"我想，如果他们当时不是惊呆了，或者如果我是个男人，我可能已经被打死了。但他们没拿我怎么样，反而对我说——我实在不愿意现在在这里引用它们，因为它们现在已经成了畅销书标题了——"小姑娘，你是从金星来的吗？"最终，我一直待在那里，但都没有获得电子工人工会的支持，而我们最终也无法打败运输工会。我返回了加利福尼亚。这是对我的一次巨大打击，因为在那一时刻，我意识到坏人的确可能会赢——即使你完全站在正义的一方。我返回加利福尼亚，并且下定决心：好吧，我要成为一名诗人和一名劳动法律师。当时，我还申请了一项名声显

---

① 所谓甜心协议，一般指的是工会同雇主私下签订的有利于雇主的协议。——译者注

149 赫的哲学博士（PhD）项目，也被录取了，我用了德鲁（Dru）这个名字申请，让他们误认为我是个男的。但最终我还是退缩了。我有可能成为一个数学家，但我还是选了劳动法律师/诗人的道路。

哈克尼：加州大学洛杉矶分校法学院是一个智识上充满生气的地方吗？那里是不是有特别多的理论辩论？

康奈尔：那里第一年就有一个绝食行动，为拉丁美裔和黑人学生的平权行动辩护。同时，我在全国律师公会（Lawyers Guild）中也非常活跃。我在1978年到1981年进入法学院。那是批判法学研究的鼎盛时期，我开始跟随理查德·阿贝尔、斯蒂芬·谢夫林以及里昂·莱特温做研究，当时他们都是我的老师。我们成立了一个批判法学研究的小组。对我来说，我的法学院生涯是和批判法学研究小组以及全国律师公会联系在一起的，在那里，教授和学生一起研究许多有趣的项目。我后来一直和这其中的许多教授和学生保持联系。对我来说，那是智识上非常有收获的一段时间。

哈克尼：你在哲学上所学到的东西和批派当时讨论的东西有联系吗？当我和邓肯·肯尼迪讨论的时候，他对法国思想要比对德国思想更感兴趣。

康奈尔：法国思想和德国思想并不像有些思想家所认为的那样不同。在《自由的道德形象》中，我试图澄清这一点。这里的关键是，我是一个批判的理想主义者。尽管在我的生命中，我曾经通过与法国思想对话而改变许多理念，但我从来没有放弃成为一个批判的理想主义者。事实上，邓肯和其他批派学者非常接近美国的法律现实主义传统。我认为，他们可能和法国激进思潮倒没有那么接近。我要强调法国思想和德国思想的联系:埃德蒙·胡塞尔和马丁·海德格尔非常接近;而胡塞尔是一位德国人,他的主要交流对象是早期的德里达,而德里达是一名阿尔及利亚的法语思想家。所以从某些方面来说,有些批派将法国传统和德国传统区分开来,其实犯了历史主义的错误。这两项传统是内在相连的。你如果不理解胡塞尔,你就不可能懂得海德格尔;而你不理解这两人,你就不能理解德里达;你不理解尼采这个德国人,你就不能理解福柯。就像我在著作中说的,因为美国没有阅读的文化,哲学的丰富历史在美国丢失了,这很令人遗憾。人们不肯花时间去学习德文,去学习两个传统之间的联系。我在政治上和批派卷入得很深,但在智识上,我对批派理论有非常不同的理解。对于"批判"(critical)这个词,我和批判法律运动的许多学者有非常不同的观点:它并不意味着批评(critique),相反,它意味着福柯意义上的批判。康德的批判理想主义(critical idealism)意味着,理性不是无限的,必须有想象性的开放空间,以便你和我可以一起不同地想象我们自身和我们的世界,想象某种新的符号化(re-symbolization)可能可以改变我们的现实处境。

哈克尼:你是直接从加州大学洛杉矶分校到了卡多佐法学院,还是中间有过渡?

康奈尔:有过渡。我为一位出色的法官,第九巡回区上诉法院的沃伦·弗格森法官,做过法官助理。他教会了我如何最好地把理论和现实的法律情形结合在一起。他是一位真正视野开阔、有责任心的法官,即使所有的法律似乎都不利于一方,他也会在一个决定中聆听辩论,判断什么才是最正当的。在做完法官助理后,我去了宾夕法尼亚大学,从1982年到1987年我都在那里教学,在这之后,我去了卡多佐法学院。

哈克尼:卡多佐法学院有一系列关于解构和德里达正义理论的著名会议。你能讲讲它们是如何组织的吗?显然它们在美国思想史上是一个重要时刻。你们是怎么做的呢?那时候的环境如何?

康奈尔:前面你问到关于德国理想主义和法国思想传统的关系,还有这些传统为何被视为对立的——我认为将康德和德里达割裂开来是完全错误的。在我的第二本书中,我将解构重新命名为"极限的哲学",和康德关于理性的极限相呼应。当我遇到德里达的时候,我还在写这本书。我想,美国当时接受他的著作是为了完全拒绝正义观念的可能性。所以我希望通过组织一个名为"解构与正义的**可能性**"——而不是"解构与正义的**不可能性**"——的会议,来改变在我看来是特别线性和简化的思想史。这个会议源于这样一个问题,那就是批判法学运动在美国这个学术传统中处于什么地位,而我们又如何可能以一种更丰富和复杂的方式来看待德国和法国传统。我们不仅组织了关于德里达的两场著名会议,而且还组织了关于哈贝马斯著作的会议和卢曼著作的会议。哈贝马斯显然源自于德国理想主义传统,但是卢曼则来自于法国现象学的传统——即使他是一名德国社会学家。而且我还组织了一个小型的关于约翰·罗尔斯著作的会议。所有这些会议的要点是,在批判法学运动中,我们倾向于将罗尔斯说成是甲(一个简单的指示符),将德里达说成是乙(一个简单的指示符)。我们没有分析这些思想家的生命力,而他们其实有可能为批判性思维打开了新的空间。这些会议努力将那些不可能聚在一起的人聚在一起,共同讨论这些议题,以便发展起我们关于"批判"和"批评"这两个词语的更丰富内涵。

哈克尼:好的,让我们从解构开始吧。我对你说的话的理解是,为了寻求一种可以"运转"的理论,你必须考虑之前那些被认为是孤立的部分,即使那在历史意义上或理论意义上是错误的,因为每部分可以解释谜底的不同部分。如果是这样,那么在你看来,解构为理论带来什么影响呢?

康奈尔:当我将解构命名为极限哲学的时候,我阅读德里达的方式是,他给哲学带来了两样东西。第一,我对德里达的解读反对一种哲学倾向,这种倾向将解构视为语言学的证明何谓不可能。对于德里达的这种解读倾向使得邓肯·肯尼迪等人认为,存在着一种他称之为"根本性矛盾"(fundamental contradiction)的东西。这是一种本体论的陈述,或者是一种人性的观点。但你怎么知道呢?你怎么知道你到达了那个据说是人性根本矛盾的地方呢?在某种意义上,德里达的全部作品都在告诉我们,做出这种陈述是不可能的。所以我对德里达的解读和某些读者对他的解读完全相反。他显然不可能做出这样的陈述:人性当中具有某种根本性的矛盾;因为这是一个本体论的陈述。在德里达那里,本体论的"和伦理无关"陈述实际上已经被解构了。在批判法学最后的日子里,有些批派用德里达来反对某些理念,例如正义,这在某种意义上造成了政治和法律上的瘫痪。至少在 20 世纪 90 年代早期,德里达著作的第二个重要方面在于他对于女性角色作为他者的着迷。在我的第一本书,《超越和解》中,我对此进行了讨论。德里达给我带来的是一种关注女性他者和他者作为女性化的激进女性主义

152 政治。这种反对他者化的斗争成为了一种不仅仅关于女性平等的女性主义政治——而且也关乎生命各个方面的政治。所以在某种意义上,女性主义被激进化了,而且其激进化的方式更加具有哲学融贯性。为了说明我的意思,我可能需要举个例子。我曾经和美国北部的穆斯林群体一起,卷入了许多支持穆斯林男性的工作。这些穆斯林男性尽管是合法居民,但他们在2003年被迫重新登记。对于我而言,这是一种女性主义政治,因为这些男性被转换为了一种被刻板印象化和不具有个人观点的他者。

哈克尼:现在我们回顾一下我们开头对话中提到的"解构和正义"。你认为正义要素实际上是位于每个个体中的道德中心,因为你的著作中从来没有任何关于"正义"的定义;而在诸如罗尔斯的著作中,存在着一种我们可以将个人隔离出来的理想的正义理论。罗尔斯推演出正义原则,而你从来没有那样做。你有特定的例子,何种正义在某种特定情境下意味着什么。但除了某种个人自治、想象性领域(imaginary domain)等理念外,你从来没有一种理念化的正义规则。

康奈尔:我可能不太同意你对我著作的解读。我实际上是有一个正义的理念的:"根据每个人的能力要求她,根据每个人的行为给予她(from each according to her ability, to each according to her needs)"。我会引以为荣地说,我是社会主义者。而且我认为社会主义是从伦理理念开始的;伟大的德国哲学家恩斯特·布洛赫对此有过出色的论证,法兰克福学派的思想家也一直捍卫这一理念。在《为理念辩护》一书中,我认为,阿玛蒂亚·森的经济学理论实际上是建立在这种理念之上的。我指出,森比罗尔斯更接近这种"根据每个人的能力要求她,根据每个人的行为给予她"的理念。关于想象性领域,它意味着介入某个时刻极具争议性领域的美学观:它能够一方面支持女性和男性、同性恋和异性恋的平等,但同时又支持另一种思考平等或自由的方式:平等和自由,性选择及自由和平等并不矛盾。这些矛盾来自于女性主义内部对色情和性骚扰议题的争论。正是为了回应在女性主义内部的看似不可避免的冲突,我发展出了一种美学理念,这里的美学是康德意义上的,所谓美学理念就是一种致力于配置理性观念的设想。在那本书中,我还指出,这代表了罗尔斯无知之幕的哲学状态。如果你将社会主义理解为一种伦理观念,你就不可能像列宁那样将其简单化为标语——国有化、现代化和工业化,因为这是一种伦理理念。但这并不意味着你不关心制度性的一面。

哈克尼:很有趣的是,在思考罗尔斯的时候,很多女性主义者是非常批判罗尔斯、罗尔斯的无知之幕以及将其他一切剔除的观念的。但是你重新调转或重新解读了罗尔斯以及他的无知之幕的观念,还通过把他和女性主义理论联系起来,使得它成为你的理论进路的核心。你是什么时候开始认真对待罗尔斯并且建立这种联系的?

康奈尔:从某些方面来说,罗尔斯是美国20世纪最伟大的康德主义思想家——其他人根本无法望其项背。他在美国复活了康德。我在罗尔斯最康德主义的80年代开始阅读他,然后很自然地被他吸引了。我开始通过康德来思考《正义论》。我还参与了罗纳德·德沃金以及托马斯·内格尔在纽约大学的研讨班,曾有一次见到罗尔斯,并和他进行了讨论。这是我一生中在智识上最荣幸的事情。他来卡多佐法学院演讲,因为我们开了一个关于他的著作的小型研讨会。罗尔斯确实是一个思想家,和他一起参与这些会议的最令人着迷的事情是,这意味着同他一道思考那些最伟大的思想:《正义论》是否再现了作为道德个体的我们？无知之幕是否努力体现本我(noumenal self)？康德告诉我们——这是很重要的一点——你不能直接体现本我；在理念的层面,本我也不独立于其他理念他者。所以无知之幕不仅代表了本我,而且代表了作为目的王国的理想立法成员的我们。罗尔斯希望深入地分析这种本我可能意味着什么。当你在那个层面进行思考的时候,一个问题是,在无知之幕之下,你是否太屈从于经济理性(rationality),而非理性(reasonable)了？因为那将会导致某一时刻对于自我利益的算计,而这和与他者接触的被再现为本我的理念,和其中的本我,以及和目的王国中的立法成员都存在冲突。所以我和罗尔斯讨论的一系列焦点是,他的正义理论如何秉承康德理念主义,作为人类,我们能在多大程度上作为理性的本我超越自我利益？

154　　**哈克尼**：你对于罗尔斯从《正义论》到《政治自由主义》的发展怎么看？

康奈尔：极为卓越。我想,卓越的主要原因是一样的:他是一个诚实且极为正直的人,他并没有放弃康德的建构主义——《政治自由主义》第三讲的内容正是康德建构主义。但在其他人还没有注意到时,他就已经开始关注一种基于本体论的自由主义,这种自由主义背后隐藏着黑格尔式的议题:"我们都成为自由主义"这里的"我们"是谁？我记得在内格尔和德沃金的研讨会上,我曾经思考:"我不是这个'我们'的一部分"。罗尔斯希望解决其中最大的一个悖论:自由主义的核心深刻地尊重人们对道路的自我选择,人们可以为他们自身立法,但人们却可能为他们立下非自由主义的法律。他们会说,这是我在行使我的自治。你怎么看？是否也像某个自由派那样感到困惑呢？这就是罗尔斯与哈贝马斯争论的一部分——罗尔斯说我们不能简单地排斥那些选择非自由生活的人。所以他开始重新思考自由主义对多元主义的承诺——而且不仅仅是作为50年代政治科学流派的多元主义,而是开始思考一种人们在一般性和复杂性观念上存在分歧,但却认可分歧的自由主义。因此,不存在一种为我们提供基础的历史性的、具有本体论基础的自由主义。它必须来自于对自由主义的政治的——或者我更倾向于认为是伦理的——理解。

哈克尼：这是宪政主义的整个思想。你在前面谈了德里达如何实际上激发或催生了一种女性主义理念。相对于那种平等的看法,那种你早先多次提到了局限性的"平等女权主义",你能谈一下你对女权主义政治的看法吗？你关于想象领域以及性化存在的讨论的确拓展了自由的理念,拓展到了同性恋的自由,而且可能对性别和阶级议题都有帮助,尽管它可能仍然以女权主义为中心。因此,它有更广阔的空间,而且使得我们可以超越那种老式、过时的二分法(例如黑人和白人,异性恋和同性恋)——以及所有僵化的区分。

康奈尔：我想再次强调这两点。第一是我借助德里达,但我同样借助拉康和西蒙·波伏娃来加深这种讨论。什么是女性主义政治？在某种意义上,女性主义政治是一种反抗所有不同形式的他者化的斗争,就像我前面提到的,这种他者化将他人视为不具有观点的人。所以,从定义上,你可以说,支持某个因为不具有绿卡而被刻板印象化的来自巴基斯坦的穆斯林男人是一种女性主义政治。对我来说,这就是女性主义政治。你不仅仅是为女性而斗争,你是在为那些被抹去个人观点的男性而斗争。这是一种对于同样被忽视的他者的责任。根据这种理解,女性主义和反种族主义斗争、和其他工人阶级的斗争,以及和那些处于极糟糕的被压迫地位的穆斯林男性的斗争就有机结合起来了。这是一种新形式的女性主义政治。当然,也有另一种形式的自由派女性主义,这种女性主义只是将自由观念视为没有束缚,包括在性的领域也是一样。我已经强烈地指出,这种没有束缚的观念对于女性主义是一种灾难,特别是对于女性来说,我们不能将自由理解为你想做什么就做什么,相反,我们应当通过想象领域来界定自由,将自由视为一种代表你的性别化存在的权利,只要这种权利并不贬低其他任何人。被同性恋所冒犯但仍然可以工作的异性恋和那些没有这种自由的同性恋之间的区别是,一个在康德意义上被贬低了,而另一个则没有,因为个人不再被视为一种价值的源泉,就像前面讨论德里达和拉康所说的一样。在康德意义上被贬低是否定其具有平等尊严的地位。当然,我也认为,存在一些精神上或象征意义上将女性气质埋没的法律,这些法律认为女性气质无法在人格或平等尊严的理念中找到位置。因此,我总是感到女性气质有必要回归到德里达或拉康。

如果你看我们关于公共领域的思考,并且认为它和我们作为性化的形象相互作用——就像拉康所说的,你永远无法避免——那么在我们不是简单选择我们的性别这一点上,凯瑟琳·麦金农显然是对的,而自由派女权主义者显然是错的。性别的象征和"母亲他者"被压抑的方式密切相关,而这就是我对色情的分析。我的意思是,为什么男人会观看一部女性被分尸然后被挂在天花板上的电影?我用拉康来分析为什么色情那么紧密地和男性化的异性恋的性态结合在一起。

但我还争论说,即使你不喜欢我对色情的拉康主义的分析,你仍然可以接受作为一个政治理念的想象性领域。不过,我仍然认为,我们需要一种话语,使得我们可以讨论那些我们认为无法言说的东西。为什么我们有关于年轻女人和老年男人结婚的数据,却从来没有老年妇女和年轻男人结婚的数据?这是因为世界就是这样运行的吗?不。我认为是时候对此进行分析了,而拉康主义则可以帮助我们做到这一点。母亲的身体是最为令人恐惧的身体,因为正是它可以带来生命,同时也因此可以带来死亡。妇女变得越强大,就变得越令人恐惧。所以你需要有一种 60 年代后期、70 年代早期的女性主义者所坚持的关于欲望的话语。但是你不希望这种话语走向性压抑。所以这很复杂。为什么没有那么多的男性来照顾小孩?是什么使得男人认为他有权利生了小孩但却不用承担这种责任?因为这是他的权利?或许这并不是因为这是他的"权利"。远离他的小孩是一种自由的行使吗?显然,这不是康德意义上的自由。康德意义上的自由总是讨论职责和责任。我觉得我们需要拥有一种可以界定自由女性主义中何谓权利的美学理念,也需要用一种精神分析来证明,不存在一种纯粹的公共领域。公共领域充斥着大量的阳具崇拜的形象,例如拥有权力意味着什么,成为一个男人意味着什么,这些阳具崇拜的形象都和公共领域如何表征自身具有密切关系。

156

哈克尼:当你思考麦金农的时候,你参加的政策讨论之一是关于性交易的。她将性交易视为包括色情的一系列问题中的一部分,而你却采取了一种非常不同的观点。你通过想象性领域和性化存在的视角来讨论。请你谈一下你和麦金农之间的区别,以及你的结论和她的结论有什么不同。

康奈尔：当我还是一位年轻教授的时候，麦金农和自由派女性主义者之间的争论非常激烈，而我拒绝支持任何一方。你曾经询问我的哲学和我的积极介入主义如何互动，我这里可以举一个例子。当我开始讨论色情的时候，我的第一印象是如何与色情工业和工会组织者取得联系。我希望能够接地气，而且我也的确接了地气。我和一位曾经的色情工业界的组织者欧娜·泽建立了关系。我希望听听她的故事。我希望听听她是如何看待组织工作的。这非常重要，如果你是女性主义者，相信他者不应被忽略，而且你又希望了解色情行业的话，你就需要沉下去，和那些色情行业界的人进行讨论。所以我开始找工会组织者，并且找到了她，采访了她。从1974年起，我就是一个性工作者工会的支持者。在那一年，对于性工作者是否应当组织工会，女性主义者之间有非常激烈的争论。在关于色情的讨论中，这场争论又开始重演。欧娜·泽在工会中和其他成员一起，解救那些在色情场所被迫不用避孕套进行性行为的年轻女孩或男孩。我认为，女性主义者应当或一直就应当这样。在我遇见欧娜·泽的时候，工会已经垮掉了。我们本来应当一直支持他们。所以显而易见的问题是：我应当接受欧娜·泽——这个曾经受过剧烈创伤和性方面伤害的人——来选择成为一个色情行业的工作者吗，因为这是她需要治疗她的创伤的方式吗？她曾经是一名非常成功的色情明星，其后，她开始从事性教育工作，最终成为了一名完全脱离色情业的性治疗者。同时，她也完全参与了整个工会运动。所以整个工会运动是代表她自身和色情工业工作者的。她痛恨麦金农的是，麦金农并不尊重她的创伤经历。麦金农会说："你已经失去了你的尊严，你是以一种没有尊严的方式在行动"——所以尊严和具有尊严在过去和现在都被混同了。欧娜·泽所希望的是女性主义者能认识到她的观点,并和她站在一边去获取一些勇气——而且不仅仅是道德勇气,还有一些身体上的勇气。当你接到一个电话说:"我希望你下来和我一起去将色情工业组织起来,我们要和黑手党去斗争",这时你必须得有一些身体上的勇气。显然,在某种意义上,色情工业已经不存在了,因为现在每个人都转战网络。所以你可能会说,那些她作为一个性治疗者曾经非常感兴趣的性工作者人群,现在都已经被雇佣关系所替代了。关于麦金农,我想说的是,我们需要尊重性工作者。就像我所说的,当我开始讨论色情业的时候,我首先希望探寻的是是否存在一个工会。有一些女性主义朋友告诉我,你不可能在色情工业找到一个工会来进行组织,但我的观点相反,我认为应当有一种组织性的努力。

哈克尼:在《道德的形象》中,你重新回到关于康德、德里达、罗尔斯和海德格尔以及其他人的相同主题上,然后你开始介绍恩斯特·卡西尔。我认为,他是一个象征主义的有趣代表,他和黑人存在主义思潮的联系也很有意思。你能把它们都结合起来吗?它们对你有何帮助?

康奈尔:是的,我在努力结合。事实上,我正在和肯·潘菲利奥一起合著一本书,这本书就是关于卡西尔如何看待语言作为象征性形式的,以及这对于理性、审美观甚至种族观意味着什么。使得卡西尔这么有趣的原因在于,他认为我们作为人类,其特征并非理性创造物,而是象征性创造物。这是一种非常激进的观念,因为动物也可能是象征性的创造物。因为我们是象征性的创造物,语言总是具有一种隐喻性的力量。在坚持隐喻是语言不可分割的一部分这一点上,他和保罗·利科非常相似,但因为他在隐喻和神话之间建立的联系,他比利科更为深刻。对于卡西尔而言,神话不是另一种形式的知识,它实际上是象征性本身的隐喻特质的一部分。这很重要,因为我们可以对我们的神话是什么进行自我反思,但我们永远不能简单地抛弃这种神话,代之以哈贝马斯所提倡的某种透明的理性对话。卡西尔对我关于南非的著作有非常重要的影响。为什么呢?简单地说,不能认为南非包含"传统"习惯和信仰的特殊生活方式是过时的,会被现代性所抛弃。对卡西尔而言,在神话和其他"传统"类型的生活方式中,具有另一种可以运转的理性,而不是在某一方面更低等的理性。在这个意义上,卡西尔自始至终都是一个多元主义者。如果我们沿着卡西尔的思路思考,这意味着我们需要认识到,我们不能认为只有某些非常复杂的世界观才可能是理性的,不同的人实际上生活在不同本体论的世界中。但这并不意味着我们不能理解彼此。沟通的可能性永远存在。但是,如果我们总是声称:"你的象征性世界过时了,你必须和现代性交流",那么你就永远不能理解对方,因为那样你就忽视了具有观点的他人。

这使得我们可以考虑问题的第二部分——前面提到的黑人存在主义。关于卡西尔的语言观念,有许多可以阐述的,肯和我希望将卡西尔、黑人存在主义与种族问题——种族问题使得我的书《自由的道德形象》更为深刻——联系起来。对于卡西尔来说,非常有趣的是,自我反思的一部分是对多元主义的承认——不是认为谁更为理性,谁更不理性,而是认为每个人的行动都基于一种深刻的理性。要认识到这一点,就必须认识到存在着其他观点,其他和你非常不同的观点。你必须进行学习和倾听。现在,弗兰兹·法农相信,帝国主义完全抹去了被殖民地的立场。可以看到两种观念是如何契合的。

哈克尼：黑人身份意味着什么？法农对于这一问题的论断是，有两个存在主义的选择。第一个是自我憎恨，将白人身份内在化(internalization)。第二个是武装反抗——在系统中被迫改变，根据法农的说法，在某种限定的政治现实下，只能通过武装反抗来完成。你之前提到去认识他者的必要，那么对此你怎么认为，武装反抗如何能够通向解放？应当通过什么样的方式，我们才能使得那些压迫别人的人严肃地对待这一信息？

康奈尔：你说法农主要有两个立场，这完全没错。但我想说，法农对此还有第三个立场。法农的第三个立场和卡西尔最为紧密相连——那就是黑人需要被重新象征化。而和这种重新象征化黑人的政治相联系的思想家是南非的斯蒂芬·毕科(Stephen Biko)。黑人的特征不再是皮肤。他成为了一种在殖民关系中被贬低和抛弃的伦理关系。所以人们通常会问，一个白人可以成为一个黑人吗？如果你拒绝某个既定社会中白人的政治特权，那么答案是完全肯定的。根据法农的说法，在政治关系中，伦理关系被摧毁是因为没有他者。那么在这种斗争中，你第一步就必须断言存在他者。但是，断言存在他者是为了伦理关系。所以这是一种重新象征化黑人意义的象征主义斗争，而且它联合白人，也联合混血人种(Coloureds)——如同在南非那样。黑人自觉是一个非常激进的概念，而且将一直非常激进。我女儿是一个毕科意义上的南非的具有黑人自觉的人——尽管她是拉丁裔的。在毕科那里，黑人已经成为一种重新象征所有遭受种族压迫和被贬低人性的人的政治和伦理运动。就像他所说的，这是伦理关系存在的唯一状态。

哈克尼：南非的这种政治和系统理念是不是你被吸引到南非,而非美国的一个原因?你觉得是否有办法在美国发扬这样理念?例如,马丁·路德·金的某些教导和民权运动似乎就和这些理念相关。你能否在政治和文化情境中确定其特质?

康奈尔：我是在 2001 年去的南非,那时,在两个方面,南非依然是希望的灯塔:那里可能存在真实的新自由资本主义之外的选项,以及那里也许可以使人们以非残酷内战的方式担负起道德责任。当然,真实的情况是,南非的确曾经存在过一场历时二十余年的残酷内战。在南非,并不存在任何神奇的过渡。和我的同龄人一样——我是唱着吉尔·斯科特-赫隆的歌《约翰内斯堡》长大的——为曼德拉的自由而斗争,为南非自由而斗争,是我生命的一部分。当我开始乌邦图[①]项目(uBuntu project)的时候,我开始明白,为什么黑人这样一个高度组织化、有活力的群体中的多数人会接受那些谈判——尽管白人几乎夺取了他们所有的土地。保守估计,1913 年的《赠地法案》(Land Grant Act)至少剥夺了黑人 87% 的土地。我相信实际的数字可能会更高——可能剥夺了 93.8% 的土地。这种掠夺的主要原因是什么?是因为当时新发现的金矿需要大量的工人。1886 年,南非发现了黄金。对于制造一种无产阶级而言,这种对土地的掠夺非常关键,这和马克思所讲的"超级剥削"(super-exploitation)非常接近。你至少可以从一种关于正义的观点来理解,这是不正当的致富和偷窃,而且所有这些土地都应当还回去。但是白人并没有在谈判的时候被赶出南非。显

[①] uBuntu,非洲南部祖鲁语或豪萨语,意为"人性""我的存在是因为大家的存在",是非洲传统的一种价值观。——译者注

然，如果新南非真的要建立一个新社会，必须要有某种程度的赔偿。因此，我不同意杰瑞米·沃尔德伦关于赔偿的观念。沃尔德伦声称，赔偿可能会剥夺那些无辜的有权拥有土地者的权利。在南非，可能任何人都难以为自己无辜的角色辩护。其次，沃尔德伦宣称赔偿是错误的，因为我们永远不知道那些拿走他们土地的人是否会有效地使用它们。我们不能忘记，在19世纪，作为农民的非洲人在东开普省和西开普省是如此有效率，以至于只有通过《赠地法案》以及整个英帝国的军队，他们才最终被挫败——在电影《祖鲁》(Zulu)中，就有对此非常著名的刻画。在他们被赶到金矿之前，他们一直都是农民，所以从历史的角度我们可以说，如果这些非洲农民不曾成功的话，那么英帝国的军队根本无需如此无情的暴力。如果考虑到354年以来的种族化资本主义，甚至仅仅考虑转型过程中的暴力，我们不禁要问，为什么大多数黑人接受了新的宪政分配？对我而言，一个可能的答案是乌邦图的伦理(ethic of uBuntu)，而这是导致我开始乌邦图项目的原因。

哈克尼：在人权领域，就存在着地方化视角和"普世化"视角两种并列的视角——当然，对于普世化可能存在不同的理解。关于源自西方的女性主义理念，人权领域一直存在争议。我知道，你的著作曾经讨论女性主义和世界不同地区人们生活之间的关系，以及承认他者与对话之间的关系。

康奈尔：这是另一个重要的问题。这些都是非常好的问题。我认为最重要的东西是谦卑。就像我在《自由的核心》中所讨论的，我想西方女性主义者常常把他们放在自由的位置上，认为当今的每一个女性都不自由。我的意思是，我对我女儿以及她这一代人抱有希望，但现在，所有女性都生活在不自由的状态中。这就是你的出发点。做出某种假设很容易，例如假设反抗某些自由观的人在某种程度上就是不自由的。我认为萨巴·穆罕默德关于埃及虔敬运动（Piety movement）的书对此有很出色的分析。对穆罕默德来说，任何在虔敬运动中为这些让我们感到疲惫的大问题而斗争的女性都是卓越的，即使她们对于这些问题的回答可能和我们非常不同。我们常常会接受非常局限性的新自由主义自由观，认为自由就是想做什么就做什么，而全世界的女性其实都在说，这种自由观完全糟透了。女性主义必须在两个层面上运行，第一，我们必须承认我们自己的不自由，而且在最深层次上承认它。这常常涉及代与代之间的女性关系。我希望我的女儿实现自由的途径是我无法想象的。第二，西方的女性主义者需要意识到，我们预设了其他女性的象征性世界。对此，我们要再一次回到倾听的问题上。这里有一种危险——当你对她们不了解的时候，不要假设你知道她们生活的象征性世界，她们如何感到耻辱。你首先需要去探寻。比如，对于女性割礼，我毫无疑问地反对它，而且我认为全世界都应当禁止它。但这只是一个声明。这意味着什么？谁来做这个事情，怎么样才能完成它？在马里，伊斯兰教法的法律人——其中有些是女性——在废除这种女性割礼中扮演着重要的角色，割礼被认为是违宪的，违反穆斯林宗教。他们成功了。他们在伊斯兰教法的范围内完成了这一目标，宣布其违宪的依据是伊斯兰教法。所以就像色情业工人运动一样，当你接了地气，你就可以经常看到现实情况，看到你能以一种尊重他人的方式做些工作。在那些地方，女性可以以多种方式联合。这不是说你不能认为某些东西是应该被普适性地谴责的，完全可以，但一旦你那样说了，你就会面临一个关键性问题：你如何与底层的人相处而不忽略作为人的他者。如果你忽视了他们作为人的特点,那就不是人权了,那就是殖民主义。你应当能够区分两者。有时候这需要投入大量的时间、关爱和精力。

哈克尼:这看上去像是在应用我们前面讨论的道德律令:每个人都要关注他人。不仅仅女性在全球处于被压迫状态,而且那些弱势的"白人"也被压迫,因为白人也存在着许多阶层和地位的划分——例如阶级、性取向等等。

康奈尔:说得没错。白人也没有比黑人具有更本质的东西,对吧?这仅仅是通过等级所建立的一种关系。所以当一个白人选择其伦理性,例如在种族隔离的南非,那么他就会被"黑人化"。所以这不仅仅关乎肤色,这还关乎人民之间的无穷关系。殖民主义所做的是抹去了具有观点的他者。如果他者具有观点,你又如何能够将他者视为不是完全的人呢?

哈克尼:对,这是对话的前提,你在《极限的哲学》中对此进行过讨论。在那本书中,你阐述了一种大家走到一起的愿景,而且认为,走到一起和进行实质性讨论的唯一方法是,我们必须从本质上和我们个人的信念保持距离。这是人类交往的一个重要方面。这还和学术规训相关——而你在《道德的形象》中对此进行了讨论。我当时在读你的一篇访谈——那应该是一份德国杂志,但我不是完全确定——在访谈中,你对理性选择理论进行了长篇的讨论,还讨论了理性选择理论的最终政策和社会意义——私有化。你将纽约作为一个公共空间萎缩化的例子,所有的东西都被私有化了,跨国公司——诸如星巴克——在每一个街角扩张,快餐店快速繁衍,等等。

所以我想你可能会关注20世纪80年代最有影响力的法律经济学运动,因为它是美国迄今为止最强大的政策驱动者。你是否曾经和这些学者交流过?

康奈尔:我和波斯纳曾经有过一场争论,那场争论后来放在《正当事业》这本书内予以出版。在我的出版物中,这是我关于理性选择理论的最主要讨论,尽管在《想象性领域》关于性骚扰的一章中,我也讨论了理性选择。在《自由的核心》一书中,我引证了我兄弟布拉德·康奈尔一本从未出版的书,作出了如下论证。理性选择理论认为,市场最终会矫正种族主义,因为歧视是非理性的。你希望工人带给你最大边际效率和时间。所以如果让市场来处理问题,将《民权法案》第七款的规制废除掉,那么就可以实现一个没有种族主义的市场。加里·贝克坚持这一点。我的兄弟布拉德使用了一些最新的认知心理学,认为这种市场并不能消除种族主义。他在书中提到的一个观点是完全对的——他用了我可能不会用的认知心理学,所以在此我想用我的语言来表述——这就是人们会深深地局限于他们的本体世界,一种查尔斯·皮尔士称之为惯性(habituation)的习惯性方式。当某个不是你同一种族、同一方言、同一着装风格、同一行为举止的人走近,你会感觉到不自在,事实上,为了获取他们更多的快乐,人们的行为以市场来衡量是不理性的。我兄弟的结论是,人们能够改变自己的唯一方式是学习多种语言,借此适应许多不同的象征性世界,因为他们学会如何在许多不同世界中进退。我认识在乌邦图项目中工作的一位女性,她会说十三种语言,她能够说南非所有的官方语言、德语和法语。她以某种方式采纳了我兄弟的观念。她现在能在美国生活,也能在一个简陋的城市非常自在地生活。而理性选择理论则非常简单,这就是为什么我对它从来没有太多可以说的。理性选择理论的核心观念是，人性永远都会选择最大化他们自身的利益和效率，而博弈论则认为，有些问题出现是因为人类就是这样行为的。现在，任何足够智慧的人都知道，这仅仅是一种理论性的推论。任何理论性推论都可以被翻译为数学语言。理性选择理论所表述的是一种它经常不加辩护的人性理论，它是一种简单的观念，但需要加以论证。

哈克尼：我同意。但有趣的是，对自利观的政治分析可以用来反对群体利益，在80年代，它如此强有力，以至于它促使美国这样一个已经非常资本主义的国家变得更加私有化。如果我们看国际经济政策的话，会发现它仍然在全球范围内驱使着其他国家，即使我们认为80年代已经过去，已经变得不那么集中化了。对于自利这一神话的力量，我想你是对的，这种里根和撒切尔所制造的神话的确建构了一种"出色的政治"。它完全是一次洗脑。

康奈尔：是的。这样一个简单的观念具有如此强大的意识形态力量。这是一个如此简单的观念——我们完全是自利的，追求效率最大化。如果我们回到早先关于男性气质的理念，我想这其中有意思的一点是，它诉诸一种男性化的理念，对不对？"我是男人——我不需要任何人！"在我看来，如果不是诉诸这种潜藏的、无意识的、幻想性的男性形象，这种人性观就不会具有它现在的吸引力或意识形态地位。我曾写过一本关于克林特·伊斯特伍德导演的电影（不是他演出的电影）的书。我想伊斯特伍德比好莱坞的其他任何人都更多地抓住了这种阳具崇拜的幻想。他的所有电影都在表现这如何导致令人恐惧的孤独、毁灭和绝望。

哈克尼：让我们来讨论一下当下政治。有一些评论家比较了奥巴马和里根。有人说，考虑到奥巴马的个人特性，他是一位能够阐述不同愿景的人物。现在，当你回想80年代，会发现80年代给全球特别是给美国带来的是超级的经济隔离。在工业和公司内部，最高层和最底层极为不平等。现在，是否到了意识形态转向的时刻，我们是否可以揭开这种独立性的神话？一个明显的结论是，自由市场并不起作用。你认为我们仍然处于80年代吗，还是已经摆脱了？我对你关于当代状况、全球状况——特别是关于美国的状况——的观点非常有兴趣。

康奈尔：我想如果我们没有承担起我们的伦理责任，我们就没有真正的选择。我们需要尽最大的努力来转变意识形态的愿景。我是否认为奥巴马已经融贯性地表述了那种愿景？我并没有看到融贯性的意识形态愿景。就神话制造来说，你说对了，对于很多人来说，里根看上去伟大是因为其前后一致。奥巴马要更复杂，意识形态转换也和里根很不同。但如果不直面这个国家一直持续的种族主义现实，你就不可能有这种意识形态的转变。为什么歧视的状况没有好转？我可以拿我兄弟布拉德早先的著作来提供一种可能的解释。你是否可以不用和种族主义做斗争，而仅仅假装我们已经进入了一个非种族化的世界？我不认为这行得通。所以一个有趣的问题是，奥巴马的黑是毕科意义上的黑吗？答案是否定的。我想，除了奥巴马的白人母亲和他的混血身份之外，要实现真正的意识形态转变，他还需要成为毕科意义上的黑人，而且要为此感到骄傲。意识形态转变的一个要素是，要远离无意识的种族主义，革除那种下意识地将权力和白人等同起来的观念。反抗种族主义的斗争，其一部分内容就是反抗抹除黑人的立场，拒绝忘却这种抹除会在经济上对黑人造成何种影响。在卡特琳娜飓风后,一个曾经在新奥尔良待过的德国作家被目睹的一切所震惊了,她提出了这样的问题:对卡特琳娜飓风所造成的毁灭性影响毫无作为,对减轻飓风所造成的灾难没有做出任何努力,这意味着什么?我们怎么能让整个城市的黑人群体遭受这样的痛苦,而且让这种痛苦一直持续着?怎么可能没有人注意到?

哈克尼:这显然需要社会变革。这在政治上可能吗?奥巴马可以意味着很多,但不变的是他是政治动物。

康奈尔:恐怕你说得没错。我们如果要在我们的意识形态愿景中造成明显的改变,就需要一种深刻的反种族歧视政治。

哈克尼:有意思的是,虽然奥巴马没有像里根那样表达一种完整的愿景,但我认为出于某些现实语境的原因,奥巴马可以被视为迈出第一步的代表。奥巴马当选为总统,虽然没有带来对黑人的赔偿,但确实代表着承认。另外,他表达了一种承认他者的愿景。实际上,在他的总统候选人提名大会演说中,他宣扬没有红色的美国,没有蓝色的美国,没有黑色的美国,没有白色的美国,只有美利坚合众国,通过这种方式,他表达了一种通过我们的文化身份视角来承认我们人性的理念。这并没有走向经济社会主义的第二步,这仅仅是伦理性的。但是,就像你刚刚陈述的,这可能是第一步,人们可能从此开始以同样方式关注经济不平等,而且相信有一种追求社会正义的伦理和道德责任。

康奈尔:是否真的可以说没有一个红色的美国,没有一个蓝色的美国?我们是否真的可以面对美国血腥的历史说,我们只需要向前走?我说南非做对了的一点就在于,南非召唤真相与和解——尽管是不完全的——南非认识到,你不面对血腥和悲剧的过去,你就无法向前走。美国有太多的洋洋自得,有太多实际上非常暴力的大熔炉形象。在这个国家中存在着差别,而且存在真实的歧视。所以我非常怀疑奥巴马所说的没有蓝色、没有红色的修辞。我认为,实现非种族主义世界的唯一方法就是和种族主义作斗争——而不是假装我们已经都一样了。他忽略了其中的一步,而且忽略的是重要的一步。

08

当代自由主义宪法理论

布鲁斯·阿克曼

受访人:布鲁斯·阿克曼

布鲁斯·阿克曼是耶鲁大学法学与政治科学斯特林讲席教授。他因在政治哲学、宪法和公共政策领域内的成就而在学界有盛誉。他最重要的著作包括《自由国家中的社会正义》(Social Justice in the Liberal State)(1980),以及多卷本的美国宪政史《我们人民》系列(We the People)(1993,2000)。阿克曼教授最近的著作是《权益人社会》(The Stakeholder Society)[1999,和安·埃尔斯特(Anne Alstott)合著],《建国之父的失败》(The Failure of the Founding Fathers)(2005),《在下一次恐怖袭击之前》(Before the Next Attack)(2006),以及《美利坚共和国的衰落》(The Decline and Fall of the American Republic)(2010)。阿克曼是一位卓越的自由主义理论家。他的著作源自于约翰·罗尔斯的传统,罗尔斯也是阿克曼在哈佛求学时的指引导师。阿克曼还对"现实世界"的政治问题具有浓厚兴趣,对于加强民主程序提出了具体的建议。他是美国艺术与科学院的院士,法国功绩勋章的获得者,还是美国哲学协会亨利·菲利普(Henry Philips Prize)法理学终生成就奖获得者。

哈克尼：首先，我想先问一些简单的背景性问题。你能简要介绍一下你的本科训练吗？

阿克曼：我在哈佛的时候修的是政府与哲学。我的导师是约翰·罗尔斯、朱迪丝·施克莱和威廉·雅德尔·艾略特。每个星期，我都阅读五百页左右的文献，同时撰写一份二十页左右的论文。所以我在哈佛时确实在政治哲学方面受到了良好的教育，而且我去耶鲁法学院读书的时候，正是耶鲁最美好的时期之一。耶鲁法学院充满着思想家，像是亚历山大·毕克尔、罗纳德·德沃金、查理·赖克、鲍勃·博克，以及圭多·卡拉布雷西。我肯定还遗漏了很多人。这是耶鲁法学院的一个伟大时刻，我完全被它吸引了。

哈克尼：你有政治哲学的背景，是什么思想吸引你去耶鲁法学院的？是冲着德沃金去的吗，还是其他人？

阿克曼：是的，我在哈佛度过了一段美妙的时光。但圭多和鲍勃·博克的法律经济学对我而言是全新的，当然，阿列克西·毕克尔、罗纳德·德沃金、查理·赖克对我也非常重要。他们各自以自己的方式要同"法律曾经是什么"（what the law was）保持一定的距离，而尝试建构某种宏大的视角。这非常鼓舞我，因为我在政治哲学方面的训练是一种政治哲学史的训练。在60年代早期，对于政治哲学是否已经死亡曾有一场现实的学术争论。当然，我很幸运。在我本科求学中期，罗尔斯来到了哈佛，而且他努力对当下提出一些重要的问题。那时候，这是比较罕见的。当时的主流是意识形态的终结。

哈克尼：在你求学于耶鲁法学院和返回耶鲁法学院任教之间，你都做了些什么？

阿克曼：我为亨利·弗兰德利和约翰·哈兰大法官做了两年的法官助理。之后，苏姗和我开始在宾夕法尼亚大学教了五年的书。我是在1967年离开耶鲁法学院时和她结婚的，我在耶鲁法学院的餐厅认识了她。我们两人都在宾夕法尼亚大学找到了工作，而且自从那时起，我们就一直在协调我们的生活。这份工作对我们非常重要。在那五年间，我开始同时在理论和政策方面进行研究，因为我一直想同时做几件事情——某些事情会比其他更加实践。在政策方面，我研究的是贫民区的房屋和环境政策。我实际上是凭这方面的研究晋升为终身教授的，这个过程非常重要，如果没有这段历程，我就不可能写出《自由国家中的社会正义》。《自由国家中的社会正义》，并不是那种拿来评终身教授的书，如果拿这本书来评，风险就太大了。我可能会因为这本书而死得很惨。但我一到宾大，我就开始教授一门社会正义的课程。我教社会正义、财产法和环境法。有好些年，我教的都是这些东西，而不是宪法。直到四十岁的时候，我才开始教授宪法。

哈克尼：所以你曾经的关注点是政策研究，并且因此得以晋升终身教职。但你始终保持着哲学的观照。

阿克曼：没错。自1970年起，我开始写作《自由国家中的社会正义》。我花了大约十年多的时间来写这本书。但是，在我真正出版这本书之前,我没有发表其中的任何一部分。

哈克尼:这是个很有意思的策略。很多人会在论文的基础上扩充写书。在我们谈到《自由国家中的社会正义》之前,这段时间里显然发生了许多历史性的事件——越战、民权运动时代、女权运动等等。这些事件对你有影响吗?

阿克曼:是的。在耶鲁法学院时,我温和地参与了民权运动和反战活动。我只是温和地参与,肯定不是一个领导者。而且,你知道,我做法官助理的对象是亨利·弗兰德利和约翰·哈兰——两位保守派法官。我是1967年离开耶鲁的,那正是进步主义开始激进化的时候。

哈克尼:邓肯·肯尼迪当时在那里吗?

阿克曼:他和我同年进入哈佛法学院。本科毕业后,他去了欧洲,然后才到耶鲁法学院。我想他应该比我晚两年。在我离开耶鲁之后,那里变得更为激进了。我离开后进入了一个象牙塔,或比象牙塔还象牙塔的地方,为亨利·弗兰德利和约翰·哈兰做法官助理,我实际上无法抗议或讨论什么。当我离开法院后,我去了宾夕法尼亚大学,那里到处都是社会运动。那是真正促使我写《自由国家中的社会正义》的原因,因为我在这些形形色色的活动中无法弄清一个严肃的社会正义项目到底是怎样的。到处都是演说,但我无法弄清这些新左翼或者老左翼到底关心什么。无疑,这一困惑,还有罗尔斯、某种程度上还有德沃金,以及60年代耶鲁法学院的氛围,都促使了我写《自由国家中的社会正义》。当然,我一直非常明确,我不仅希望进行哲学思考,而且还要思考积极自由国家理论所引导下的中间层面的现实规制。这是我一直关心的主题。

哈克尼：从阅读《自由国家中的社会正义》的角度看，或者说从你的构思方式来看，会发现它显然是一种植根于当代政治理论——尤其是罗尔斯式构想的书。但它同时也反对纯粹理论的进路，它是一种中间层次的理论化。或许，在新实用主义流行之前，你就是一个新实用主义者。那么，你反对抽象的自由主义契约论，这是你当时的刻意选择呢，还是因为你本科的训练？

阿克曼：显然，我是个幸运儿。我接受了良好的教育。就观念史来说，它的要求非常严格和广泛，我非常感激我所受的教育。但我需要从一开始就决定，是去宾夕法尼亚大学法学院，还是去普林斯顿的政治学系或哲学系。而我决定去法学院，就是为了不去写小文章并因此成为罗尔斯—诺齐克辩论中的又一名论战者。在写作《自由国家中的社会正义》的十年间，完全可以说，我的英雄是罗尔斯，以及某种程度上的诺齐克。同时，《自由国家中的社会正义》也是在和法学界的争论中写成的，特别是和那些法律人—经济学家（lawyer-economists）以及他们的批评者的争论。对于批判法学者，我认为他们从来没有认真对待过政治哲学的可能性。但罗伯托·昂格尔是一名堪称例外的大师，他对此进行了论述。《知识与政治》（*Knowledge and Politics*）这本书否认了融贯的自由主义政治哲学，这本书对我来说非常重要。因为你说得没错，我和罗尔斯晚期的政治转变非常相似。（事实上，罗尔斯自身将《自由国家中的社会正义》作为《政治自由主义》的先导。）

我的著作希望创造一种为不同观点的人们进行对话的空间。是否可能想象一个为自由对话所规范的世界，这可以从根本上验证自由国家是否只是一种幻想。罗伯托·昂格尔认为不可能。而法律经济学家则以他们的"效率"言辞来轻视这种自由主义的基础价值。与法律经济学家和批判法学家相反,我努力寻找作为融贯性哲学的自由主义的位置。

我并没有直接和罗尔斯以及诺齐克进行对话。和我最相似的学者是哈贝马斯。他们在德国撰写了我这本书的书评,说我是盎格鲁—撒克逊的哈贝马斯——但他们这样说并不是贬义的!我的重点是论述自由主义对话的可能性——你可能完全不同意对方关于权力的观念,但仍然可以同他进行对话。这是贯穿《自由国家中的社会正义》的中心思想。

哈克尼:关于法律经济学,《自由国家中的社会正义》显然对作为规范的功利主义进行了正面的攻击。我感觉,这似乎和德沃金以及自由派对功利主义的批判相关。在我的阅读中,我没有太注意到昂格尔,他好像不是重要人物。但关于昂格尔的部分很有意思,这解释了为什么你会思考权力问题。在批派向自由主义理论和对话理论的攻击中,一个核心攻击点就是这些理论未对权力进行分析。

阿克曼:诺齐克或波斯纳式的肤浅自由主义,将市场中的成人交换视为最优先的选项。我支持市场。但是我们应当对一个人从受精到死亡的权力渊源作更全面的理解,把市场放在它应有的位置上。从你出生的时刻——你的基因是否造成了残疾,使得你无法平等地接受教育——到你继承财产的时候(如果可能的话),都需要对权力进行某种论证。只有进行了论证,我们才能思考市场体系的正义。

哈克尼:关于对话,你直接阅读过哈贝马斯吗?

阿克曼:是的,我读过《知识与人类旨趣》(*Knowledge and Human Interests*)。哈贝马斯并没有写太多东西,《合法性危机》(*Legitimation*

Crisis）可能是70年代出版的,而《知识与人类旨趣》可能出版于60年代晚期。在70年代和80年代之间,"儿童期"的我可能主要一方面为法律经济学影响,而另一方面为罗尔斯、德沃金以及一定程度上的诺齐克所影响。我后来变得成熟了一些。《自由国家中的社会正义》是在1980年出版的。我是1943年出生的,这本书出版时我37岁。我是在27岁和37岁之间写的这本书,所以我实际上是非常缓慢地理解了法律学术的大体情形,就像你说的,当时一方面主要是为法律经济学所构成,另一方面则是为批判法律理论所构成——而传统自由派并不清楚是什么在攻击他们。

哈克尼:让我们来讨论一下书中关于对话的部分。《自由国家中的社会正义》是在一种高度理论化的层次上写的,而且就像你说的,这是要确定我们是否可能想象一种带来真正对话的自由国家。在当前的政治中,对于这种对话并没有太多尊重。乔治·布什这样一个不支持对话的人被视为一个"真正的领导者"。他曾经是"决断者"(decider)。他的政府实际上拒绝在任何层面上进行对话。你认为这是一种短期的现象,还是当前文化的一种普遍现象?例如,一个典型的情况是,只要我们有A选项和B选项,CNN和Fox新闻就会经常以A vs. B的框架来设计政治"辩论"。双方互相叫骂,而收视率则节节攀升。

阿克曼:在讨论乔治·布什之前,我想需要交代一下我在研究方法上的实质性转变,这一点我还没有仔细分析。首先,对我而言,自由主义是一种文化形式。这种文化是否至少在原则上是融贯的?或者如同以赛亚·柏林、迈克尔·沃尔泽这样同样的自由主义者所认为的那样,它根本上是不融贯的?他们说,那些让自由主义融贯的努力实际上是极权主义的冲动。相比他们,我更像是启蒙传统的继承者。《自由国家中的社会正义》是一种努力,希望通过提供一种清晰的范例,论证自由对话在原则上可以组织起一种政治文化。

哈克尼:其后,你从《自由国家中的社会正义》的理想理论转移到了更具体的美国宪政。

阿克曼:是的。我并没有像某些我所佩服的人一样,用一生都来探寻一个大的理念。所以我开始转向,思考宪政问题。这个过程实际上是和里根的崛起同时的,而我的问题也不再是自由主义在原则上是否有意义。相反,问题是美国政治文化的组织原则是什么。我的基本想法是,美国宪政不只是一种像我在《自由国家中的社会正义》中所主张的论坛,可以为每个人所偏好的政治哲学提供场所。我们的传统更加共和主义、更加决断主义(decisionistic),而不太像《自由国家中的社会正义》中所描述的理想社会。所以我的下一个挑战是描述美国政治对话特有的原理,同时不假设这种原理和我在《自由国家中的社会正义》中所阐述的是一致的。我觉得,我的这两个项目之间的思考是具有连续性的,其连续性在于思考正当性的机理,以及是否可以相对清晰地表达出美国宪政正当性的独特原理。显然,我的《我们人民》系列是一项美国研究,而《自由国家中的社会正义》一书则是普遍性的:从原理上说,一位中国的读者和一位美国的读者都能理解它。其中存在着许多抽象的地方,而且,我在书中假设发现了一个星球并由此从头开始思考分配正义,这个比喻也受到了许多批评。但这是我尝试超越特定时间和地点的努力。

相反,《我们人民》是关于美国过去220多年历程所特有的宪政文化发展史。其中存在连续性吗?对于原旨主义者来说,很容易想象一种被称为宪法的文件,在经过内战及其后的修正案后,对于21世纪的美国仍然有效。这种主张是否存在依据?是什么将18世纪位于欧洲边缘的少数白人奴隶主和21世纪的多语言的世界霸主联系在一起?

我自己的答案是我们的革命传统。这一观念似乎有些自相矛盾。"革命传统"这个概念是不是听上去就像"热的冷"?还是说,这个概念具有它的特殊结构?我的目标是展示我们的历史,这种历史是一系列的革命运动,有时候它成功地改变了我们的传统,有时候它并不成功。今天美国宪政的原则就是多代成功运动或失败运动的结果。

理解这种革命模式是理解小布什总统任期的关键。无论从哪一方面来说,这都不是美国第一次曾有社会运动试图控制政党,并且以总统制来作为意识形态的长矛。这种模式在托马斯·杰斐逊、安德鲁·杰克逊、亚伯拉罕·林肯、威廉·詹宁斯·布莱恩、富兰克林·罗斯福、林登·约翰逊、罗纳德·里根时代就已经发生过。这就是为什么我在2006年,也就是在当年国会选举刚刚开始前,在哈佛法学院的霍姆斯讲座中认为,我们现在处于一个宪法时刻的中间点。所谓宪法时刻,其标志往往是某一社会运动(比如马丁·路德·金)和某一位总统(比如林登·约翰逊)联起手来,创制出一种具有长久影响力的新地标式立法或者宪法修正案。在小布什总统期间,我们看到了一种总统领导的右翼运动,试图通过诸如《军事委员会法案》(Military Commission Act)和其他所谓与反恐战争相关的法律。这一时期也出现了一种试图以富兰克林·罗斯福的方式改造最高法院的努力——但没有成功,因为这场右翼运动并没有取得罗斯福当年的成功。

我反对这场右翼运动——这就是我的书《在下一次恐怖袭击之前》的要点,在其中的第一章,我就指出,那种认为我们能够对恐怖主义发起一场"战争"的观念是错误的。但是,就我的宪法著作来说,它并不想论证我所认同的政治愿景的优越性。相反,它的目标是描述我们的宪政发展,这种宪政创造了一种"语法"(grammar),使得你能够理解我们当下斗争的含义,即使你可能反对他们的总体倾向。

哈克尼:所以当你进入宪法理论的时候,你开始转向一种历史主义观。较之于主流的权利主题,你将教授、律师、普通公民等纳入到宪法对话中。

阿克曼:说得没错。对我而言,中心目标在于描述一种更大的宪法政制(constitutional regime)——它包括政党、国会和总统——然后再把最高法院放在这种政制中。所以我们有 1787 年的联邦党政制,1860 年这一政制失败了,而在 1787 年和 1860 年之间,联邦党政制受到了杰斐逊、杰克逊以及他们的"革命"的很大修正。其后,从 1868 年到 20 世纪 30 年代,我们有了一种放任自由主义的、市场个人主义的第二共和,而这一共和在 1896 年至 1900 年受到威廉·布莱恩的挑战。布莱恩的失败导致了断断续续改变的时代——西奥多·罗斯福和伍德罗·威尔逊任总统的时代,有一些重要但并不重大的改变。然而,在大萧条之前,第二共和仍然保持了融贯性,直到那时,我们才看到了积极主义的福利/规制国家的合法化,以及重要性不断加强的总统制。这为马丁·路德·金以及 60 年代的跨党派的民主党/共和党联合运动铺平了道路。这场运动的成果被 60 年代的地标立法,以及最高法院的一系列意见固定下来。这塑造了这个时代——以里根的党派运动总统制为开端——的框架。小布什和里根的关系大致上与约翰逊和罗斯福的关系类似。一旦我们确定了这个宏大跨度的宪法斗争和意义历程，我们就能开始评估当前时代的宪政成就了。总的来说，新政和民权革命赢得了非常广泛的支持，而里根和小布什则并没有完成这一任务——至少现在还没有。

哈克尼：在你的分析中，有一点是分权制衡、选举的日程交错以及其他制度性的障碍使得宪法革命非常难以发生。

阿克曼：完全正确。这个机制随着时间而变化。在州和中央之间的分权是美国宪法原初设置的重要部分。但是随着时间的演进，总统、国会以及法院的分权开始变为美国人辩论和决定他们宪法未来的中心议题。

我的目标首先是诊断性的。我将重点落在人民主权上，因此不同于专注法院的传统研究，这种传统研究的核心工具就是对司法意见做哲学性的反思。罗纳德·德沃金、欧文·费斯以及理查德·爱泼斯坦都代表了这种传统。在我看来，哲学很重要，但更重要的是要理解每一代美国人民如何做决定，不论他们对于宪法原则是否有新的观点。

哈克尼：这实际上就是原旨主义者和进步派的权利理论家之间的区别，两者其实都没有人民介入的任何理论。

阿克曼：哦，原旨主义者其实有人民主权理论。只是非常神奇，在过去的140年左右的时间里，人民从未登过场。而另一方面，批判法学/法律现实主义（令人惊奇的是，波斯纳现在已经是一名正式的批派了）的拥护者主张，所有东西都是政治。我认为不是，并不是所有东西都是日常政治。宪法政治非常难以维持,但是美国人民总是能够不时地给他们的政府下达行军令。例如,今天我们的问题是,我们是否应当给新总统赋予新的权力,并且以反恐的名义来减少个人自由的权利。这是摆在我们面前的问题。

哈克尼:这很有意思,因为这场辩论会围绕着原旨主义理论而展开。保守派会说,他们要的是解释文本的法官,而不是创造法律的法官。

阿克曼:这也是富兰克林·罗斯福所说的。但其后他们会板着脸任命另一类人,这些新任法官会认为,国父们希望赋予总统比英国国王更大的战争权。但这一次革命大概不会成功,它大概会像里根革命或威廉·布莱恩的革命一样失败。这并不是说它不会造成严重的后果,但它无力效仿新政革命或民权革命的模式,引领一场激进的体系性重组。

法律形式主义者认为,最重要的宪法变革是通过《宪法》第5条。女权主义者也这样认为,所以她们努力通过第5条来将女性平权修正案(ERA)写入《宪法》。但就像丽娃·西格尔(Reva Siegel)所分析的,尽管她们并没有成功,但法院还是赋予了大部分她们所追求的权利。自从女性平权修正案失败后,没有人再为正式修正案而花费精力了。尽管右翼革命者仍然在嘴上使用一套修辞,但他们并不认真对待《宪法》第5条。他们完全是通过制定法律和任命法官,以富兰克林·罗斯福的行为方式来再造宪法。但是,因为他们并没有取得全国性的支持,他们需要通过秘密策略来行动:因为他们无法通过一项立场鲜明的反堕胎法律,他们就努力悄悄地把自己人送到联邦最高法院。

哈克尼：现在，让我们回到你关于原旨主义者，以及罗斯福如何进行原旨主义辩论的问题上。这听上去有点像批派——文本其实并没有意义，这里有的其实是一系列的权力变化。对此你如何进行区分？

阿克曼：这很有意思，但这里存在着很大的差异。首先，我的确相信人民主权的可能性。如果以启蒙革命和新教重生主义所特有的混合而言，美国的法律体系确实以某种方式回应了美国人民的总体意愿。自从约翰·温思罗普来到这个国家后，这就是美国宪法发展的特征。在 20 世纪，我们所经历的宪法转型的形式之一就是"重新发现"的迷思（myth of rediscovery）。从 1930 年开始，约翰·马歇尔升格为关于国家权力的伟大法学家，其后，又出现了对第十四修正案从布朗案到现在的真正含义的重新解读。这些重新解读使得司法能够包容新政革命和民权革命。但学者或普通公民不能因此而遮蔽视野，对 20 世纪美国人民通过更广义的宪政机制而行使人民主权视而不见。

现代的制度当然可以被改进，就像历史上它的演化一样。就像我在《我们人民》第二卷最后一章中所指出的，如果我们有一种新的宪法修正过程，那可能会更好。在我的改革建议中，一位总统应当有权在他第二任期中提出宪法修正案。如果他的建议被参众两院批准了，它就应当被写在接下来两任总统选举的选票上。如果绝对多数的美国人民支持它，那它就应当被承认为宪法修正案。

《宪法》第 5 条和现代美国人的政治身份之间存在着一种根本的错位。1787 年的联邦主义形式准确地代表了 18 世纪后期流行的国家身份弱意识。但今天的美国人并不认为，作为整体人民的命运需要关注州立法机关的政治能量，并说服州议会批准美国国会的修宪建议。相反，我们关注的是华盛顿特区的活动，我们知道，我们决定是否改变根本原则的方式是选举总统和国会。这是我们做决定的方式。我们并不指望选出州议员,然后批准宪法修正案,这样的概率太小了。广而言之,我的著作呼唤美国人民面对我们政治身份的根本改变——超越我们不断制造的重新发现的迷思。这种迷思总是假设最高法院会神奇地发现,"国父们的真实意图其实就是小布什现在所想的"。与此相反,我们应当直面20世纪以来演化形成的新的构建国家意志(national will formation)的形式,在这种形式中,在少数时刻,总统、国会和最高法院能阐述对于根本宪政变迁的民主承诺。当总统和他们的政党不断地声称,他们从人民那里得到了"授权",他们其实极少像新政或民权运动那样通过了宪法所要求的门槛。而当他们失败的时候,我们其实忽略了他们试图修正宪法的努力。例如,我们忽略了克林顿的宪法哲学,这是为什么?

所以我的观点和批派有两方面的不同。首先,我想人民主权在美国还有生命力,即便这种生命力不是非常强大;我们无法轻易地忽视这一点。其次,我也不同意邓肯·肯尼迪以及波斯纳的犬儒主义。我事实上想创造和恢复一种更好的法律文化——而不是像肯尼迪那样政治化这种文化,或者像波斯纳那样经济化这种文化。我还想鼓励下一代的律师们建立新的法律范畴,帮助他们理解现实社会中的活宪法,并且使得它们能够在为人民代言的努力中扮演一种建构性的角色。

哈克尼:与批派不同的是,你认为宪法准则的确在起作用,你刚刚提到的历史上的范例也是如此。

阿克曼:完全正确。我并不想耸人听闻,因为我们的宪法原则的确不符合我在《自由国家中的社会正义》中所提到的理念,也不符合罗尔斯和哈贝马斯所阐述的理念。没有一个国家可以做到那样。但是就目前来说,美国人民实现了数个世纪的自治——有时候好些,有时候差些,而只有在少数时间才极好。我们已经成功地解决了一些重大问题。其他一些政治文化则做得更差。而且,法律和法律自我意识已经成为美国人以对话而非强力来改变社会的重要来源。我希望维持这种演化中的宪法—制度模型,以使得下一代人能够在自治艺术上做得更好。我希望鼓励对我们的宪法文化渊源有更多的自觉。这里关键的问题是,我们需要认识到我们二百年来从一个联邦转变为一个国家的更深层含义。我们首先是美国人,然后才是佐治亚州人,而在1787年,我们首先是佐治亚州人,而且我们甚至可能算不上美国人。当然,南北之间的内战对于这种身份转变很重要,但我们成功地建立了一种可以进行全国性对话、直面我们分歧的宪法词汇——而且在有些时候解决了其中的一些分歧。如果法律人、政治家和美国公民能够对这种演化体系更为自觉,我们就能找到一种根基,在接下来五十年里以一种文明的方式来延续这场对话。当我这样说的时候,我的立场是启蒙主义的,而非批判法律运动或简单化的法律经济学。

哈克尼: 这是《自由国家中的社会正义》中心思想的继续。

阿克曼: 完全正确。

哈克尼: 按照你的框架,我们应当如何教育和培训法律人?在霍姆斯讲座中,你向听众提出了这一问题,在场的包括未来的法学院学生,但是我们培训法律人的方式和你建议的不太一样。所以我估计你在案例分析、理论解释以及经典宪法范式讨论方面有不同的方式。有些人承认,在"政治"世界中存在一些东西,但没有得到讨论。你是否认为,我们需要从总体上对宪法和法律的思考方式进行一种范式转换?兰代尔式的法律教育观之所以受到质疑,是因为它是没有历史关照的。

阿克曼:我完全同意。而且不仅是我,有一拨人,包括杰克·巴尔金、丽娃·西格尔、罗伯特·普斯特、马克·图施奈特、拉里·赛杰都在思考"法院外的宪法"。所以我并不是呼唤宪法重新定位的唯一一人。长期来看,宪法案例教科书和法律材料会更严肃地对待这些观点。

哈克尼:你提到了你在耶鲁学习时法律经济学的显赫地位。你能谈一下你现在对法律经济学的看法吗?

阿克曼:我非常支持法律经济学,在下一次宪法革命到来之前,法律经济学都是一种工具,用于应对自由积极规制国家中的核心问题。我反对法律经济学在规范方面的贫乏——它的"效率"一元论——而究竟效率为何,通常却未能得到界定。但我非常赞同以更丰富的规范性来建构法律经济学工具。这就是我的书《重建美国法》的主题。法律经济学这一工具使得美国法律人能够讨论市场失败的概念,并且以一种严谨的方式来讨论现实世界分配正义的意义。就当下法律学术中的智识贡献来说,法律经济学提供了某些可贵的工具。但是,如果说法律经济学现在的技术模型已经远远超过了卡拉布雷西的时代,它的规范性分析却比卡拉布雷西当年写《事故的成本》时要贫乏得多。今天人们以一种理所当然的态度来讨论效率。我认为这是一种错误。

哈克尼:你的宪法观和经济观之间是否存在关联?

阿克曼：我不想成为只会空谈的家伙。在我看来，美国法律教育非常关注我们宪法政制的结构（人民主权和美国宪政的关系）和经济生活的结构（市场失败理论和规制国家）。我一直在努力建构这种结构性的关注，为此我写作了《权益人社会》《用美元投票》(*Voting with Dollars*)、《审议日》(*Deliberation Day*)、《在下一次恐怖攻击之前》，提出了一系列适用于美国的实用政策建议。这些书以一种更实践性的风格延续了《自由国家中的社会正义》和《我们人民》的主题——这些书表明，自由主义对正义和宪政的关注如何可能在政治结构和经济生活中促进真正的变革。《权益人社会》催生了英国布莱尔政府的婴儿债券计划。自从2002年起，每个英国出生的婴儿都将拥有一个存有250到500英镑的银行账户，数额的多少根据他们父母的富裕程度而定。随着孩子长大，还会有更多的帮助。在希拉里·克林顿的总统竞选中，她承诺每个孩子会收到5000美元。让我们拭目以待，看看这个想法是否会变成现实。同样，在全世界，人们也都在思考审议日。还有我的爱国者美元的提议——给每位选民以50块的爱国者美元，他可以将它存进自己的银行卡，在任何一个ATM机上捐献给任何一场活动。这些政策是有前景的。我非常希望其他人可以再写三十本左右具有类似精神的书。所以，对于美国法律人思考严肃问题的价值以及在现实上提出实际解决方案的能力，我是不悲观的。

哈克尼：我想再讨论一下《权益人社会》，但是在此之前，我想讨论一下你对于美国一般法律理论的某些想法。在波斯纳和卡拉布雷西之后，第二代法律经济学家更为技术化，他们的模型也更复杂。他们更倾向于讨论市场失败。当然，卡拉布雷西的首要贡献在于他对市场失灵的洞见。你是否相信这一拨人应当提出政策建议？对于这一群体的一种解读是,这个群体太技术化了,已经在某种程度上有些孤立,以至于他们并不像前一代人那样,与更广范围内的法律人群体交流。而波斯纳和卡拉布雷西则介入了非常宽泛的讨论,不论他们的缺点如何。

阿克曼: 我认为这是个问题。至少我个人认为,这也正是耶鲁法学院的使命。耶鲁法学院应当将更丰富的价值分析和技术化的建模——对社会问题更经验导向的理解,可用以电脑处理的——结合起来,以便我们能够对解决方案做出更细致的探讨。但是,那些更善于经验研究的学者常常瞧不起超级数学天才(那些能够操作计算机的人);而那些数学天才则瞧不起那些讨论价值的学者(他们认为,价值可以简化为"个人偏好")。所以我们有两种文化问题,但却没有对此提出质疑。对于法律教育来说,挑战是如何整合这二者。当然,现实世界的法官和政治家永远都不可能技术化,或者成为哈贝马斯的热心读者。但是,一位有思想的实践者,既可以成为技术性事实认定的熟练运用者,又可以成为规范性辩论的参与者。我并没有对未来明确的预测:25年后,技术主义者可能完全压倒了人文主义者,或者人文主义者可能压倒了技术主义者,但无论如何,这都不是好事。当然,我是另一个时代的老古董。我从来都没有在任何一个专业获得哲学博士学位。我尝试着研究政治哲学,我尝试着研究历史,我尝试研究政策事务。我所拥有的只有一个法律学位,波斯纳和卡拉布雷西也基本如此。

哈克尼: 如果扭转历史,他们两位大概今天都无法在芝加哥或耶鲁作为法经济学家而获得教职。

阿克曼：是的。他们将很难在耶鲁或芝加哥求得教职，因为在其他专业获得一个学术博士学位，无论是比较文学还是统计学，已经成为了一个门槛。所以你所提的并非杞人忧天。我们具有两种相互敌对的亚文化，每一种都在宣扬它自身的独特性，但实际上都没有为我们能依靠的法律贡献独特的事实和价值。

哈克尼：另一群由批判法律运动演化而来的群体是批判种族主义者、女性主义理论家、酷儿理论家。你可以把他们——以及所有这些不同层次的专业或理论——都视为美国法律理论的巴尔干化。你怎么看你的努力与这些不同群体的关系？在某些方面，你试图建立的是一种美国的公民身份，而不是一种普适性的公民身份。

阿克曼：你说得很对。我自己是一个身份论者，但我感兴趣的身份是建构一种美国的公民身份——以及最终意义上的世界公民身份。我的目标是建构某种浅层次的公共话语，这种话语使得具有深层次身份认同以及相互间差别很大的人们都能理解，并且使得他们能够作为公民来发言和行动。批派，以及后来的批判种族主义者和女性主义者可能会说，我这是搞错了目标。同样，基督徒也会认为我这是在倡导一种空洞的公共领域。所以对我而言重要的是——而且也是批派和基督徒的问题之一——我认为公共话语和私人生活是不同的。公民身份，以及更一般意义上的自由主义政治文化，是有偏好性和普遍性的。其要点在于使我们自由，使我们在自己设计的私人领域变得复杂和特殊。这种公领域和私领域的观念一直以来就存在争议，而且将永远存在争议。

哈克尼：私人的、深层次的（种族、性别、性取向等）集体行为是否会成为公民间的对话障碍,即使只是浅层次的对话?我们可以在特定的时刻看到这一点——最典型的例子就是在里根政府期间,共和党右翼如何用种族这张牌来离间"白人选民",使得他们不再关切一种更大的公共利益。

阿克曼:不论是否能实现,下一代人应当考虑一个关键项目——建构一种以公民身份而交流的制度。20世纪剥夺了公民交流的一系列环境——公立学校、政党以及军队,这些都岌岌可危。如今我们拥有的是一支专业军队以及不断增加的私立学校和教育券学校(voucher schools),而且传统的政党已经被操纵媒体的政治顾问所替代了。对于成千上万的美国人来说,行使公民身份最重要的行为是当他们从国外度假回来,将护照交给边境官员以便能够入境。实际上,这是对他们公民身份唯一重要的东西。在选举中投票则是一种小麻烦。这就是为什么我和我的朋友吉姆·费希金的审议日提议非常重要。这个想法是:在每次总统选举的两个星期前,公民们将被邀请到社区中心待一天,以15人为一小组,在小组成员间和小组全会上讨论主要候选人。这只是审议日这一天的开始。接下来,主要候选人的当地代表将回答这些15人小组提出的问题。费希金对于全世界的审议日的民意调查显示,在这一天结束时,人们懂得了更多,而且人们会改变他们的观点。人民的确可以参与公共讨论。

哈克尼:就像爱荷华党团会议(Iowa Caucus)那样?

阿克曼:实际上,爱荷华党团会议不太像审议性的集会。除了在工作周的某一个大冷天晚上出现之外,会议参与者在两个小时的时间里所做的事情主要是此类叫卖:"那些希望把票投给罗姆尼的人,请到房间的这个角落来。"真正的对话很少。费希金和我的主张更多的是建立在美国陪审团的经验之上,而非爱荷华党团会议。就像陪审团一样,审议日的参与者们将会彼此讨论重要议题。有一个很奇怪的现象,如今,美国白人接受的正式教育平均时间为 14 年,黑人则为 13 年左右,我们是历史上受教育程度最高的美国人;而在 1939 年,白人男性的公共教育平均时间为 9 年,黑人则为 4 年。我们越来越能以复杂的方式来运用我们的象征能力(symbolic competences)。但是,因为媒体的操控和其他因素,政治却变得越来越非理性。我并不相信熊彼得的民主观,在他看来,人民只要走到投票站,改变选举力量对比,每经过一段时间,胜选者击败落选者,我们也通过这种选举民主躲避了最恶劣形式的暴政。我想民主共和国要比熊彼特民主更好。但如果没有公民,也无法实现这一点。老式的政党可能有许多缺点,但它们的确促进了公民身份,在每一场大选前,美国人都打着共和党或民主党的旗帜,在纽黑文的大街上游行。

它可能不是非常理性的,但它至少是一种积极性的公民参与。这里的挑战是,要在 21 世纪为公民身份重建一种环境,这种环境要使得我们能够将彼此视为公民,而不仅仅是将彼此视为教会成员、雇员同事、洋基队球迷或其他。

哈克尼:当我和我的同胞们聊天的时候,他们看上去完全理性,而且进行对话是完全可能的。但是我们看到,美国政治一直以来为诸如同性恋婚姻之类的"离间议题"(wedge issues)所主导。批判种族主义、酷儿理论以及女性主义理论的教训之一就是,这些分离介入了政治生命体,并且阻碍了对话。

阿克曼：我完全同意这一点。而且对于我的可能令人不快的中间立场，你也说得没错，我的立场介于批判理论和法律经济学之间。对我来说，中心概念是文化。对各类批派来说，中心概念也一样是文化。所以这是一个共同的主题。对于法经济学家来说，他们并不清楚文化是什么，他们会说："人们有偏好，但我们无法确定他们为什么有偏好，对此我们没有任何工具可以分析，所以让我们回避它吧。"我不同意这种观点，对我而言，正当性是通过我们彼此交谈的方式而产生的。对于产生一种有尊严的公民文化，我比批派要更加乐观。但我真正的对手是麦迪逊大道上的那类媒体人：卡尔·罗夫、马克·佩恩。每一位总统候选人都雇佣了一位媒体专家，这些专家总是能够制造刺激眼球、吸引小群体情绪化反应的议题。我们现在已经有了越来越高级的技术，所以政客已经能够定位18岁至21岁的看足球的母亲，计算出他们在媒体战中的倾向。与此相反，审议日试图制造的是另一种架构——在这种架构下，普通美国人将讨论最重要的议题。候选人需要设计这些议题，需要认识到，成千上万的不同类型的人可能会一起讨论这些议题：有一些人可能是看足球的母亲；另一些人可能是退休老人；但所有人都是公民——他们相互倾听、相互交谈。2004年，费希金和我同麦克雷尔-乐瑞新闻连线(MacNeil-Lehrer)以及美国公共新闻广播公司(PBS)合作，在全美的17个城市中进行了审议日的调查，主题是布什和克里的总统大选。耶鲁法学院是其中的地点之一，一共来了220人。我们努力获取纽黑文地区的随机人群样本，结果也非常好。当我出门的时候，我问我妻子苏姗，我应当穿正装吗？她说当然。当我到达时，我发现每个人都穿得很正式——木匠、巴士司机，他们都穿着西装，打着领带，大家都非常认真。在审议日开始之前，我们已经在每位被邀请者的家门口贴了海报,并且就此问题进行了标准化的问卷调查。在审议日结束后,一位专业的调研员给每一位参与者发放同样的问卷,以便我们判断参与者的观念是否发生了变化。审议发挥了巨大的作用。在那天结束时,很多人希望能够再次参加。看到这么多人严肃地对待他们的公民身份,我非常感动。只要有机会,他们就会认真对待。

哈克尼:我认为你关于陪审团的类比很完美,因为人们的确会很严肃地对待那个时刻。

184 **阿克曼**:是的。我仔细聆听了在耶鲁的审议日对话。这是审议日的基本形式:最开始,先播放一个双方候选人关于重大议题看法的节目。接下来则是小组讨论。其后,所有人都进入讲堂,对双方候选人的代表进行询问。每一小组都选择一个要问的问题,当有人说,"第六小组的哈克尼",那么哈克尼就站起来,说我们的问题是如何如何。每一位候选人代表有五分钟的回答时间,其后,另一小组将有机会进行提问。在全体会议之后,参与者将回到他们的小组中,讨论他们从第一轮的问答中学到或没有学到什么。接着,他们将总结更多的问题,然后再回到讲堂。审议的过程就是这样循环。其结果令人印象深刻:参与者在他们的小组讨论中表现出色,而且许多人学会了甚至改变了他们关于基本议题的看法。我关注的不是我个人的提议。我的核心目标是,让人民更严肃地对待公民身份——没有公民,你就不可能有一个自由共和国。

哈克尼:我想,我们可以接着谈一下你和安·埃尔斯特的权益人社会的观念。首先请你简要地介绍一下,然后再谈一下它如何和公民身份的思想相联系。

阿克曼：好的。这个建议直接来自《自由国家中的社会正义》一书——尽管我想罗尔斯或其他积极自由论者也同样会支持权益人社会。我的关键论点是，在自由主义的正义理论中，家庭财产继承权并没有强有力的正当性基础。无论如何，孩子所得到的继承权并不是自己努力得来的。我们的父亲可能都为美国做了贡献，但你父亲是一个股票经纪人，而我父亲是一个学校教师，你的经纪人父亲一年赚 400 万美元，我的教师父亲则一年只能挣 5 万美元。当我们作为年轻人开启我们生活历程的时候，父亲的财富差别不应成为我们的起点差异。财富激励作为一种理由，或许可以让某种程度的家庭内部继承得以正当化，但却不足以正当化我们当今的巨大差异。所以，《自由国家中的社会正义》的中心观点是，当每个公民作为青年起步时，他/她都应当继承一些财富。在安·埃尔斯特和我合写的书里，我们主张，每个美国公民在青年起步时，都应当具有可基本支付大学学费的资产，在我们合写书的时候，这大概是 8 万美元左右（我们打算修订这本书的第二版，将会更新数据）。这笔钱将由财产税和遗产税来支付。根据最近的数据，如果我们以 2% 的统一税率来对 60 万或 70 万美元的家庭财产征税的话，那么我们就有足够资金为每一位美国人提供 8 万美元的权益。这里有无数的设计方案：如果你不上大学，你可以在 21 岁和 25 岁之间用它来支付每年的生活开支。如果你上大学，那么你可以用来交每学期的学费。简单来说，这个想法是，每一位公民都应当有经济权益，在他们作为年轻人最需要帮助的时候，有某种程度的缓冲，让他们有能力改变自己的生活。这是公民身份与生俱来的权利。现在，还没有哪里采用这么大的计划，但英国已经采用了一种缩减性的版本。在一本名为《一种资本观》(*A Capital Idea*)的漂亮小册子中,这种权益观念已经发展起来了。这本小册子是经济学家朱利安·勒·格兰德和《金融时报》编辑大卫·尼森合著的,它是布莱尔首相第二任竞选的基础纲领。根据布莱尔的方案,每一个英国人在出生时都能得到一笔可在18岁时领取的债券,这将为他或她提供500英镑的资助以及利息。布莱尔希望,随着时间的发展,当孩子年满7岁或者12岁的时候,可以为他们提供额外的资助。到了他们可以领取权益的18岁时,他们可以领取到总共7000或8000美元左右——这可能距离我和安·埃尔斯特所构想的8万美元还相差很多,但是它迈出了第一步。在我们的计划中,财产税的大多数份额将由那些超级富豪来支付。所以这是一个表达我们共同公民身份,同时又支持市场、支持私有财产的方式。在过去的几代中,所有美国人都为建设美国做出了贡献,所有的公民都是过去数代人民劳动的继承者,因此所有美国人在成年起步之时,都应当具有一定的权益。公民权益将使得《独立宣言》成为绝大多数人民在生活中的现实。我们的建议驳斥了那种奇怪的共识:你不能对富人征税,不能进行实质性的改变——我们完全可以。另外,我们的建议和市场经济的自由主义预设完全不矛盾。相反,我们当前的家庭继承制度才是完全封建性、种族主义的观念——其假设你的经济起点的唯一决定性因素是,你在基因上和你的母亲或父亲具有50%的相似性。更为根本的是,经济权益是为一种财产持有、公民身份的民主(property-owning, citizenship democracy)愿景所驱动的。在我和伊恩·艾尔斯合著的《用美元投票》这本书中,我们建议用爱国者美元来资助选举竞选活动,公民身份也是其中核心之所在。作为对一人一票的补充,每一个公民将收到50美元的爱国者美元的资助(在国会中期选举中,资助数额会小一些),他们可以在总统大选年将它捐给竞选方。如果1.2亿的美国人用爱国者美元一起投票,那么选举人将收到60亿美元的捐助,将远远超过总统选举周期中所有联邦选举的私人花费。所以这里同样可以看到,你可以用私人财产机制来改善,而不是颠覆公民身份的品质。

哈克尼:那么爱国者美元是以什么方式进行分配的?

阿克曼:每个公民都可以将它的资助捐给任何他选择的党派或候选人。这就是所谓的用美元选举。安·埃尔斯特和伊恩·艾尔斯,这两位与我分别合著《权益人社会》和《用美元投票》的作者,都是法律经济学的支持者。但是,我们所做的是将它放在一种比"效率"具有更深层规范性的语境中,在此姑且不论这规范性具体为何。

哈克尼:在你的权益人社会的一个预设是,你批评了左派过于强调基于身份的分配——基于工人、穷人、种族等等的分配。现在,一个大的议题是赔偿的观念——对非裔美国人的赔偿。对于赔偿,有一些理论和历史的论证,但是在政治上,这好像不太成功——尤其是考虑到,可能只有10%的白人相信应当让赔偿变为现实。赔偿因此无从谈起。我感兴趣的是,你如何思考身份政治和公民身份的关系,以及你如何在你的提议中处理它们。

阿克曼:其实,公民身份是身份的一种。而我感兴趣的是创造一种更生动活泼的美国公民感。很显然,公民权益将使得那些穷人群体变得富有一些。8万美元权益资助的受益者是财富分配中最底层的50%的人民。在美国财富分配中,最后三分之一的人们拥有的是负资产。而在那50%底层的人口中,非裔美国人、墨西哥裔美国人以及拉美裔人口要远多于白人,这些群体将受益最多。我的儿子也会有8万美元的资助,但是我将被收更多的税,因为我是财产税的征缴对象。所以阿克曼家庭会变得穷很多,当然,如果我的孩子在金钱观上同我产生分歧的话,这时他们更有独立性。所以,显然这里有赢家,赢家就是那些传统的少数群体。我并不主张通过为过去不正义(尽管它们的确发生了)赔偿的概念来重新分配给少数群体,我完全同意你说的这一点。相较而言,经济权益是一种面向未来的事业。这是一种跨代际的项目,通过它,我们所有美国人都能重新许下它们对自由、正义和普遍公民身份的承诺。

09

古典自由主义宪法理论
查尔斯·弗里德

受访人:查尔斯·弗里德

查尔斯·弗里德,现任哈佛大学法学院贝尼费希法学讲席教授。他曾在里根总统任职期间担任联邦政府首席律师,也曾担任马萨诸塞州最高法院大法官。弗里德教授被公认为是保守宪政与放任自由主义理论的领军人物。在他的主要作品中,《价值的解析》(*Anatomy of Values*)(1970)、《是与非》(*Right and Wrong*)(1978)以及《现代自由》(*Modern Liberty*)(2006)阐发了道德与政治哲学中可以适用于法律的主题。《契约即允诺》(*Contract as Promise*)(1980)、《创造侵权法》(*Making Tort Law*)[2003年与大卫·罗森博格(David Rosenberg)合著],以及《何谓法律》(*Saying What the Law Is*)(2004)则对广泛的法律制度进行了基础性的探索。《秩序与法律》(*Order and Law*)(1991)讨论了弗里德担任政府首席律师期间形成、申发的重大思考。

哈克尼：我想从一般性的背景问题开始。你家乡原是布拉格。能不能谈一下你的家庭移民到美国的经历,以及这段经历对你有什么影响？

弗里德：那时我还很小。所谓影响当然只能做些假想和回顾性的分析。按我的说法,我父母就是那种典型的来自奥匈帝国的同化了的犹太人。我母亲生于1904年,我父亲生于1899年。他们的童年和青春期都在奥匈帝国度过,而青年时则到了捷克斯洛伐克。我父亲是学工程专业的,他显然极为能干,因为不到三十岁的时候,他就已经在进出口行业成为了一个举足轻重的人物,满世界到处旅行。在第一次世界大战结束前,先是波西米亚,然后是捷克斯洛伐克,曾是奥匈帝国疆域内最繁荣、工业化水平最高的地区。事实上波西米亚当时的繁荣程度应该不亚于欧洲任何一个地方,所以说那是一个非常发达的商业世界,而我父亲年纪轻轻就已经十分显赫。我母亲的父母在布拉格有一家电气设备批发公司。因此我的家庭属于大资产阶级,想来我们当时的生活条件也是非常优越的——在布拉格有漂亮的公寓,在乡下有一栋由一位现代派建筑师设计的别墅(后来先是被德国人后又被共产党征收)。家里过得非常阔绰。1939年纳粹入侵的时候,我们匆忙离开了。事实上纳粹到的时候我父亲已经在国外了,而我们其他人也通过某种方式被获准离开。当时免不了还想着我们总会回来的,但实际上并没有。我母亲无法说服她的父母和我们一起走。他们后来和我所有的近亲一样都死在了奥斯维辛集中营。我父亲有三个姐妹——其中一个活了下来——但是除此之外所有亲人都没了。我们先到了英国,在那儿我父亲利用先前的关系继续做金属生意。1940年,德国人看起来要战胜了,我们决定再次逃离,到了美国,到达时是1941年深冬。我父母当时日子并不好过,但我父亲的才智、干劲和关系帮助他又开始经营起进出口生意。他的英语不是太好,但是有进步。我母亲的英语非常好。她是一个语言天才,从小学习各种语言。所以在一定程度上当时的生活对他们来说是孤立、困难的——不是说特别困难,但总是有些事会很吃力。情况慢慢好转,而到了战后,我父亲的生意红火了起来。这就是我的家庭背景。我在纽约读了公立学校,然后去了新泽西读寄宿学校,叫做劳伦斯维尔学堂(Lawrenceville School),从九年级开始读。从那儿毕业后我考进了五英里之外的普林斯顿大学。

哈克尼:你在普林斯顿学什么专业?

弗里德:我在普林斯顿的专业是法语和英语文学。我对文学感兴趣,某种意义上我当时自己给自己创造了这么个专业。我对哲学也感兴趣。普林斯顿后来有了一个国内一流的哲学系,但我在的时候并没有。我是偏文科的那种人。我大学的时候读很多书,玩得当然也很多(经常打扑克)。总之我的兴趣是非常智识性的,但整体上偏文学方面。这样一来快毕业的时候我意识到我需要考虑自己以后要做什么。我当时拿到一个去法国学习的富布莱特奖学金,课题是去研究柏格森(Bergson)、普鲁斯特(Proust)以及时间的概念。我父亲不认为那是一个好主意,他说:"我可以给你发一笔奖学金,你去牛津读法律,如果不喜欢的话,你再学文学。"我当时对文学还没有执着到可以拒绝这样一个要约,所以我申请进入牛津并且学了法律。一度我曾觉得我会转回到文学,但还是留在了法律领域,并且发现法学与哲学相互关联很大。当时正是分析哲学兴起的时候——尤其是在牛津。我当时成绩很好,得了头等荣誉,牛津那里管这个叫"贺喜头等"(congratulatory first)。但是我真正的兴趣在哲学。我听了所有我能听的哲学课,也读了很多。所以我想:"那我将来教法律和哲学好了。"哈特是当时首屈一指的天才。他搞的是分析哲学,但已经开始往规范方向发展。哈特在任何意义上都不是一个纯粹的语义分析家。他的《法律的概念》确实是分析哲学的路子。但他也曾与托尼·奥诺合写过《法律中的因果关系》(*Causation in the Law*),那本书虽然是分析性的,但也有规范的部分包含在其中。他还写了关于边沁的东西。我可以说哈特是一个功利主义者。所以那时的智识环境并不是说分析哲学一手遮天,规范性的内容当时正在走向前台。当时也有像伊丽莎白·安斯康贝和菲利帕·富特这样的学者,他们正开始成为主流。

哈克尼: 你当时有没有特别去听他们讲课?

弗里德: 他们的课我全都听了。那时学生都是这样。你的课表里要求你上各个法律科目的导修课(tutorials),但是选择去听大课就跟你自己读书是一样的。我去的时候比德沃金要晚个两年。可以说德沃金和我受的基础教育基本上是一样的。从牛津毕业后,我又去了哥伦比亚大学法学院。我本来可以去哈佛,但是哥大有两件事吸引了我。第一,哥大和我聊过的人都很热情地欢迎我过去。我和哈里·琼斯谈过，他当时在那儿教法理学，他非常会鼓励人，也非常热情。哈佛就只是很官僚的那套——要推荐信之类的。另外一个是哈佛当时有一个几乎完全强制性的课程要求，而哥大则要灵活很多。我可以第一年的时候选刑法和民事诉讼法，但之后我想上什么课就上什么课。我修了很多法哲学方面的课，也修了点阿瑟·席勒的罗马法。但哥大对我的主要影响来自赫伯特·威克斯勒（Herbert Wechsler）。他讲了我修的宪法课以及半程的联邦法院课。那些课我学得很好，他讲得更棒。我仍然尝试着像威克斯勒那样讲课。他是我理想中的那种法学教师，真正沉浸到自己工作中的那种人。正如我说过的，他当时正在起草《模范刑法典》，但他同时也在写作有关中立原则（neutral principles）的一篇论文以及与哈特合著的教科书。这些研究写作都从他的教学当中受到启发，他的讲授也偏向以那些思路为主。刑法课就是功利主义，强调法典化，有分析主义的味道。宪法课上就是讲中立原则。但是，他的写作也基于其二战期间在司法部从事实务工作的经验。他的头脑具有强大的分析能力，对任何潦草、不严谨都不能容忍，但同时也认识到法律是有现实意义的。我可以肯定，正是由于他的推荐我才能成为哈兰大法官的助手。那是很棒的一年。顶点是坡诉乌曼（Poe v. Ullman）案，因为在为哈兰大法官起草其反对意见时，我的哲学兴趣也体现在了相关的写作之中。在那儿你会看到威克斯勒宪法思想的影响，但同时也有体现规范性思想的一面，以及认为法律中存在内在价值这样的观点。这些内在价值以其最好的形态获得表达，而大多数人将之称为自然法。这个经历让我意识到哲学和法律可以形成一个美妙的组合。我的意思是做哲学也可以是实用的，而且并不耽误你从事实用性的法律方面的工作。之后我很幸运地被邀请前往哈佛任教。

我记得刚去的时候,院长厄温·格里斯伍德有句名言:如果你是年轻教师,那需要你教什么课你就得教什么课。当时法学院需要教两个班的信托法课。我受不了那个,所以就提议上一门商法和一门刑法。我喜欢《统一商法典》的那种精细。刑法是威克斯勒教过的课。我用威克斯勒的教科书,教法基本同他一样。正是在那个时候,我自己有关内在对错的问题以及因果关系的不同种类问题——之前我曾跟随哈特学习过相关问题——的学术和伦理观点在讲授刑法的过程中成型。那是非常棒的经历。我还记得我教的头一个班里的学生。那是非常出色的一群年轻人,最杰出的是斯蒂夫·布雷耶,他比我小三岁,成了我的朋友,而且到现在仍然是我最亲近的朋友之一。班里还有伯特·瑞恩、保罗·多迪克,以及其他人。当时我们之间一直有很友好的辩论,因为他们试图把我这个年轻老师惹恼。但我不跟他们一般见识,课上得都很愉快。那个年代,刑事诉讼法也是刑法课的一部分,我正要讲人身保护令的东西,这个领域当时刚刚才开始被宪法化,所以仍然是刑法课的内容。所以我在一门课里可以讲两个内容——除了哈特和威克斯勒刑法教科书里面的一些内容外,还有一部分联邦法院课程的内容。* 那样就很有意思。我教了那三样内容,后来我又被允许开设罗马法和法理学的课。因为在哲学方面的兴趣,我结识了约翰·罗尔斯,他在1961年时从麻省理工学院过来做访问教授,后来成为全职教授。我们成为很好的朋友,我读了他写的所有作品。他让我对康德变得更加感兴趣,我之前其实对康德已经产生了一些兴趣。我

---

* 原文如此,可能是弗里德口误。哈特与威克斯勒撰写的经典教科书主题并非刑法,而是联邦法院,弗里德想说的应该是"除了哈特和威克斯勒联邦法院教科书里面的一些内容外,还有一部分刑法课程的内容。"——译者注

想说我个人思想中的规范性层面,或者说康德式的规范性层面和权力—自由权层面,开始变得越来越显著。我写了一篇小文章,叫做"自然法与正义的概念",发表在《自然法论坛》,讨论自由权和自然法之间如何相通。

哈克尼:你认为二者如何相通?

弗里德:就是我在最近的那本《现代自由与政府的限度》(*Modern Liberty and the Limits of Government*)一书中表述的理念。我表达的是一个罗尔斯式的理念,我是说罗尔斯在《正义论》而不是《政治自由主义》中的思想,在《政治自由主义》中,他失去了浪漫主义的追求,对那些反对《正义论》的人的观点过于敏感了。他的作品变得太过中庸和专业化了。《正义论》是一本非常具有浪漫主义的著作,尤其是如果你去看最后那部分。那才是我从始至终都真正欣赏的罗尔斯。我认为《政治自由主义》中那个交叠共识的想法完全属于水准下滑的表现。

哈克尼:你在那时读过哈耶克吗?

弗里德:我直到更晚一些时候才读了哈耶克。我的研究是康德主义导向的,试图发现其对法律有什么具体的意义。因此我在70年代经常讲授的正义的形而上学内容对合同法、侵权法、财产法等等都有很多具体的意蕴。法治始终都存在。批判法学对法律的攻击是对自由权与自然法的攻击,因为如果没有固定的具有结构性的法律制度,就不可能有权利。

哈克尼:能否谈谈在《现代自由》这本书中你想完成什么目标,能不能将其与哈耶克在《通往奴役之路》中所要完成的做一些比较?因为后者在历史上是一本非常重要的作品。这两本书虽然都将自由的概念作为内核,但读起来非常不同。读哈耶克的时候你几乎能感到愤怒,以及潜在威胁的紧迫性。哈耶克在二战期间进行写作,当时还有斯大林和希特勒的幽灵。哈耶克摆出了两条道路之间的鲜明对比:要自由,还是要极权主义。《现代自由》的写作则发生在一个不同的历史时刻。

弗里德: 我想我同意这个说法。在某种意义上我们胜利了。但其中有许多非常微妙的东西。时代确实不同,在哈耶克的时代并不清楚谁会取得胜利。他写作的地方是一个将要被社会主义占领的国家。今天面临的威胁是不同的。今天的威胁是潜藏的,是智识层面的,是自我怀疑式的。这是那种伴随成功而产生的威胁。

哈克尼: 这突出体现在《现代自由》你通篇使用的三个例子之中。它们是藏在表层之下的。医保制度当然是在争论的前台和中心位置,但是,像关于魁北克宪章以及福蒙特州沃尔玛超市的例子,则要更加微妙。

弗里德: 这些例子都涉及那些好心的人。显然,出于好心的好人也会变得很恶劣。关于魁北克宪章的争论就是一个话语变得恶劣的例子,而这种威胁永远都在那儿。但是,因为他们是很好的人,这就使得他们想做的事有吸引力,也因此变得危险。如果是斯大林的话,就不会有这种问题。

哈克尼: 这三个例子为什么在你看来这么突出,使你决定要围绕它们展开你的这本书?

弗里德: 就是刚才我们一直在说的那些原因。这三个例子中的问题提出了一个挑战,一个智识性的挑战,而不是一个军事性的挑战。它们挑战的是我所说的自由主义——19世纪意义上的那种自由主义。它们不是与自由主义正面对抗,而是挑战其软肋——就是那些体面的自由派人士会觉得有道理的地方。我的想法是承认那种呼声不是没有道理,但是要警惕不让它们对自由主义造成毁损。我选择这三个例子,是因为它们提出了最强有力的挑战——不是那种可以用修辞武器就能够轻易应对的挑战。我想让自己啃硬骨头而不是捏软柿子。

哈克尼:《现代自由》的另一部分是你与平等——尤其是实体平等——思想与概念的交锋。你就此进行了非常仔细的讨论,并在平等与自由之间的鲜明比照之下最终拒绝了这个概念。

弗里德: 是的,但我还是试图给予其严肃对待,例如我指出像杰里米·沃尔德伦这样我非常尊重的学者都认为实体平等十分重要。我的想法是实体平等有一些方面我是不接受的。因为它们伤害自由。然而,在考虑差别问题时,我们确实需要非常仔细。自由必然要求有罗尔斯所说的那种秩序良好的社会。我在书中一个段落里说了,如果差异过于悬殊,有些人的物质条件不体面到他们看来和其他人不属于同一个道德共同体时,社会就必然失败。这种失败出于两种原因。第一,那些人与共同体并不存在利益上的休戚与共,而你无法说服他们产生这种关联。第二,作为自由和平等基础的人性尊严的观念也被毁掉了。当人们处于艰难境地时,你不能视而不见。这么做是对他们不尊重,而尊重是自由的基础。当然,当我说我不喜欢差异时,这可能意味着,平等或许要比社会最弱势成员(借用罗尔斯的另一个名词 the least well-off)的现实境遇还更为重要。我反对这么说。有人过得非常好,这本身并不是坏事,而把这个说成坏事是为了找个正当理据,把这个人也拉下水,即使那样做甚至未必真能帮到任何人。这样理解差异是错误的。我的理解是,平等的正确之处在于它指出不应该有很多人在很长时间都处于一种糟糕的境地,使得我们无法认为他们和我们共处于同一个道德共同体。这并不意味着要将任何人从其现在所处的位置上拉到更低的地方。它意味着要将某些人的位置提高,或者在他们身下搭建某种基础。然而不得不承认,一个人的处境要怎样才算是不会使之不被视作相同社群的一员,这部分取决于所有其他人都享有什么东西。你没法忽略这一点。但这背后的动力是要追求平等呢,还是要保证不会有人无法成为你所在共同体的成员呢?

哈克尼:这其实呼应了C.B.麦克弗森在《民主理论》中对积极和消极自由的区分。他认为,为了行使消极自由,你确实不得不拥有一些以赛亚·柏林所称的积极自由。但是,麦克弗森对柏林的批评是柏林有关积极自由的想法走得太远了。积极自由必须与消极自由联系在一起。

弗里德:是的,罗尔斯讨论了权利以及权利的价值。但我认为那是一种抽象的观念。正是在那个地方需要分配正义来使得权利变得可以被接受。在《正义论》中,罗尔斯事实上将自由摆在首要的优先位置。我认为他后来从这个立场有所后撤。我想我的立场是,并没有简单的程式能够让我们知道,如何才能在自由与平等之间找到正确的平衡。真正的问题在于你为什么要试图寻求这种平衡。你这样做,是因为不平等本身让你倍感纠结,还是因为社会弱势群体的处境让你难以释怀?我不觉得除此之外还会有什么别的因素。这与法律有什么关系？在我看来,这与法律的关系非常清楚。法律必须作为人们行使自由的框架。如果法律被过度的平等主义所感染,那么你就会对其为自由背书的功能失去信心。当自由支持自由人的追求时,它才是良好运转的。如果这些追求受民族主义、文化或平等主义理由的制约,那么自由就并不安全。但是,你如何照顾到那些在我看来我们必须照顾到的人,并提供公共善品呢?你应该以一种尽可能尊重自由的方式照顾他们,通过最中立的税收制度——一种具有再分配性质的税收制度——照顾他们。

196 **哈克尼**:这听上去倒是偏离了诺齐克在《无政府、国家与乌托邦》中对收入所得税制度的攻击。

弗里德:诺齐克最后其实就那个立场也做了让步。我的思路是你需要尝试用对自由伤害最小的方式来征税。你不能将税收制度作为推进其他价值的借口。税收制度是用来保障人性尊严的。而这意味着合同、侵权、财产、破产、反托拉斯(那些私法部门)必须保持它们的纯洁性与中立性(威克斯勒意义上的中立性)。这也是我为什么仍然讲授并且喜爱讲授合同法课程的原因。当然,批判法学所持的是与此恰恰相反的立场。

哈克尼:我想等一下再回到批判法学的话题上。很明显,《契约即允诺》直接攻击的对象是批判法学以及法律经济学。

弗里德:是的,我在《现代自由》当中重提了这一主题。

哈克尼:让我们继续聊聊《现代自由》中包含的思想。你所表达的国家观念,其中包含着基于共同体概念的再分配。你试图遏制追求过度再分配的冲动的方法是要限定具备合法性的再分配动机。还有一个你认为不能触动的心智自由原则(liberty of the mind)。能否谈一下你如何将心智视作行使自由的基本要素,而这又有什么意义?

弗里德:这是康德式的观点。心智是判断和选择发生的所在。你也许没法做你想做的事情。你也许被引力定律、被客观情势、法律或其他什么东西所约束。但你会意识到是什么在约束你。正因为如此,在所有我们谈到的这些必然约束所形成的制约压力之内,仍然保留了一个无法破坏的自由内核,因为至少你可以就那些约束做出判断。是你自己在判断你会如何适应这些约束——无论你会反抗,还是寻求改变它们——会如何调整自己的追求以适应它们。但是如果那些约束进入到了这种判断之中……

哈克尼:那就是极权主义。

弗里德:是一种极权主义,没错。它不是政治上的极权主义,而是道德上的极权主义。

哈克尼:当然,极权主义体制的首要目标之一就是钳制思想。

弗里德:对的,那是墨索里尼的名言。那就是他想做的。

哈克尼:如果我们思考当代政治,你往前再推的那一步很有意思。你从心智的自由前进到了性的自由。你开始琢磨这两者之间在哪些方面是紧密联系的。性的自由构成了另一个核心价值与约束。

弗里德:那不一样。有些约束是更有紧迫性的。对于心智不应有任何约束。人必须得自由地思考。一旦涉及身体,就无法避免要有限制,因为与心智不同,这里会有其他人受到影响。当然,即使是心智,我们也必须承认语言的社会性及其对思考的影响。你可以超越它,你也可以体验到这种超越。但那仍是有其约束的。即使对于心智自由来说也会有像语言这样的社会约束，正如迈克尔·桑德尔指出的那样。但你可以超越它们。即使不得不用你所试图超越的语言进行思考，你也仍然可以思考。关于这个问题的见解与我在许多方面相同的一个人是托马斯·内格尔。我对他所视极高。当你要讨论身体——性只是一个生动的表现，还有其他方面——那么涉及的约束就更困难得多。你怎么处理这些约束，怎么适应它们，并且将它们建立起来？你的处理方式是否追求能为所有人带来最大可能的平等自由？这是康德所代表的追求，罗尔斯也是如此，只不过是以另一种方式。这就是一种关于法律的理论；法律就是这样一套东西。法律是寻求创造所有人最大限度的平等自由的一套体系。你看看康德的《法的形而上学原理》——那就是他试图创造的体系。规则之治与法的确定性是不可或缺的要素，其意义在于，因为你的行为必然会受到约束，但至少你知道那些约束都是什么。这样你就可以在这些约束之内或之外规划自己的行为。但如果它们反复无常、随时变化，那你就无法规划。

哈克尼：针对性的约束，你谈了两个具体的例子。第一个是同性恋就其性行为享有的权利，第二个是性交易。

弗里德：这是人们认为应该存在约束的例子，而那些约束对我提出的观点构成了挑战。就同性性行为来说，那些约束是错误的。那是事实。对于性交易来说，那些约束既有错误，也没有错误。性交易确实有其低俗之处。但这足以支持禁止性交易的正当性吗？你如果在闲暇时间玩电子游戏，其实也挺低俗的。人们选择的许多合法职业都有低俗的地方。也许我不该这么说，但是选择做一个对冲基金经理而不是一个实业家,也不免有其低俗之处——但这不足以要我们去加以干涉。当然反过来说,性交易有一些方面,比如对于非自愿者的剥削,从任何道德角度看都是不能接受的。可能因此需要一些预防性措施,这会对自由造成一些影响,但这是为了在一个不完美的世界里保护自由不受原本可能发生的更大侵害。

哈克尼:我在阅读你书中有关性的段落时曾感到十分有趣。为了这本访谈录的写作,我对杜希拉·康奈尔也做了一个访谈。我不知道你是否了解她的研究。

弗里德:最近不是很了解——可能二十年前还好。

哈克尼:在性的议题上,她的立场其实与你非常接近。

弗里德:这不奇怪。

哈克尼:她谈到"性的存在"(the sexuate being)的观念,并且与那些想要将性交易非法化的女性主义者进行了持续的论战。康奈尔的立场是,性交易当中是可以存在自由表达的。她对于性交易中的强迫现象给出的救济是通过工会组织。我想你们二人的观点放在一起看是很有意思的。但是让我们谈一下宪法吧——美国宪法和宪法法理在什么方面接近你对法律应然状态的想法。

弗里德:没问题。

哈克尼:美国宪法的基本架构是一种强有力的承诺,保护心智自由、性自由(但在同性性行为方面存在某些明显例外)、私有财产、允许但并不要求保护弱势群体。你有关自由的结构实质上与当代宪法的解读吻合得很好。

弗里德： 我认为是这样。虽然当出现这种情况时，学者应有所警惕，但事实确实如此。

哈克尼： 法律的基本前提是伯克式的遵循先例的思想。有的保守主义就是存在于遵循先例意义上的，与之相比也有其他流派的保守主义，比如原旨主义或者自然法。假设激进的左派获得了美国最高法院的主导权，其基本后果就将是你所理解的反自由的法理学。

弗里德： 你说的是那种"照顾小老百姓"的法官。这类法官相信，他们的工作不是维护法律制度。他们不是法律的水管工或工程师，而是建筑师，甚至是一台音乐剧的舞台导演。如果他们的立场是那样，那么自由肯定会被抛到九霄云外。

哈克尼： 如果是那样一种情况，你就不会支持遵循先例了吧？

弗里德： 那是一种真正的两难困境，因为你要遵循的那个先例本身并没有遵循先例。罗伊诉韦德案（Roe v. Wade）就是一个绝好的例子。我曾经在罗伯茨大法官和阿利托大法官面前提供证词说，虽然基于先例的理由，我反对罗伊诉韦德的判决，但如果现在的法院推翻它的话，又会是对先例过于猛烈而突兀的违反。我在2005年时提供的证词指出，三十年过去后，先例要求法院继续维持罗伊案的判决。我强烈地相信这一点。我之所以相信它，部分也是因为该案的实体结果在我眼里是对自由有利的。

哈克尼： 但这个案子还没有触及最核心的自由利益。如果有一个先例确实损害了某个核心的自由利益呢？

弗里德： 人们对持有枪支案件的看法可能就是这样。持枪权案——海勒案（Heller）和麦克唐纳案（McDonald）——都是对先例的巨大冒犯。我假设法院所设想的是这里有一个核心的自由原则,因此先例必须让步。但这里的问题在于那并不是一个核心原则,根本犯不上去违背先例。

哈克尼:但是你确实认为先例在自由面前是要让步的。

弗里德:是的,但是如果有谁不得不做那个选择的话,那也是很不幸的,因为自由本身是受到法律稳定性的保护的。

哈克尼:你对原旨主义非常不屑一顾。它的主要谬误在哪里?

弗里德:它不可能是正确的。持枪权案件是一个绝好的例子。我们根本不知道制宪者在第二修正案中说的是什么,针对我们当前的情况,他们的意图又会是什么。如果谁觉得这是一件能够知道的事情,或者干脆说认为真有这么回事儿的话,那纯粹是癔症。在课堂上涉及这个问题时,我喜欢讲历史学家迈克尔·贝尔希尔斯的故事,他曾经在埃默里大学任教,其作品《武装美利坚》(*Arming America*)获得了班克罗夫特奖(Bancroft Prize)。他号称通过查阅各种各样的历史记录证明了,在美国建国的年代,拥有枪支的权利根本不是当时人们多么关注的一件事。支持持枪权的那拨人于是跳出来,质疑他并把他的研究搞臭。他们还把班克罗夫特奖也给收走了。但这个事情的滑稽之处在于,在贝尔希尔斯研究之前原初意图是一个样,贝尔希尔斯研究之后原初意图是另一个样,然后贝尔希尔斯被搞臭之后它又变成另一个样了。原旨主义不可能是对的。法律就是法律。历史学家从前和今后都会自由地做他们的研究,得出他们的结论,这些结论可能有争议,但是法律(人们是否可以在自己家里存放枪支)不能根据历史学家得出的结论变来变去。那是疯了。

200　　**哈克尼**：对这个问题上自由派的观点你又怎么看？比如以布鲁斯·阿克曼为例。

弗里德：我想一定程度上阿克曼在这个问题上和我所见略同。

哈克尼：肯定是的，如果是说他对原旨主义的看法。

弗里德：我是说在使用先例问题上的看法。

哈克尼：阿克曼相信先例，除了他所说的那种"转型时刻"出现之外。

弗里德：如果真有转型时刻这么回事，那它所起的作用也是提供和制造新的先例。人们会争辩例如州际贸易条款下的宪法教义是好还是坏，但木已成舟，不能回头了。或许过一两年之后仍然还有可能，但60年后就绝对不行了。所以就此而言阿克曼是正确的。

哈克尼：关于转型时刻，我们多说两句。显而易见，里根革命在美国以及全世界都是真正意义上的转型时刻。你作为政府首席律师在那当中扮演了一定的角色。当时司法部内的政治生态是什么样子的？

弗里德：我写的《何谓法律》那本书讲的就是这段历程。司法部里面有观点比较极端的人——竭力推进某种博克式（Borkian）的观点。毕竟，博克是由这些人提名的。我从未走到那一头去。我的关切是保护法律的纯洁性免受威廉·布伦南（William J. Brennan）这类人的猛烈侵袭。布伦南是那种恨不得每天都要推翻或扭曲三个先例的法官。当巴拉克·奥巴马说他会任命那种关照小老百姓利益的法官时，我心说，"哎哟，那不正好违反了无论贫富在正义面前一律平等的传统吗？"那种将法律当作某种操控手段的想法，在我看来威胁大到不可想象。

哈克尼： 不服从先例的做法也有一个保守派的版本。

弗里德： 还是罗伊诉韦德。但是，保守派会认为，罗伊案本身就是对先例的违反。在我处理涉及罗伊案的后续案件时，这个判例已经存在十二年了。事实上，如果你看我做政府首席律师时是怎么辩论这个问题的，我从没有提出过"绝不允许任何堕胎"这样的极端观点。问题在于罗伊案之后发展出来的情况是，对堕胎的任何类型的规制，其合宪性都变得可疑了。我的辩护针对的是这种论调。

哈克尼： 所以你并未持有那种宗教狂热式的立场。

弗里德： 一点都没有。当时，有些人竭力鼓吹的观点是宪法应该禁止堕胎，因为胚胎就是一个人，受宪法保护。

哈克尼： 你认为那种宗教原旨主义是否损害自由？一方面，心智自由的理念强调每个人都应以自己的方式自由地信仰。另一方面，当这种信仰对法律的涉入到了一定程度时，看起来就会损害你所理解的自由。

弗里德： 在民主制度下，人们可以把他们想要的任何理念带到政治当中。但是，在追求实现这些理念的过程中，他们必须尊重自由。显然，一些原教旨主义的立场并不会尊重自由。我认为如果我们的教育施行一种基于教育券的制度，很多这类人就会相当满意。如果你读约翰·斯图尔特·密尔的《论自由》，他认为公立学校制度是一种极其危险的理念，而他说解决这个问题的办法是采用一种教育券的制度。

哈克尼： 这也可以回到米尔顿·弗里德曼在《自由选择》中的说法。这一观点在保守主义内有很悠久的传统。这其实是一个很好的改换话题的地方，我们可以谈谈你对法律经济学的看法。你在《契约即允诺》一书中对法律经济学持批判态度。

弗里德：我很受其困扰，并且其实计划要写点跟它有关的东西，因为事实上在合同法方面，我的结论和法律经济学的结论是非常一致的。可能其他领域中也是这样。我在《现代自由》中写到了一些。在《契约即允诺》中，我未必真的在同法律经济学发生争论，因为那个时候它其实还没有真正出现。他们对市场的看法是波斯纳式的，但我只是将市场看做自由的人们聚在一起。

哈克尼：你的观点是否更近似哈耶克？

弗里德：是的。但我想恐怕不管对市场看法有何差异，你最后还是会达至相同的结论。法律经济学常常为你提供技术、分析和各种各样精细的方法，阐明一个哈耶克式的市场将会带来什么样的结果。因此虽然法律经济学背后的驱动看来是不一样的，但我认为它在很大程度上与我的观点交汇——这种交汇的程度足以让我感到不太对劲。我很少看到有通过法律经济学得出与放任自由主义观点不同结论的例子。当然也有像伊安·埃尔斯和凯斯·桑斯坦那种版本的法律经济学。

哈克尼：圭多·卡拉布雷西呢？

弗里德：圭多是个好玩的角色。在他确实还在搞法律经济学的那个时候，可能他搞的和别人也没有什么不同。

哈克尼：那他提出的损失分散（loss-spreading）的概念呢？那与放任自由主义应该大为不同。

弗里德：你应该看一下我与大卫·罗森博格合写的那本书，《创造侵权法》。保险是损失分散的市场形式，因此损失分散的概念和市场的视角并不相悖。

哈克尼：但那假设了人们有能力购买保险。

弗里德：我觉得很有问题，我很好奇，我会研究一下这二者为何现在呈现出汇合的态势。法律经济分析有一个新近的流派，我的新同事凯斯·桑斯坦、伊安·埃尔斯和克里斯汀·朱尔斯（Christine Jolls）运用的那种，我将其称作左翼法律经济学，心是往左边跳的。他们用行为法律经济学大做文章。行为法律经济学给父爱主义提供了好多理由，或者按我的说法就是借口。

哈克尼：市场失灵……

弗里德：不只是市场失灵。它说的是非理性。"他们"不知道自己的利益何在，所以我们得替他们去促进其自身的利益。这还算是法律经济学，因为经济学本身已经变得越来越具有行为主义和经验性倾向了。他们做各种各样的经验研究来表明经济行动者并不理性，因此我们得去矫正这种非理性。这里就会产生与放任自由主义之间的分歧。

哈克尼：很多这类主题在卡拉布雷西的《事故的成本》一书中都出现过。我想了解一下你对经济学各个不同流派的看法。我自己作为一个智识历史学者思考过的一个现象就是法学界构成的变化。如果我们拿20世纪80年代和当代的法学界做比较，如今那些在法律博士（JD）学位之外还有一个学术博士（PhD）学位的教职候选人都享受一个很好的溢价——尤其是在精英法学院中更是如此。教职市场给予那种纯熟的技术能力以很高的溢价。

弗里德：绝对是这样。

哈克尼：这种情况意味着大家在不同领域钻得很精很深，但同时不同研究进路之间发生竞争和摩擦的压力也就小了很多。

弗里德：是的。现在法律经济学做的都是经济学家做的事情。经济学家们搞的是技艺化的经济学。他们铺得非常广。我说的是像艾德·格莱瑟尔这样的人。他们通过向各种各样的领域传播自己的技术和思维模式，而将势力扩展得很广。我认为这种模式在占领整个学术界。你可以想一下托尼·克隆曼写的那本《失落的律师》(The Lost Lawyers)。可以说法学界发生的情况相当于他在法律职业界看到的情况。在业界，人文情怀的律师被商人式的律师所取代。在学术界，人文情怀的法学教授被作为社会科学家的法学教授所取代。社会科学在占领法学界——这是毫无疑问的。

哈克尼：但是这种学术的关注眼界会很窄。

弗里德：会拓宽的，但它还是社会科学。

哈克尼：这里的问题在于，比如说，文学批评博士出身的法学学者与经济学博士出身的法学学者之间，是否还会出现像德沃金、波斯纳、邓肯·肯尼迪这些学者之间出现的那种程度的交锋。

弗里德：那样的对话不会有了。

10

法律与哲学

朱尔斯·科尔曼

受访人：朱尔斯·科尔曼

朱尔斯·科尔曼是耶鲁大学韦斯利·纽康布·霍费尔德法理学讲席教授和哲学教授。他以其对于法哲学和侵权法理论的重要贡献而最为知名。他最重要的作品包括《市场、道德和法律》(Markets, Morals, and the Law)(1988)、《风险与过错》(Risks and Wrongs)(1992)、《原则的实践》(The Practice of Principles)(2001)和《哈特的后记》(Hart's Postscript)(2001)。围绕法律的性质和法律实证主义，科尔曼曾经同德沃金发生过一场著名的辩论。在此之后，科尔曼的名字与包容性法律实证主义的学说联系在一起。科尔曼的实体法研究领域是侵权法，而且他对于侵权法的哲学理解做出了数项重要的贡献。科尔曼的部分侵权法研究包含了对于法律经济分析——尤其是经济分析在侵权法领域的应用——的总体批判。

哈克尼：首先，我想问个开门见山的问题，为什么你选择待在法学院而不是哲学系？

科尔曼：嗯，我将所有这些选择看做是暂时性的，但这或许不是要点所在。若不是暂时性的，我们暂且说它们随时都会被改变，就像我会及时修正自己的哲学观念一样。我的主要领域一直都是法哲学，而且我关注那些依据哲学的视角让我感兴趣的问题——至于律师如何思考相同的主题以及法学院讨论这些问题的语境，我基本上不太关心。从前，我有一个非常抽象的感觉：我要教法律，以便懂的更多。我想通过教授侵权法加深我对这个主题的了解。我感觉到，法学院内的有些法哲学问题在更复杂层面得到了处理，但是在哲学系内，法理学所呈现出的复杂性水准要远远高于美国法学院。那时我认为，两者都是我应该学习的，对此我应该都会有所贡献。我也想，法学院里会有好的生活，是一个探求这些学问的好地方。当然，在去法学院之前，我一直在哲学系里教学和工作。起初我并没有选择直接去教法律。而且，这也不是针对任何特定的法学院的。在来耶鲁之前，芝加哥大学曾经给我提供了一份工作——那是个非常不错的地方——但那时芝加哥大学法学院不是非常具有哲学倾向。耶鲁法学院因极富哲学倾向而久负盛名。于是它似乎是最适合我的。除了知性和学术上的因素之外，还有一些个人问题。那时我在亚利桑那大学教哲学，但在西南地区感觉有些孤单。另外一个因素,我有理由相信去耶鲁的收入不错,而结果正如所料。我也希望距离自己的家——父母和兄弟——和其他人更近一些。

哈克尼: 你是纽约人。你去纽约城市大学—布鲁克林学院读了本科。你在那里是读哲学吗?你的专业是什么?

科尔曼: 我觉得我当时的专业是荷尔蒙。那时候我年轻、稚嫩、天真。读大学的时候我跟父母住在家里。我是我们家第一个读大学的。之前我对于学校可能会是什么样没有多少想象,因此我去了布鲁克林学院而不是康奈尔大学,而我很多朋友都去了康奈尔。入学之后,我压根不知道我想学什么专业。成人之后,我已经是一个准正统派的犹太人。我的祖父希望我成为一个拉比(rabbi)*,因此我接受了塔木德教育。从那里,我发展出一整套质疑权威和承诺的性质的问题。在布鲁克林学院就读时,我选择了三个专业——部分是因为我加入了一个叫做"学者项目"(Scholars Program)的计划,即你可以选择你自己的专业,小班教学,等等。于是我选择了物理学、哲学和政治经济学。实际情况是,我在物理学上碰壁了,因为它所要求的数学水平太高。起初我信心满满,直到学习微分方程的时候,我才意识到我已经碰壁了,物理学确实不是我的未来。政治学和经济学非常有意思,但那时候它们的主要内容是宏观经济学,更多的是对于宏观政治经济学的研究。布鲁克林学院的哲学教育水平最高。那里有出众的教师,并且我感觉自己擅长提出各种奇怪的问题——那种你读本科的时候会问的问题,比

---

* 拉比是犹太律法教师,亦是贤人、智慧和权威的代表,在犹太人当中备受尊敬。拉比一般经历严格的犹太教育,精通《托拉》《塔木德》《塔纳赫》等犹太教圣典。——译者注

如你或者他人是否有理由知道你或别人存在在这个世界上。社会上无法接受的唯我论在哲学上是可以接受的。我在很可能应该接受治疗的时候走进了哲学。布鲁克林有很多很好的哲学专业，其中很多毕业生成为了职业哲学家。我于1968年毕业，然后去密歇根大学读研究生。

哈克尼：在布鲁克林有某个老师影响过你吗？

科尔曼：当然。我很幸运。那里有很多非常好的教师，但我认为我当时主要受到了三个人的影响。一个是保罗·爱德华兹（Paul Edwards），他是《哲学百科全书》（The Encyclopedia of Philosophy）初版的编辑。他是个非常好的老师，涉猎广泛，让我对哲学产生了兴趣。另外有个人叫迈克尔·贝尔斯，研究法哲学和政治哲学。他是个非常年轻的教授，我与他过从甚密。他在哲学上受乔尔·范栢格影响最深，后者是我的研究生论文导师。他最终在职业生涯晚期自杀了，从那以后我一直感到很失落。第三位是保罗·泰勒。他操守极严，与我之前一起长大的小伙伴完全不同，他每天都穿呢子大衣。那是在60年代晚期，但他穿呢子大衣，并且留短发。他非常帅气、整洁。你无法看出他的年龄；他跟大家打成一片。他是一个非常认真和精确的思想家，曾经是普林斯顿大学的研究生。他每天从普林斯顿枢纽站坐火车，经过新泽西到布鲁克林。我要说，他最鼓励我，我最尊敬他。作为一个学者，他最为成熟，而且是他说服我继续从事哲学。实际上，我还保留着在他的课上写的论文。幸运的是，我从没想过发表这些论文！

哈克尼：那你什么时候转到洛克菲勒大学的？那是你获得哲学博士的地方。

科尔曼：没错。我先去了密歇根大学。那里伦理学很强，而且那正是我想深入的领域。讽刺的是,那是我第一次离开家,我过得并不好。我经历了一场严重的车祸,很多事情也都很不顺利。在密歇根,我的个人生活中没有一件事情是顺利的。我认为那时候我在情绪上还不成熟,或者说在心理上无法离开家。这说起来很难堪,但是事实。此外,虽然密歇根大学有三位著名的伦理学教授——理查德·布兰特、威廉·弗兰克纳和查尔斯·史蒂夫森——但他们在当年都不开伦理学的课。最终我选了金在权和拉里·史克莱的科学哲学课。他们开始对我产生很深的影响。当我意识到我在情绪上不够成熟自立的时候——这又一次让我非常荒唐地难堪——他们鼓励我申请洛克菲勒大学的科学哲学项目。于是我就申请了洛克菲勒大学。那是一个很小的项目。我曾与人开玩笑说我之所以被录取,是因为他们降低了录取标准。他们一般每年只招两个学生,但我那年他们招了四个。因此他们完全放弃了自己的标准,于是我就乘虚而入。我到洛克菲勒去是想做科学哲学,但事实上他们那里的伦理学、社会政治哲学很强。我的确跟着一位名叫约翰·依尔曼(John Earman)的教授做科学和逻辑哲学,他当时很年轻,至今依然健在。我旁听了他教的一个研讨班。那个研讨班汇集了纽约地区研究物理哲学的其他教授。我意识到我不仅没法跟上他们的讨论,而且根本无法插话进去。我当时具有足够的技术技巧——远超过一般伦理学学习者的平均水平——但我不具备能够在科学哲学里出类拔萃的技术技巧。与我一道走进课堂的两位同学大卫·马拉门特和斯科特·韦恩斯坦使我更加明显地认识到了这一点,他们后来都在科学和逻辑哲学领域取得了引人瞩目的成就。对我来说非常幸运的是,当我初到洛克菲勒的时候,罗伯特·诺齐克正在那里教书。之后不久他就离开,前往哈佛担任教职,但他在洛克菲勒的时候与我交往甚密,引领我最终走入了政治哲学和法律哲学。跟我一样,诺齐克在政治理论领域有着超乎常人的技术技巧。我们一起研究纽康布(Newcomb)的问题,我相信那是他在普林斯顿的博士论文题目,而且我们一起研究了更为笼统的博弈论和决策理论,以及一些政治哲学。之后他离开,去了哈佛,于是我就主要受到乔尔·范栢格的影响。正是诺齐克让我拥有的技术技巧有了用武之地,并且让我能够用它们开始研究政治哲学。

哈克尼: 我在试着思考这些知识影响的结合——也就是你通过学习物理学发展出来的整个技术结构、与诺齐克的相遇以及科学哲学。这些都以某种方式与你早年的一些思想,与你对于权威的质询和拉比教育结合起来。你最终去了耶鲁法学院读研究生学位。

科尔曼: 是的。我想想我能否说清楚这个事情。这部分是由于知性的原因,部分是因为个人原因。因此我将直接回答这个问题,随后补充一些背景。我在乔尔·范栢格和唐纳德·戴维森的指导下完成了博士论文,题目是《正义与事故成本的分配》(*Justice and the Distribution of Accident Costs*)。事情是这样的。跟当时其他研究法哲学的人一样,我想写一篇有关惩罚哲学的博士论文。我带着我的论文大纲去见乔尔·范栢格。他没怎么笑,但跟我说了一些话,大致是"无论你多聪明,无论你多有原创性,你也不会就惩罚哲学有什么新的想法或者有意思的说法"。我当时不知道他是在说我,还是在说当时的这个主题。他给了我一本书——《事故的成本》。他在这个偶然的时刻给了我这本书。他说:"或许你对于责任(responsibility)和法律责任(liability)的兴趣可以进入到哲学家尚未研究的领域——侵权法而非刑法"。于是我就读了那本书。老实说来，它在知性层面令我极为兴奋，但其写作风格却让我无法忍受。其句法几乎不能卒读，但其思想却不可思议。之前我从未就这些主题进行过思考。我受到了触动，于是对范栢格说："好，我愿意研究这个。我是说，我不知道我将研究什么，但我愿意研究这个。"他当时安排我去纽约大学法学院上一门侵权法课。于是我就去上了一位名为吉登·戈特利布的教授开设的侵权法课程，此人随后就离开纽约大学去了芝加哥大学。我不相信他因为有我这样一个学生去了芝加哥。我从那儿开始对侵权法产生了兴趣。我写了博士论文。在博士论文里，我所提出的根本问题是哲学式的，就是说，有没有正义的原则应用到了侵权法里面，而且它们对于分配事故成本有哪些说法？我论文的大部分都是无用的。其中有两章的讨论比较好。其余的部分就是综述了其他人的作品，有些部分其实就是凑字数。并不是说我没有努力。我当时的研究受到实实在在的知识限制。毕竟，我已经从刑法哲学里走了出来，每一个聪明人都在这个领域里写了点什么，因此我在这个领域里出新意的可能性不大。然而，这个领域已经极为发达，结构清晰，因此你完全没有必要走进这个领域，想着能有一番作为。

哈克尼：你当时知道正确的问题是什么。

科尔曼：没错。随后我走入侵权法哲学的领域，这个领域之前没有太多的人研究，我必须自己定义这个领域。这句话听起来要比现实情形更为重要。我仅仅是想说，我没有任何指导可循。我需要思考其哲学兴味所在。我需要有所选择，并且证明这在哲学上有意思而且很重要，然后从那里开始研究。那就变成了我的研究课题。那就成为了我学术生涯的终身研究课题。这个课题与其说是回答特定的问题,不如说是搞清楚重要的问题是什么。于是,长期以来的研究都不是说有了一个想法进而仅仅把这个想法不断地炮制出来。将我所做的工作做那样的描述是不准确的。我是在致力于重构、重塑和型构这个领域,试图理解侵权法在哲学上有哪些有意思和有意义的问题,法律如何可能促进我们对负责任以及责任和可问责性在我们生活中的位置的理解。我为与这个领域一起成长而自豪,并试图实质性地参与到定义这个领域的工作之中。但草创之际,我无迹可寻。我是说在我行进之时,我将它创造出来。

哈克尼:我想稍后再聊侵权法和你的侵权法理论。似乎你的著作有两个重点。一是具体的主题——侵权法以及你所提及的其他问题。另外一个是一般法理学。因此这里有一整套的问题出来了。我想聊聊那个,但在进入那一点之前,作为思想史的问题,你如何定义分析哲学(一种起源于维也纳,兴盛于英国进而进入战后美国的哲学)和分析法学之间的联系?

科尔曼:嗯,回答这个问题可以有无数的方式。但我尝试一两种比较具有启发性的方式。我倾向于将你所说的分析哲学追溯到哲学史当中,就是说,每一个人都是一个分析哲学家,或者说他们所做的都可以称为分析哲学。或许应当将其看作是启蒙运动的一个部分,而不是仅仅将其与维也纳和逻辑实证主义运动联系在一起。其基本思想是这样的:宇宙是可以理性认知的,可以通过我们的反思而理解它。无疑很多启蒙哲学家认为通过理性地理解世界,我们最终可以控制它,或者进行一些控制。更谦恭地说,如果我们能够彻底理解自然世界并决定其理性结构,我们或许有希望理解我们在其中的位置。启蒙运动的一部分工作就是去神秘化——因此启蒙运动是一种去神秘化的观念,它是一种科学认识论,也是一种认为我们的经验最终可以得到理性重构的思想。因此,对于我来说,分析哲学是普遍启蒙运动的一部分。即便到头来自然世界缺少一种深度的理性结构,至少人们可以通过探求的分析工具揭示一些事实。如果我们遭受了非理性的命运,我们至少可以理性地发现它,从而得益。

这与我对分析法学的兴趣尚无关联。对于我来说,两者的关联有着更为个人的源点。我读大学的时候钟情于卡夫卡,他自己既是一个法律人,也是一个犹太人,并且他作品中的人物似乎永远带有负罪感——大多是他们确信自己犯过、但却忘记了具体内容的罪。自由浮动的、弥漫四散的负罪感,一直是我个人心理和情绪生活的一大部分。我将很多精力投入到寻找可以让其有所依附的载体上!

嗯,除了负罪感之外,卡夫卡触动我的地方是法律人的生活以及面对权威人物和机构时那种受伤的残缺感:一种你必须保护你的生活的感觉——就像阿尔伯特·布鲁克斯(Albert Brooks)的电影——同时你意识到你本身无力保护自己,而且无法保护你的生活。这就是有关法律的全部重要问题所在,尤其是权威。权威的性质对于我来说尤其难解。如果权威命令你做 X,于是接下来的想法就是你必须做 X;如果这个权威命令你不得做 X,你就不能做 X。这跟 X 本身是什么无关。这是如何可能的? 但从我的个人经历来看,这正是法律的性质以及所有这些在权威面前的无力观念,对于未能服从命令的负罪感居于其中心。因此我有一整套的个人原因可以解释我为什么钟情于法律;同时,我拥有分析哲学的工具来进行探究。对于有些人来说,这似乎是一种主题和工具之间的不匹配。但这正是成为一个分析法学家的意义所在。个人情感生活中最深层也最普遍的面向，被放置在科学家的显微镜下，以外科医生手术刀般的精准度而得到处理，由此，我们希望可以最终理解它们，并且通过理解它们而更好地理解我们自己——即便我们仍不可能让自身摆脱它们的控制。

哈克尼：人们经常将卡夫卡和存在主义联系在一起。人们以不同的方式回应他提出的问题。一种方式是科学式的——让我们深入其中，庖丁解牛。另一种是存在主义的——对于生活意义的心理学反思。

科尔曼：我有一种理论：我所认识的大多数进入分析哲学的人都是从存在主义开始的。你读了存在主义的文学，并且其中充满了你开始思考的想法，之后你感到它并不那么精确。你被这些主题和它们所被呈现的文学方式所吸引，但最终发现那些讨论无法满足你——这取决于你的脾性。然后你开始找寻机制、工具和方法来理解那些你所熟知的东西，无论你用数学、科学还是哲学。你感觉到，就其论证、基础等等的优先关切来说，它们都一样。这就是说同时将自己看做研究主题的一部分，而不是用第三人称的视角。

哈克尼：这听起来是非常笛卡尔式的。

科尔曼：是的，有一点。你是研究主题的一部分。你将它们普遍化，而不是仅仅现象学式地输入你对事物的经验。基本上来说，这就是分析的路径。它不大是归纳——归纳当然是课题的一部分——而是触及根底，触及深层结构，而不是归纳一切事情。

哈克尼：我想多谈点分析法学的话题。但让我们回过去聊一聊你个人的经历。在你开始上路并且经历了一系列知性遭遇的时候，很明显整个世界也在行进之中,历史也在行进之中,于是我们经历了越南战争,我们经历了民权运动以及其他重要的社会事件。这些事件有没有对于你想问的问题或者你想追寻的方向产生一定的影响?

科尔曼: 嗯,我认为答案是肯定的,不同的事情以不同的方式影响了我。有些是直接影响,有些是间接影响。首先,比如说我痛恨越南战争。当我是个哲学系的本科生时,伦理学和政治哲学的主要关切是元伦理学。黑尔在研究大问题。史蒂文森在研究大问题。"善"的意义问题大而无边到令人悲伤的地步。罗尔斯那时候还没有登场。在某种奇怪的意义上,越南战争为思辨或者实体政治哲学提供了环境。越南战争以某种方式拯救了政治哲学。同时还有民权运动。它建立在这样一个想法之上:政府可以为善好(the good)做出贡献。问题在于发现正确的技术。这引出了一种将法律作为此种技术和工具箱的观念;政府需要做好事。那对于我有很大的影响。无论我对于法律有何种兴趣,这些兴趣都可以放在法律在解决社会问题方面能做什么的框架中去。

这些都是我自己的思索,但二战之后不久,哲学从实体问题退回到元问题。实体政治和法律哲学退回到日常语言哲学和语言的地位问题。教授们教我们通过研究我们的说话和思考方式来理解世界。60年代后期,尤其是70年代对于哲学来说至关重要。越南战争让实体政治哲学变得重要起来,而民权运动复兴了政府应成为改革引擎和法律可成为改革工具或手段的观念。讽刺的是,那是一个对于政府极不信任的时代,但同时也是一个对于政府作为——通过法律进行作为——抱有乐观态度的年代。只要看看当时主流的哲学著作就可见一斑。它们都是改革宣言。社会存在问题,而国家不能够退而不理。

国家通过法律可以推动变革和改革。70年代法学院的课程无一不围绕着"无知之幕后的个人将就X做些什么"的问题展开,似乎回答这个问题是决定法律应该是什么或做什么的不二法门。

我当时感兴趣的社会问题是关于事故和灾祸(misfortune)的。我最终认识到,我深度而持久的兴趣是在灾祸和责任上,但当时我并没有区分自己对于灾祸的兴趣和对于事故或者仅仅是霉运的兴趣。我就是完全沉浸在我们如何减少生活灾祸的问题上。我对于国家的能力总体上是乐观的。那是我的核心观念。如果罗尔斯和卡拉布雷西是乐观主义和改革的代言人,诺齐克就是怀疑主义的代言人。同一个政府既然能够打不义的战争,也能够在没有正当理由的情况下掠夺个人的东西。政府职能最好仅限于执行自治个体之间达成的协议框架,而不是替他们做判断。

放任自由主义者在经济学阵营中有很多同道:从公共选择经济学家(他们将政治精英看做寻租者)到福利经济学家(他们对于市场有一种知性偏好)。因此我对于经济学基础的关切,受到经济学理论的技术问题——如效率的性质——的促动,同时也受到政治哲学问题的激发。讽刺的地方当然在于,经济学领域的许多效率理论家同时是国家推进集体利益能力的信奉者;他们只是对于国家提供帮助的最佳位置的条件比较担心。相比而言,放任自由主义者完全不相信政府做好事的能力。于是从一开始,我就很清楚放任自由主义的自由市场政治理论家和经济分析的联盟至多是脆弱的——一种已经被证据证明了的观点。

我对于法律和改革的可能性非常乐观,而且由此我受到了卡拉布雷西极大的影响。当然,我不像卡拉布雷西那样那么关注最优遏制

（optimal deterrence）问题。对我来说，问题在于灾祸，就是要找到社会正义的原则，据此来分配这种普遍社会问题的成本。

哈克尼：我想回到侵权法的部分。但首先我们把法理学的事情谈完：哈特和分析法学的张力、德沃金对哈特的批判以及法律实证主义两个阵营之间的哲学交锋。

科尔曼：我从范栢格那里开始对哈特产生兴趣，他告诉我他受到哈特的影响最深。除了一点不同——哈特就法律的性质写过很多东西，而范栢格从未就法律的性质写过什么。他围绕刑法问题、责任的性质和其他哈特所写过的题目写作，但范栢格从未写过任何关于分析法学的东西——一点都没有。因此那是一个空白。我在洛克菲勒读研究生的时候，罗纳德·德沃金曾经去做过几次讲座。他那时刚刚离开耶鲁，去了牛津，而他在洛克菲勒大学所做的系列讲座我都很感兴趣。这些讲座的主题是一些抽象的问题，比如，是否可以将法律看做一种游戏，一种由可决定结果的封闭规则所界定的游戏。德沃金认为，哈特将法律基本上看做一种封闭的规则体系，其明确规定了自身的成功或有效性条件。凑巧的是，那时候我在跟依尔曼研究科学哲学，而且我们当时在讨论奎因和卡尔纳普之间的争论。卡尔纳普认为，任何话语领域都是因一套意义规则才得以可能的。那些意义规则具有独特的地位。该领域的所有事情都可以修正，然而意义规则却不行，因为它们使得话语得以可能。意义规则或者意义假定可以被更改或者改变，但这仅发生在这样一种情况下，即由意义规则所定义的领域在实践中让我们栽了跟头。也就是说，这种认识世界的方式没有最终帮助我们成功地前进——如果它们提供了短缺的解释和预言。对于哈特来说,承认规则(rule of recognition)在定义法律的领域时起到了——在卡尔纳普看来——意义规则的作用。承认规则使得法律变得可能,而且在一个特定共同体内,承认规则使其法律体系得以可能。因此,虽然你能够在法律里面做出改变或者修订,但承认规则具有不同的地位。仅当整个法律体系在其现实任务当中失败的时候,承认规则才可能被改变。奎因拒斥卡尔纳普的图式。意义假定与其使之得以可能的话语混在一起。而我们可以认为,德沃金对哈特做出了相同的反驳。质而言之,承认规则并无什么特异之处。它同样处于混合体之中。法律并不取决于承认规则,而这种承认规则一方面在性质上独立于话语领域,另一方面又使之得以可能。对我来说,这是德沃金对法律现实主义的反驳中最令人兴奋的洞见。我在多年之后才发现奎因和德沃金之间的相似性,是我的朋友、杰出的侵权法理论家本·齐普尔斯基向我指出了这一点。

对于我的思想而言,德沃金在方法论上是奎因主义者,唯一的不同在于奎因对于规范性抱有怀疑,而德沃金那里全是规范性。而且正是与奎因的整体论(holism)和实用主义的联系激发了德沃金对于哈特最深的批判。然而,德沃金的反驳从未以这种方式明确表达出来,而且他对于哈特最早的批评更具体地集中在道德原则在法律中起作用的方式上。德沃金认为,实证主义的法律观并没有考虑到法律实践的一种普遍特征——简言之,就是没有考虑到道德原则作为有约束力的法律准则所担当的角色。我不觉得这种说法有说服力,但即便我写了一篇德沃金《认真对待权利》的书评,我也没有完整地回应他。我初步的想法表达在一篇发表在《加利福尼亚法律评论》的书评中。在发表之前,我将书评寄给了德沃金一份。在之前的经历中,我们相处得很好。当时我对自己在法理学领域的观点还不像后来那么自信,这多半是因为我在这个领域尚无作品问世,我一直把自己的研究局限在侵权理论。而最终我发现这是正确的事情,应该做。那时我年轻幼稚。如果我犯了错误或者做了有失公允之事,那么没人比作者更适合对我作出指正了。于是我认为对我来说,表达尊敬的方式就是寄给他这篇书评,我就这么做了。而他给我发回一封电报,那是在电子邮件出现很早之前的事情。他发回了一封电报,基本内容如下:"书评收悉,停;勿发表,停;错误百出,停;即发长信。"我说过,当时我年轻敏感,易受影响,在最好的情况下也会感觉很坏。这封电报完全把我摆倒了。我吓坏了。真的。数日后,我收到他的来信。我记不起德沃金的信是发自英国,还是坎布里奇,德沃金当时正在哈佛访问。那封信让我绝望。直至今日,我仍然能够大体一字不差地复述这封信。信大概是这么写的:

亲爱的朱尔斯:

我的书出版以来,评论很多。多数评论来自政治学家和律师,他们对我试图做的事情一无所知。我很高兴得知你在写一篇书评,因为你是一个真正训练有素的哲学家,应该能够理解这本书的论述。请想象一下我发现你未能理解我的论述时的惊讶……

之后的内容并无多少好转。这封信余下的内容是长达五页对我的评论的批评。我根本无力从头至尾通读这封信。几天之后我才读完了它——这无疑是我缺乏自信的表现。德沃金的要点有这么几个。对我来说,幸运的是,对书评当中我自信正确提出的几个问题,德沃金例外地没有加以批判。这些问题与效率有关，而且我知道在这个领域我比大多数哲学家更在行。这对我来说是最好的事情，因为它给了我自信心，就是说我并没有全错！更重要的是，它使我想到，也许这封信是一种威慑，而且我收到的这封信并不是全在评价是非。但请相信我，对于是否发表这篇书评，我仍然是个惊弓之鸟，因此我将书评连同德沃金的信寄给了理查德·瓦塞尔斯托姆（Richard Wasserstorm）和大卫·里昂斯（David Lyons），两位在我入行的时候指导过我的杰出法哲学家。我请他们根据德沃金的评论对我的书评做一个坦诚而客观的评估。他们非常帮忙。他们给了我一些建议，告诉我总起来说书评非常公允，而且理性的人不会不同意其中的实质问题。我根据他们的建议做了一些修改，然后发表了那篇书评。这是德沃金第一次质疑我的哲学能力，但绝不是最后一次。

在这之后，我决定继续研究这个问题，看看我能否详细阐发一下哈特会如何回应德沃金对他实证主义的批判。数年后，我发表了那篇《消极和积极的实证主义》（Negative and Positive Positivism）的论文，在文章中，我论证了一种哈特路线的辩护，以此来回应德沃金对哈特观念的最初批判。后来，这篇文章被哈特和其他人普遍认为是"创造"了一种独特的法律实证主义。这种形式的法律实证主义开始被称为"包容性法律实证主义"（inclusive legal positivism）。相信我，我并没有意识到我正在发明一种"新"形式的实证主义。我所想的不过是我正在发展一种始终存在于哈特脑海中的理论。大约同时，约瑟夫·拉兹（Joseph Raz）在以不同的方式回应德沃金的批评。而且有趣的是，我那时根本不认识拉兹。在我毕业之后，拉兹曾到洛克菲勒大学做了整学期的访问（或许是一年）。我希望当时能够有机会与他一起研究，若是从那时起成为好朋友,或许他能够让我的研究少犯很多错误。我可以试着解释拉兹的回应和我的回应之间的区别。

哈克尼:那个排他性与包容性的区分?

科尔曼:是的。好,现在我公开说明一些事情。我是这么回应德沃金对哈特以及更一般意义上的实证主义的批评的:法律实证主义背后的核心观念并不是道德原则是否应该具有法律拘束力;正是因为其诸多特征,道德原则是具有法律约束力的。如果道德原则具有法律约束力,是因为正在实践着道德原则的官员认为它们有约束力,那么这就是实证主义的全部要求所在。官员的某种实践是法律的基础。我现在会这么表述,这种实践最重要的特征是,官员对于其行为持某种特定的态度。哈特将这种态度叫做内在视角。正确的认识方式是将官员理解为对其行为采取了特定的视角。那种视角是规范性的。官员将有关他们正在做的事情的事实理解为具有某种规范意义。如果他们在行为中将某些道德原则当作具有约束力的法律准则,并且他们对于那种行为抱有"规范"的态度,那么那些道德原则就是权威性的法律准则。内在视角是一种对待特定事实的态度;它认为这些事实具有特定的规范意义,而其规范意义就体现在行为之中,既包括证成的行为,也包括批判的行为。如果法官有一种如此对待道德原则的实践,那么从实证主义的视角看,这就足以把那些原则看做是具有约束力的法律准则的一部分。对于实证主义者来说,那恰是将权威的标准变为法律的方式,因此为什么不足以将道德准则也变为法律呢?因而我论辩称,德沃金恰恰在这一点上错了,即实证主义无法解释道德原则如何获得法律拘束力的事实。这就是最终被称为包容性法律实证主义的立场。我当时并不这么称呼它。我把它叫做纳入主义（incorporationism），因为我的想法是，法律可以用某种方式纳入道德。我对德沃金的回应是：瞧，你说道德原则能在法律上具有拘束力，而这就是这一事实可以同实证主义相兼容的方法。

拉兹的回应分为两个部分。第一，你德沃金说道德原则具有拘束力，而且你推论说因此它们是法律的一部分，所以道德原则具有约束力是因为它们是法律。你的错误在于，你认为一些东西因为对官员具有拘束力而成为法律的一部分。事实是，很多东西具有拘束力，但并不是法律的一部分。一个法域的法律可以在另一个法域的案件中具有拘束力，但并不因此成为那个法域的法律的一部分。法国的法律可以在美国发生的一起争议中具有拘束力，但并不因此成为美国法的一部分。因此，拉兹区分了对官员具有拘束力的规范和因其是法律的一部分而产生拘束力的规范。这一点很棒，而且无从回避。另一方面，仅仅证明道德原则并不像法律那样具有拘束力还是不充分的。这仅仅表明，人们无法从事实中推出它们具有拘束力因而是法律。因此拉兹需要另外一个论证支持其结论，即，道德原则不能成为法律的一部分或者合法性的标准。拉兹的论证基于他的一个主张，法律意在成为一种正当的权威。在我看来，道德原则可以一种同实证主义兼容的方式成为法律。而拉兹认为，道德原则不可能成为法律，因为如果道德成为法律，将会与法律作为一种正当权威的论断不兼容。拉兹的观点最终被称为排他性的实证主义（exclusive legal positivism），而我的观点则成为了包容性法律实证主义。

在这之后，围绕着何者是实证主义的正确形式，产生了一场持续甚久的辩论。我必须说，这有点经院哲学的感觉。它是实证主义内部的一场辩论。部分非常有用，也很有价值，这部分是，道德和法律之间的关系是什么？这是个大问题，这场辩论从某个角度阐明了这个问题。但哪一个是正宗法律实证主义的问题，说实话，并不是我的兴趣所在。而且即便我对这个问题有一点点兴趣，我也没有拉兹那样对这个问题感兴趣。或许数年后去欧洲做系列讲座的时候我才发现，这场辩论在西班牙和意大利占据主流，而且支持我的那一方赢得了辩论的胜利。讽刺的是，在我去那里做讲座的时候，我必须告诉他们，我对这场辩论没兴趣。我不在乎我的立场赢了还是输了。我所试着做的事情就是划定一种需要加以处理的立场。我从未认为这种立场就是正确的法律观或实证主义的法律观。事实上，坦率地说，虽然在我看来，排他性法律实证主义者从未提出对我的立场的有效反驳，但我始终觉得他们的立场是更有吸引力的观点。多年以来，我一直与拉兹关系很好。在我心中，他是我们这个时代最优秀的法理学家。我确信我跟他一起让这场辩论始终保持着生气，因而我可以确保自己被人提起的时候总是和拉兹在一个句子当中。

我认为，德沃金是我们时代最具有创造力和想象力的法哲学家。我也认为，他在法律和政治哲学之间建立了最深刻、有趣和重要的联结。讽刺的是，哈特之所以始终无法退场，或许德沃金的功劳比其他任何人都要大，因为他通过批判哈特使得哈特历久弥新。德沃金是一个有着非凡才思的法哲学家，我对他怀有最深的知性敬意，而拉兹则具有最高的知性真诚和论证品质。我为自己同他们的名字并列在一起而感到荣幸。因此多年以来我与拉兹关系一直都很好，而德沃金与我的关系则稍冷一些，以至于这对我个人来说始终都很困扰。

哈克尼：因为你对德沃金很尊重，这种关系就更不好相处了——变得更加困难了。

科尔曼：我是说，他曾写过一个书评，评我的《原则的实践》(*The Practice of Principle*)那本书，对我的观点和论证极为轻蔑。几个月之后，我才完完整整地读完了书评。德沃金的书评极大地伤害了我，而更加令我受伤的还是接下来的事情。这篇书评是在耶鲁举行的一场法律哲学研讨会之前的几天发出来的。我与几位学者一道每年组织一次这种研讨会，帮助指导这个领域内的年轻人。一位参会人员带着三十多份这份书评的复印件进入会场，分发给与会者。我实在想象不出，为什么他在读完德沃金书评之后会这么做，唯一的可能就是要伤害我。这种行为绝不是要展示德沃金是多么心胸狭隘和固执己见。这是一种不可思议的敌对行为。无论怎样，它给我带来了双重麻烦，因为德沃金在那篇书评里谴责我的诸多事项里面，有一个就是我和拉兹一起组织了这个青年实证主义者的行会，在期刊上发表文章，并且举办同仁研讨会。我认为这是指导雅典的年轻人，而不是毒害他们。当然，正是在一次这样的研讨会当中，那篇评我的书的书评扩散开来。显而易见，整件事有多伤人。事实上，我在十年间不断邀请德沃金参加这个研讨会，但他从未接受邀请。我相信，他和拉兹都是这个领域内最重要的人，而我希望这个领域内的年轻人能够接触到他，以便他们可以像我一样为其才华所激发。不幸的是，他从没有出现过。

在那篇书评里，德沃金还说，实证主义者根本不在乎法律的实体问题。讽刺的是，《原则的实践》前三分之一的篇幅都在讨论侵权法。《泰晤士报文学增刊》(*Times Literary Supplement*)的一篇书评指出了这个讽刺的事实,嘲笑德沃金竟然就一本大部篇幅讨论实体法的书说实证主义者缺乏对实体法的兴趣。我能说什么呢?老实讲,当我最终从头到尾读完那篇书评的时候,我发现他反驳的质量令人失望。我曾有机会回应他,但我就是不知道从何说起。更重要的是,我想这个领域本身会有公断的——事实的确如此。

哈克尼:我很高兴听到你对排他性/包容性辩论的讨论,因为作为一个法哲学的外行来读这些论述会觉得很困惑。你从这个狭义的哲学问题拓宽了视野。你采用了哲学实用主义的立场。我对哲学实用主义和包容性法律实证主义的关系很感兴趣——如果两者有关系的话,这是一个问题。另外一个问题是,披上实用主义的斗篷之后,你说你并不是跟风罗蒂(Richard Rorty)这位实用主义大师,而是披上了奎因的斗篷。你能不能把整个故事再讲讲?

科尔曼:当然,我尽力。让我们回到奎因和卡尔纳普的辩论以及德沃金和哈特的辩论。对我来说,这跟如何思考承认规则有关系。我往往会强调实用主义的两个中心论断。一是整体论(holism),另一个是修正论(revisionism)。整体论可以这么来理解,我们应该把我们的诸多信念当作一个整体,而非一个个地进行处理。事物是普遍联系的。只不过有些联系比较强,有些联系比较弱。修正论可以这么来理解,把我们的诸多信念当作一个整体之后,下一步就注意到,我们碰巧发现一些证据,与我们拥有的那套信念不相容。问题在于:我们是否应该将这些证据纳入进来,因而放弃或者改变我们的信念,抑或是我们拒绝接受这些证据——通过解释而消除它们?如果我们将其纳入进来,那么我们必须改变我们的信念。我们必须修正。但我们如何修正？我们改变或者放弃什么呢？那将取决于在我们的信念中哪种关系相互之间的联结更强。换句话说，在纳入新信念的过程中，放弃哪种信念能够使得其余最大数目的信念最好地相互搭配。我的意思是，哪些信念对于支持或者论证其他信念最重要？对于其他信念而言，从论证和解释的视角看来，哪个信念是更具中心性的？我们在做出修正之时，所用的方式对信念之网以及信念之间的推理和确认关系要造成最小的伤害。

这里的核心思想是，在原则上我们的任何一个信念都不能超越基于新证据的修正。也就是说，事事皆在这个混合体之中。因而我认为，哈特的承认规则并不在这个混合体之中。它超越于修正之外，因为它断言它使得法律观念本身得以可能。这就好像卡尔纳普的意义假定。对于哈特来说，同卡尔纳普一样，所有因为承认规则才得以可能的规则都在混合体之中，可以修正和改变。在承认规则存在之时，我们可以讨论何种规范是有效的法律，但我们无法讨论承认规则本身是否有效。这就是其与意义假定的类似之处。是它使得其余的游戏能够进行下去。

那么，理解德沃金的一种方式，就是把他看做奎因与卡尔纳普辩论之中的奎因。德沃金实际上是在说，如果你在这个意义上是个真正的整体论者和实用主义者，那么你将会信奉一个观念，即万物都在混合体之中，无一不可以根据"新证据"而加以修正。我认为这就是我和德沃金的相同之处；一种整体主义和修正主义的哲学方法论，其中没有什么不可修正——包括承认规则。因此如果我相信哈特的承认规则（事实上我并不相信），我就会将其看做一种使得法律得以可能的规则，因而不能够以常规方式加以修正。我更可能会将其看做法律中心位置的一种核心信念——一种我们不大愿意改变或者修改的东西,因为它对于很多其他信念来说如此核心,我们借由这个东西才能获得这些信念。但它并不能够超越修正或改变。我认为这其实是德沃金的追求所在——当他拒斥实证主义的承认规则图式的时候。而对我来说,这在实用主义思考事情的方式中非常明显。承认规则并不是一种为了让法律得以可能而必须接受的惯例。它自己也在混合体之中。

哈克尼:需要接受修正……

科尔曼:不错。因此,我认为这是我与德沃金存有共识的地方。我是个整体论者。我倾向于将法律体系当作一个整体来思考。而且我也相信,万事皆在混合之中,都可修正。就其推论而言,一些规则远比其他规则要重要。时至今日,尤其是在法学院,实用主义代表了一切迥异于各路哲学实证主义者的信仰的余数。如果相信主观性多过客观性,并且抵制真理的可能性,现在看来基本上是一种怀疑论乃至犬儒论。悲哀的是,这是懵懂无知、未加反思地接受理查德·罗蒂最糟糕论著的结果。法学院内声称披着实用主义斗篷的学者通常受到了自诩为实用主义者的波斯纳的影响。当波斯纳将法官称为实用主义者的时候,波斯纳强调的是法官可以合宜地运用复杂细碎的常识。当然,在波斯纳看来,常识等同于经济效率。法律主体作为实用主义者,并不是指他是一位真理和客观性的怀疑论者,而是指他是一位行使着实践判断的人,即尽其所能地蒙混过关,保证不翻船,开着它乘风破浪。当然,为了做到这一点,他必须做一个经济学家——没有数学的经济学家。罗蒂的信徒们在法律学术圈是搞哲学的——只不过搞得不好。波斯纳的信徒甚至都不愿意装作自己是搞哲学的。如果非要说的话,他们是反哲学的。我正试着在法学圈里将实用主义从以上两者当中拯救出来——但至今成效甚微。

哈克尼:我不认为波斯纳真的将自己看做一个哲学实用主义者。他认为自己是个实用主义的法官。

科尔曼:在《超越法律》里面,波斯纳有一段讨论,质疑职业哲学家——包括我在内——对于法律政策的贡献是否有价值。波斯纳的批判反映了当代法学教授的成见。如果你的作品没有政策建议或者不花十页的篇幅讨论法律应该怎么变革,或者法官应当怎么判案,那就没什么意思,因为太不实际了。因而哲学实用主义在这个意义上是脱离实际的,因而没意思。我要先表示抱歉,但也不得不说,充斥于长篇大论的法律评论文章里的政策建议大体上都是没用的。它们千篇一律,就其绝大部分而言,任何地方的决策者都根本不会留意。而且,顺便说一句,致力于理解我们正在做什么、怎么做以及我们是谁,提出这些问题是没有错的。实用主义作为一种理论并不旨在要有实际价值;理论就是理论。

哈克尼:我只是想看看自己是否能够搞清楚你在罗蒂和奎因的观点之间做出区分。这不更多是一种感觉吗?因为罗蒂说,本质上……

科尔曼:全与政治有关。

哈克尼:嗯,他最终是说全与政治有关,但在得出那一点之前,他说真理是可修正的;他在以一种听起来像你讨论承认规则的方式思考真理。

科尔曼:我认为罗蒂并不总是严肃正经的。有一个面向公众的罗蒂,同时还有一个做严肃研究的罗蒂。我认为他在两种意义的哲学之间往返穿梭:一种是作为职业哲学家从事的心智活动,另一种是一种民主的形式,一种政治。他是个公众人物,可以随性展现自我。问题在于,崇拜罗蒂那些二流思想的学者们无法区分他的严肃作品和不那么严肃的作品——姑且这么说——而且罗蒂自己也不愿为它们分门别类。结果对于很多学科来说并不是太好。罗蒂不像那些法国哲学理论家一样对于各个人文学科那么有害,但有时候他给追随者们提供了赚钱的机会。

哈克尼: 现在我想聊点侵权法有关的事情,对于我们两人的内心来说,这个题目既是贴近的(near),也是亲切的(dear)。你能否阐述一下你对矫正正义和侵权法的观点,你是如何理解矫正正义在侵权法内的运作的?

科尔曼: 对于矫正正义,我有很多不同的观点;就这个概念而言,很难讲我只有一个观点,因为我花了很长时间来思考它。如果你的职业生涯足够长,而且你对一个主题的思考时间也很长,那么你的观点肯定经历过很大的修正。对我自己而言,我关于矫正正义、侵权法的性质以及两者之间关系的认识一直都在变化之中。我是否应自欺欺人地坚持我的观点不过是在演化,抑或是反之承认它们发生了重大的变化,这对我而言是一个没有太大兴趣的问题。原因在于,我用了几乎整个职业生涯,尝试搞清楚重要的问题是什么,同时寻找一种方法表述正确的问题。为此,我将各种立场都公开展示出来。我希望在做这个工作的时候运用知性的真诚,也就是说,我把自己当前思考的最佳版本展现出来。之后,我诚惶诚恐地等着,看这些呈现出来的观点能否在批评面前站得住脚,看它们是否激发了其他人去研究同样的问题。

我在读本科的时候有个英文老师,他的名字我一时记不起了。他对我的影响极大。他曾经说过,最难的事情就是提出正确的问题。之所以有些问题是正确的,是因为这些问题的答案是真正具有启迪性的。因此,如果我必须在给出好的答案和表述正确的问题之间做出选择,我想我会选后者。我认识一位出色的哲学家西德尼·摩根贝瑟尔(Sidney Morgenbesser),在我职业生涯的早期与我颇有交情。当他的学生为了纪念他而选编文集时,他们把文集的题目定为《多少问题?》(*How Many Questions?*)。我喜欢这个标题。当然,我相信摩根贝瑟尔也是一个拉比,因此我希望我对于问题的执着并不仅仅因为我是个犹太人,因为我接受过宗教教育。如果你看过电影《严肃的男人》(*A Serious Man*)的话,你会知道谁都没有真正的答案。渴望提出正确的问题已经足够了。如要提出正确的问题,你必须具有某种思考问题的创造性,还要有以多种不同方式切入问题的意愿,以及不断反思自己观点的开放头脑。

如果我到了你家,不小心打碎了一个花瓶,问题是我现在该做什么。一种思考问题的有益方式是这样的。在进入你家或者接触到你的财产的时候,我有一种理性告诉我要小心行事。当我打碎花瓶时,我就没有遵照理性。到目前为止,一切都很好。但问题马上出现,我的理性究竟发生了什么——就是那个指示我要小心行事而不要打坏你的东西的理性?如果说那个先前引导我的理性现在不再指引我的话,这是很奇怪的。这就会暗示说,我可以通过无视或者违反理性的命令,从而让理性不适用于我。我可以通过忽略理性的规范影响,最终消除其规范影响。这看起来并不对。因而,我们会反过来说,无论在道德上有什么东西之前指导我小心行事而不该打碎你的花瓶,它在之后仍然存在并且依然适用于我。它现在只不过指导或者命令我在打碎花瓶之后采取不同的行动。可以论证的是,我们可以说,它现在指引我做下一个最佳的事情,就是说,通过换个花瓶的方式做出赔偿。将事情做对的义务和做出补偿的义务都是日常道德的一部分。在某种意义上,我们的赔偿义务是我们对于注意义务的理解的一部分。

到现在为止,人们会经不住诱惑,将侵权法看做仅仅是这种日常道德的制度形式;而且将矫正正义看做仅仅是提请人们重视注意义务和赔偿义务的联结。很多人都这么阐释我的矫正正义观。但这并不是我的观点。无疑,这或许是我曾经某个时期的观点,但并不是我深思熟虑的观点。对我来说,矫正正义并非一种日常人际道德的原则。它是一种与分配正义或报复正义(retributive justice)等量齐观的社会正义原则。它并不是关于我们在道德上相互亏欠什么的原则。相反,矫正正义所规范的是,我们作为一个群体应如何集体性地应对某种灾祸或者不幸。因此,当我说矫正正义可以论证侵权法或侵权法是矫正正义的一个例证的时候,我是在说这样一个事情:代表我们所有人的国家所相信的,是应对人类行为所造成的灾祸的适宜办法。这并不是一种有关我们应该相互负有哪些道德义务的论坛。人们不太容易注意到这一点,因为在我们的侵权体系当中,我们思考由于人类行为所造成的灾祸应如何处理的时候,赋予了受害者一种主张施害者赔偿义务的权利——而这与我们认为需要凭借日常道德的那种回应非常类似。矫正正义告诉我们,我们必须作为一个集体进行应对,而且我们必须合适地进行应对,但它并不能精确地告诉我们,何种形式的应对是合适的。侵权法就是我们的回应,而且正因为侵权法是回应,它就不仅能为矫正正义所证成,而且还提供了矫正正义本身的一些实体内容。

哈克尼:是的。有趣的是,我跟我们院未来的学生做过一个游戏。我们设了一个迎新日,未来的学生可以跟父母一起来学校。其中一个迎新项目是模拟课堂。我讨论的是本杰明·卡多佐判的帕尔斯格拉芙(Palsgraf)案。① 这个案子很棘手。我先大致讲了一下案子的事实,然后问听众基于事实的道德直觉是什么。接着,我们开始讨论侵权法对此有何说法,如果侵权法无法裁决这类侵权法法官必须应对的问题时,道德直觉如何提供帮助。即便是与"街上随便挑出来"(off the street)的路人打交道,道德直觉和法律规则之间也实实在在地具有紧密的联结。我从学生家长那里得到了很多有意思的回应,他们很多人压根对法律没兴趣。然而,他们对于我们在侵权案件中讨论的基本问题具有经验。

科尔曼:我们说说卡多佐和帕尔斯格拉芙案吧。如果你认为卡多佐触及了一些东西,如果卡多佐是对的,那么他对帕尔斯格拉芙夫人说了什么呢?她能否成功地起诉长岛铁路公司(Long Island Railroad)呢?她实际上在主张,铁路公司行为不当,而她受到了伤害。我们都同意长岛铁路公司行事不当。我们都同意她受到了非常重大的损失

---

① 帕尔斯格拉芙案是一个著名案例。在该案中,受害者在火车月台上被落下的天平秤击中。而这个天平秤之所以掉落,是因为一位乘客在铁路工作人员的协助下上车时行李掉落,其中所装的爆竹爆炸致使天平秤掉落。备受崇敬的普通法法官本杰明·卡多佐判定,铁路公司对受害者不负责任。*Palsgraf v. Long Island Railroad Co.*, 248 N.Y 339 (N.Y.1928).

或伤害。而且我们都相信,地球人都不会否认她是因为铁路公司的不当行为才遭受现在的损失。卡多佐说,这还不够。那么,到底有什么理由能够说明,她为什么不能在这起争讼当中占据上风呢?卡多佐对此的回答是,为了让她能够获得赔偿,必须事先在双方之间存在一种重大的规范关系,而铁路公司未能履行相应的条款。那种事先存在的关系是,铁路公司对于她有一种注意义务——而不是说他们行为不当。如果她现在可以主张铁路公司欠了她什么的话,那必须是由于之前她可以主张他们欠了她什么。现在她针对铁路公司的任何权利只基于他们未能履行义务。铁路公司对她所负的义务,是规范关系的正确形式;相比之下,因果关系并不是规范关系。换句话说,铁路公司的错误行为造成她受损的事实,并非赔偿主张的正当原因。卡多佐说,只有未能履行对于帕尔斯格拉芙夫人的义务才能够使她的赔偿诉求正当化。因此,当我说侵权法是一种矫正正义体系的时候,我实际上是在主张,侵权法表达了一种矫正正义的观念。而那意味着,卡多佐和安德鲁斯之间的争论可以做如下理解:矫正正义仅仅要求一种人所不当为的错误行为所造成的损害后果,还是需要更多的条件?它是否需要一种针对特定人的基于安全保护的合同关系之下的违约?可以说,安德鲁斯持第一种观点,而卡多佐持第二种观点。至少还有第三种观点,即:有损害、行为不当和两者之间的因果关系就足够了。既不需要对特定人的义务,也不需要对一般人的义务。仅仅行为不当、因果关系和因为行为不当而产生的损失就可以了。这就是法律经济学的观点。我再解释一下。

法律经济学认为,外部性是一个人行为的社会成本,而要让人们的行为有效率,必须让他们内化活动的外部性。法律经济学把外部性等同于因果关系,因而经济学倾向的侵权法教授极力论证应该在侵权法当中去除义务要求,是丝毫不令人奇怪的。在他们看来,如果受害者只有在施害者负有义务时才能够获得赔偿的话,那么一些因为行为不当而产生的成本将会由受害者承担。这就是帕尔斯格拉芙夫人所遭遇的事情。卡多佐说,长岛铁路公司并不对她负有义务,因而她必须承受他们不当行为的成本。那就意味着,长岛铁路公司的一些社会成本不会被内化,而是外化到帕尔斯格拉芙身上。从法律经济学的视角看来,这是一个需要解决的问题。

但这是全盘皆错的。在我看来,外部性的概念本身预设了我的行为成本和你的行为成本之间的区别。什么是哪一种行为的成本,取决于我们对对方负有的注意义务。因此,是义务,而非因果关系,界定了某种外部性的观念。我可以非常确定地说,科斯看到了这一点,虽然他走了弯路而且说了一些蠢话——比如说,他认为因果关系是相互的。这很愚蠢。但他的深度思想并没错。问题在于,很多跟从科斯搞法律经济学的人没有看到更深的洞见,而是被更为不当的论断所吸引。你无法在侵权当中去掉义务,因为如果没有义务的话,就没有外部性的概念。他们把问题搞反了。你必须去掉义务,才能够将外部性内化。这是绝对落后的观点。

哈克尼:你刚刚所说的内容,是我们进入矫正正义和法律经济学之间区别的一个很好的过门。从教义学的角度而言,帕尔斯格拉芙案是一个能够说明上述区分的好案例。我对于帕尔斯格拉芙案有相反的反应,但基本的前提却与你一致。我对于帕尔斯格拉芙案的反应是,它完全可以引出两个教义:卡多佐的义务教义,或者安德鲁斯的近因(proximate cause)教义。但比较安德鲁斯对于近因的讨论和卡多佐对于义务的讨论，我觉得安德鲁斯说得更有道理。卡多佐对义务和铁路轨道的讨论带有一种神秘主义的色彩，令人完全无法理解。你读了案子，发现帕尔斯格拉芙处于运行轨道之外。这是什么意思？她难道不是仅仅距离事发地点二十五码么？现在，你的观点似乎是，经济学家错了，而且他们应该思考义务问题。他们可以将外部性（基本上就是安德鲁斯说的事实和情境分析）纳入考虑范围之内，但义务是首要的。你究竟是在说你可以在界定义务的时候将外部性纳入考虑范围呢，还是说由义务界定外部性？

科尔曼： 问题在于你对于另一个人负有什么义务，会造成什么样的风险。当牛走近玉米地的时候，你会预料到它们会踩坏玉米。问题在于，牛踩坏玉米所产生的成本到底是养牛的成本，还是种地的成本。而这就会变成另一个问题：究竟是养牛的人负有管住自己的牛而不踩坏玉米的义务，还是说种地的人负有保护自己的玉米不被踩踏的义务。这个问题并不是通过牛踩踏玉米的因果关系来解决的。它们的确具有因果关系，但这又如何呢？你需要某种规范性的观念来界定外部性是什么。科斯从一个错误的前提出发，得出了一个正确的结论。科斯认为，因为因果关系是相互的，我们无法通过引述伤害的原因来对谁应该买单的问题给出定论。但是，因果关系当然不是相互的。我们无法决定谁该买单，原因压根不在于因果关系的问题，而是因为这个问题是规范性的，而非事实性的。我们需要知道谁对谁负有何种义务。而且，当我们搞清楚了谁对谁负有何种义务之后，我们才可能搞清楚每一种行为的成本是什么的。因此在我看来，外部性的观念是一种衍生的观念。它从义务的观念那里衍生而来。

哈克尼：我们如何搞清楚义务的问题呢？

科尔曼：我们相互之间的义务，部分是由我们既定的实践所决定的，由习惯和普通法的审判发展出来。我们并不是从第一原则（first principles）中先验地推导出其全部内容。当然，第一原则——对我来说，第一原则就是分配风险的公平原则——提供了指导和限制，但我们所负有的特定义务是由实践发展出来的。这就是我把自己最近的一本书叫做《原则的实践》的主要意思所在。对于我的实用主义来说，这一点是至为关键的。

哈克尼：那么你是否认为安德鲁斯设定了正确的标准呢？

科尔曼：我希望我能够有意义地回答这个问题，但我做不到。这部分取决于你如何解读安德鲁斯。如果他的想法是，你的责任受到你所负有的义务的限制，那么他说对了一半，因为他还可能会搞错你所负义务的相对人的范围。从另一方面来说，也可以把安德鲁斯做如下解读：在你的过失并未引发义务概念的地方，你对于你过失的可预见后果负责。这样在我看来，安德鲁斯就全错了。卡多佐对了么？卡多佐对了。而卡多佐是否正确地指出了你究竟对谁负有义务？这一点我不是那么确定。

哈克尼：这就回到了你最初对于刑法的兴趣，因为当我们看侵权法的案例教科书时，可以发现侵占（trespass）行为侵入了财产法领域。事实上，我在侵权法课程里把侵占的材料都删掉了，因为搞财产法的会讨论侵占问题。我不必涉足。殴打（battery）——侵权法教授对它有些讨论，但他们并不是对这个题目真有兴趣。核心问题确实是事故和产品责任法。

科尔曼：这就是将一个主题理论化却改变了主题的诸多方式之一。这里我不想对于改变主题提出抵制，因为事实或许是，我思考侵权法的方法将不会准确描述十年之后的侵权法。我的很多批评者（其中很多人真没搞懂我的观点）会论辩说，我的侵权法理论从未适用到具体的侵权实践当中去。或者他们会更友善地说，它只能适用于150年前的侵权法；不那么友善的人会说，我的侵权法理论从未适用于任何侵权法，除了我脑海中的侵权法。在我看来，我的观点适用于今日的侵权法。但很多人相信，侵权法的核心是事故法，而问题是那是如何发生的？他们说我的侵权法是A撞到B的侵权法，是殴打和侵扰的侵权法。但现代侵权法就是事故的侵权法。他们说得对么？对我来说，他们混淆了最普通的侵权行为和典型的侵权行为——典型的侵权行为是那种生动展现侵权特性的行为。最普遍的侵权行为是事故。侵权法是如何变成事故法的？答案在卡拉布雷西和后来的沙维尔那里：分别是《事故的成本》及后来的《事故法的经济分析》（*Economic Analysis of Accident Law*）。主流的法律经济学理论将侵权法等同于事故法，而且最终人人都这么做——无论这种做法多么鱼目混珠。法律理论促进了人们心中法律性质的改变。

哈克尼：回到法律经济学，1980年是一个有意思的时刻。我认为那是法律理论里最激动人心的知性时刻：《霍夫斯特拉法律评论》（*Hofstra Law Review*）举办的法律经济学会议。该研讨会本质性地宣布了一种法律经济学立场的死亡。这是我历史地解读那次会议的结论。但同样有趣的是，参会者联起手来与波斯纳对决。特别是批判法学的几位大将也在——邓肯·肯尼迪、莫顿·霍维茨和埃德温·贝克尔，他当时一般不被算在批判法学阵营之内，但肯定与他们是同道）。还有一些非批判法学家:罗纳德·德沃金、圭多·卡拉布雷西和你。他们联合起来,而波斯纳孤军奋战。

科尔曼: 我对法律经济学的批判分为两个部分:一部分完全内在于法律经济学,而另一部分同效率的价值有关,也涉及国家可以基于效率理据而运用强制力来执行政策的证成根据。我反对法律经济学的最新思考,这一点可参见我对沙维尔和卡普极其糟糕的《公平对抗福利》(*Fairness versus Welfare*)的批判。当然,这本书里有一些从经济学视角出发的有趣讨论,人人都可以研读这些讨论并从中获益。但是坦白说,其精心设计的总论点却是糟糕透顶的,因为其旨在证明效率为何是评价法律的独一无二的合适标准。

哈克尼: 非常有意思,因为邓肯·肯尼迪也对他们做了非常彻底的批判。

科尔曼: 我不想在此重复我书评当中的论点。在我的职业生涯中,我写了一些我至今仍然认为可以经得住时间检验的作品,那篇书评就是其中之一,且我仍然鼓励人们去读它。但我在此想强调的一个反对观点,在那篇书评里并没有过多讨论。卡普罗和沙维尔提出,如果有一种演进主义的论证(evolutionary argument),可以支持我们对道德原则或理想的承诺,那么这一事实本身即足以消解掉此类原则的道德力量。在他们看来,自然主义或因果关系的故事表明了我们的道德原则具有一种自然主义的基础,因此也压倒了规范性的故事。但是,如要证明道德的合理性或者道德具有其自然基础,这是在证成道德,而不是破坏道德。笼统地讲,我非常赞赏卡普罗和沙维尔以及他们的作品。他们很优秀,是他们所做领域内的专家。但这不是他们的领域。这本书刚出版时有很多的讨论,但这些讨论证明这本书无法长期站得住脚。这对我来说是正确的。

哈克尼：你怎么看波斯纳对法律经济学的哲学辩护呢？

科尔曼：有些人或许认为我的目标是"打败"法律经济学,但那并不对。事实是,对于效率的关切也是正义的一部分。我的目标一直都是提升法律经济学。就我所具有的一个更具侵略性的野心而言,我的目标是阻止法律经济学的知性帝国主义(intellectual imperialism)。我发现波斯纳与卡普罗以及沙维尔的共同问题都在于他们对于哲学的轻蔑,虽然以不同的方式表现出来。波斯纳的轻蔑表现在其对于哲学的不理不睬；卡普罗和沙维尔的轻蔑表现在他们从事哲学的努力之中。如果他们中间的任何一个人将我花在经济学(特别是法律经济学)上面的一半时间花在哲学上的话,我都不会对他们的作品或者他们对于哲学的态度有这样的说法。但先忘掉这些,让我来解释一下为什么我信奉效率的重要性,那是因为在我看来,效率是正义的一个方面。我想德沃金有某种类似的观点,虽然他持这个观点的理由与我不同。因而让我把我的想法展现出来。

以矫正正义为例。我认为矫正正义是一套阐明应对人类行为所产生的灾祸的合理方式的原则。当然,在应对人类行为所产生的灾祸的合理方式之中,一种办法就是减少那种导致灾祸的行为的发生率,另一种是矫正其所产生的损失。因而减少灾祸发生源就是正义地应对人类行为所产生的灾祸的一部分。因此法律经济学家将正义狭义地理解为"分配"或者"衡平"(equity)的努力是搞偏了,而他们对于广义的正义的轻蔑必然是自我毁灭的——因为之所以说效率是有价值的,原因在于效率是同正义联系在一起的。

哈克尼:你对批判理论、尤其是批判法学和批判种族理论的总体看法如何?

科尔曼:如今,我倾向于认为,批判理论家大体上对于事物有着一种虚无主义、反理性主义和政治意识形态的述说。因此我与他们之间存在的问题是,在批判很多人的时候,我们是互不相识的同道,但在对于哲学灵感应当是什么的问题上,我们在方法论上分道扬镳了。我特别不喜欢那些仅具有否定性课题的理论,因为否定性的课题会用光能量。他们必须把有些事情变得具有肯定性。批判法学死了,因为虚无主义只能带你走这么远。你必须有一些你支持的东西,而不是反对全部的东西。我认为,一切都是政治的说法太轻快了。当然,我的确认为法律问题具有政治维度。我并不幼稚。但将针对各种提议内容的辩论化约为相关当事人利益的政治争议,就是一种错误。

总体来讲,在批判理论家那里,世界存在方式的问题被化约为我们为何会这样认为世界是如此存在的问题;而他们首先就拒斥如下观点,即世界的存在方式最好地解释了我所认为的世界存在方式。在他们看来,我所具有的政治或其他利益就解释了我所持有的观点。文化原因或者自私自利等原因必然存在。对我而言,信仰是一种旨在通向真理的事物;而对于我的大部分断言来说,我如此断言是因为我认为那是对的。对于信仰来说,真理是检验其正确性的标准,而如果你认真对待批判理论家,你会认为评判信仰正确性的标准与利益、财富、种族或你所拥有的东西有关。更笼统地讲,批判理论家易于制造哲学夸张和含混,比如他们会说事实乃是社会建构出来的。金钱是社会建构出来的。一般来讲,事实并不是这样。我对于批判种族理论并无太多看法。我主要针对人们认为他们与批判理论共享的哲学方法论和哲学理论:相对主义、有关真理和客观性的不可知论等。我推荐每个人都读一读保罗·博格西安(Paul Boghossian)的《知识的恐惧》(*Fear of Knowledge*)一书。每一个对软社会科学感兴趣的人都应该把它当作入门必读。

我所看到的问题是这样的。至少过去二十年以来,社会科学已经陷入了一个方法论上的两难。成功的学科采用了理性选择的视角。实际上,它们信奉了两种不同的方法论:方法论的个人主义和理性选择理论。那些不采用理性选择路径的社会科学失宠了,被划入了文学系的阐释学和叙事主义方法论。它们以某种方式将理性选择方法去人性化(dehumanizing),而且它们披着将社会科学人性化的斗篷——但却承受着非常高的代价,因为至少它们在社会科学当中失去了"科学"之名。它们拒斥客观性和真理的可能性,而就其程度而言已经完全丧失了它们自认为是科学的资格。对比而言,理性选择路径大体上是"外在主义的"(externalistic)和个体主义的。它们失去了理解社会科学中的"社会"的能力。它们当然会否认这一点,但我会提出反驳。我教过社会科学哲学而且会很乐意改日就这些说法进行扩展,但作为一个信奉社会科学的人,我全部的希望就是提升当前占据主流地位的两种方法论。

哈克尼:很显然,你认为哲学是个有价值的领域,但你看今日的图景,真像是百花齐放。我1986年到1989年之间在耶鲁法学院就读的时候——或许是因为我本科是经济学专业的原因——对我来说似乎离开了法律经济学你就无法就法律的某个方面进行对话。法律经济学是最主流的范式。无论从什么背景出来的人,都必须面对法律经济学。我想现在已经不是这样了。我觉得法律经济学已经失去了神秘性。于是很多"法律和……"的课题出来了。你觉得什么领域有意思呢?

科尔曼:我认为法学院需要播一些种子,与大学里的其他学科建立更好的关系。我不知道哪个学科有前途或者将来会有前途。如果非要打赌的话,我会赌法律和认知科学(law and cognitive science)。法律和哲学会再次强盛,而法律与社会科学是未来。社会科学在不远的将来会是方法论的个人主义,但会伴随着一种更为复杂精深的人类心理学。这最终会找到进入法律的方式。法学界在这个意义上是其他领域的消费者,而非生产者。

哈克尼:我在每一个采访的末尾都进行了这样的对话;故事基本都一样。作为30岁、40岁这代学者中的一员,我并不认为这个年龄阶段的学者必定都是多才多艺的法学研究者。基于特定的专业行当,你必须面对一些思想流派。如果你是侵权法专家,你必须应对法律经济学。但如果你从事的是其他专业,那么你未必要学习经济学。我们的专家都在狭窄的领域内相互对话。他们的专业技术都很好。因而我很确定的是,一个人如果没有哲学博士学位(PhD)是很难在耶鲁找到教职的。他们的专业技术都很强,而且他们进行内部交流,但他们不需要听别人的,或者不需要别人来听。有些事物就在那里,促使大家之间相互对话。这就是法律经济学所做的事情;这就是法律现实主义所做的事情。

科尔曼：说得好。但请注意一下耶鲁法学院。我们一直处在法律教育的前沿，而且我们希望一直如此。如果我们引入法律专业的 PhD 学位的话，千万不要惊讶。如果法律想要成为一种吸引最有天赋的学者加入的学术领域，那么法律一定会需要自己的哲学博士学位。不是法律科学博士（JSD），而是学术性的 PhD。它将在耶鲁问世、开始。我热爱耶鲁的原因就在于此。耶鲁的全部宗旨就是改变和深化对话。谢谢你，詹姆斯。

索引

(索引中的页码是指原书页码,即本书边码。)

Abel, Rick, 里克·阿贝尔, 28
Ackerman, Bruce, 布鲁斯·阿克曼, 4, 81, 166—187; Alstott, 埃尔斯托特, 184—186; Ayers, 埃尔斯, 185; Balkin, 巴尔金, 178; *Before the Next Attack*,《在下一次恐怖袭击之前》, 173, 179; Berlin, 柏林, 171; Bickel, 比克尔, 167—168; Blair, 布莱尔, 185; Bork, 博克, 167—168; *Brown*, 布朗案, 176; Bryan, 布莱恩, 173—175; Bush, 布什, 171—172, 174, 176; Calabresi, 卡拉布雷西, 167—168, 179—180; *A Capital Idea*,《一种资本观》, 185; citizenship, 公民权, 181—182, 184—187; civil rights movement, 民权运动, 169, 175, 177; Civil War, 内战, 177—178; *The Costs of Accidents*,《事故的成本》, 179; critical legal studies, 批判法学, 181; critical race theory, 批判种族理论, 181; Deliberation Day, 审议日, 181—182; *Deliberation Day* the book,《审议日》, 179; Deliberation Day in New Haven, 发生在纽黑文的审议日, 182—184; dialogue, 对话, 177—178; Dworkin, 德沃金, 167—168, 170—171, 174; efficency, 效率, 178, 186; Elliott, 艾略特, 167; Enlightenment, 启蒙, 171, 176, 178; Epstein, 爱泼斯坦, 174; ERA, 女性平权修正案, 175; Fishkin, 费希金, 181—182; Fiss, 费斯, 174; Friendly, 弗兰德利, 168; gender theory, 性别理论, 181; Great Depression, 大萧条, 174; Habermas, 哈贝马斯, 170—171, 176; Harlan, 哈兰, 169; Harvard, 哈佛, 167; Holmes lectures, 霍姆斯讲座, 173, 178; Iowa Caucus, 爱荷华党团会议, 182; Jackson, 杰克逊, 173; Jefferson, 杰斐逊, 173; Johnson, 约翰逊, 173—174; Kennedy, 肯尼迪, 169, 177; King, 金, 173—174; *Knowledge and Human Interests*,《知识与人类利益》, 171; *Knowledge and Politics*,《知识与政治》, 170; on law and economics, 论法经济学, 178—179; law and economics versus critical legal studies, 法经济学和批判法学, 170, 177—178, 183; law and economics at Yale, 耶鲁的法经济学, 168; *Legitimation Crisis*,《合法化危机》, 171; Le Grand, 勒·格兰德, 185; liberalism, 自由主义, 170—171; Lincoln, 林肯, 173; Marshall, 马歇尔, 176; Military Commissions Act,《军事委员会法

案》,173; New Deal,新政,175,177; Nissan,尼森,185; Nozick,诺齐克,170—171; on originalism,论原旨主义,175; patriot dollars,爱国者美元,185—186; Penn,佩恩,183; *Political Liberalism*,《政治自由主义》,170; Posner,波斯纳,171,172,180; Posner characterized as crit,波斯纳被理解为批派,175; Post,普斯特,178; Protestantism,新教,175; Rawls,罗尔斯,167—168,170—171,176,184; Reagan,里根,172—175; Reich,赖克,167—168; reparations,赔偿,187; revolutionary tradition,革命传统,172—173; and rights theory,与权利理论,12; Roosevelt, Franklin,富兰克林·罗斯福,173—175; Roosevelt, Teddy,西奥多·罗斯福,174; Rose-Ackerman,罗丝—阿克曼,168; Rove,罗夫,183; Sager,塞杰,178; Shklar,施克莱,167; Siegel,西格尔,175,178; *Social Justice in the Liberal State*,《自由国家中的社会正义》,168—172,176,178,184; *Stake-holder Society*,《权益人社会》,179; Tushnet,图施耐特,178; University of Pennsylvania,宾夕法尼亚大学,168; Vietnam,越南,169; *Voting with Dollars*,《用美元投票》,179; Walzer,沃尔泽,171; *We the People*,《我们人民》,172,176; Wilson,威尔逊,174; Winthrop,温思罗普,176; Yale Law School,耶鲁法学院,167,180,183; Unger,昂格尔,170

Analytic Philosophy,分析哲学,13,106,191

Baker, Ed,贝克,36,82,229

Bakke,巴基案,5

Bell, Derrick,德里克·贝尔: *Faces at the Bottom of the Well*,《井底之脸》,116; *Harvard Law Review* foreword,《哈佛法律评论》卷首语,116; *And We Are Not Saved*,《我们并未获救》,15

Bork, Robert,罗伯特·博克: *Antitrust Paradox*,《反托拉斯悖论》,8

Calabresi, Guido,圭多·卡拉布雷西,142,229; Ackerman on,阿克曼的论述,167,179—180; *Costs of Accidents*,《事故的成本》,8. 202; Fried on,弗里德的论述,212—214,229; Kennedy on,肯尼迪的论述,21—22,35; MacKinnon on,麦金农的论述,130; Posner on,波斯纳的论述,48

Central Intelligence Agency(CIA),中央情报局,4

Civil rights movement,民权运动,7,10,15; Ackerman on,阿克曼论,169,174—177; Coleman on,科尔曼论,213; Cornell on,康奈尔论,145,147; Horwitz on,霍维茨论,68,70; MacKinnon on,麦金农论,131; Williams on,威廉斯,114—115

Coase, Ronald, 罗纳德·科斯: "Problem of Social Costs",《社会成本问题》, 7; Coleman on, 科尔曼论, 227, 228; Horwitz on, 霍维茨论, 80—81; Kennedy on, 肯尼迪论, 21—23; Posner on, 波斯纳论, 49, 56

Cold War, 冷战, 6, 75; Kennedy on, 肯尼迪论, 20

Coleman, Jules, 朱尔斯·科尔曼, 4, 204—233; on analytic philosophy, 论分析哲学, 210—211; influence of Bayles, 贝尔斯的影响; praise for Boghossian's *Fear of Knowledge*, 对博格西安《知识的恐惧》的赞赏, 232; on Calabresi, 论卡拉布雷西, 213—214; CUNY-Brooklyn College, 纽约城市大学—布鲁克林学院, 206; civil rights movement, 民权运动, 212—213; on Coase, 论科斯, 227; on corrective justice, 论矫正正义, 224—226, 230; influence of *Costs of Accident*,《事故的成本》的影响力, 209—210, 229; criticism of critical theory, 对批判理论的批评, 231—232; criticism of law and economics, 对法经济学的批评, 230—231; Davidson, 戴维森, 209; on Dworkin, 论德沃金, 214—215, 217—222; criticisms from Dworkin, 来自德沃金的批评, 215—217, 219—220; Dworkin relationship, 与德沃金的关系, 4, 13, 230; influence of Earman, 厄尔曼的影响, 208; on economic theory, 论经济学理论, 214; influence of Edwards, 爱德华兹的影响, 206; the Enlightenment, 启蒙, 210—211; exclusive legal positivism, 排他性的法律实证主义, 217—219; on existentialism, 论存在主义, 212; influence of Feinberg, 范伯格的影响, 207—209, 214; torts with Gottlieb, 戈特利布的侵权法, 209; graduate school at University of Michigan, 密歇根大学研究生院, 207; Hare, 212; on H. L. A. Hart, 论哈特, 214—215, 217—218, 221; inclusive legal positivism, 包容性的法律实证主义, 217—219; influence of Jewish upbringing, 犹太人家庭教育的影响, 224; dissertation on "Justice and the Distribution of Accident Costs,"《正义与事故成本的分配》博士论文, 209; on Kafka, 论卡夫卡, 211—212; influence of Kim, 金的影响, 208; on law and economics, 论法经济学, 226—231; on legal positivism, 论法律实证主义, 217—219; on libertarian philosophy, 论放任自由的哲学, 214; Lyons, 莱昂斯, 217; focus on misfortune, 对不幸的关注, 213—214, 225; influence of Morgenbesser, 摩根贝瑟尔的影响, 224; "Negative and Positive Positivism,"《负向和正向的实证主义》, 217; and neopragmatism, 与新实用主义, 83; influence of Nozick, 诺齐克的影响, 208; on Nozick, 论诺齐克, 213; on philosophical pragmatism, 论哲学上的实用主义, 221—222, 228; on *Palsgraf* and Cardozo, 论帕尔斯格拉芙案与卡多佐, 225—228; Posner's *Overcoming Law*, 波斯纳的《超越法律》,

222; criticism of Posner's pragmatism,批评波斯纳的实用主义,222—223,230; *The Practice of Principle*,《原则的实践》,228; Dworkin review of *The Practice of Principle*,德沃金对《原则的实践》的评论,219—220; Quine/Carnap debate,奎因和卡尔纳普的辩论,215,221; on Rawls,论罗尔斯,213; on Raz,论拉兹,217—220; study at Rockeffeller University,在洛克菲勒大学的学习,207—208,217; criticism of Rorty,对罗蒂的批评,222—223; on rule of recognition,论承认规则,215,221—222; on the movie *A Serious Man*,论电影《一个严肃的人》,224; on Shavell's *Economic Analysis of Accident Law*,论沙维尔的《事故法的经济分析》,229; criticism of Shavell and Kaplow's *Fairness versus Welfare*,对沙维尔和卡普罗的《公平对抗福利》的批评,230—231; influence of Sklar,史克莱的影响,208; on social sciences,论社会科学,232—233; Stevenson,斯蒂夫森,212; review of *Taking Rights Seriously*,对《认真对待权利》的评论,215; influence of Talmudic education,犹太法教育的影响,206; influence of Taylor,泰勒的影响,206; philosophy of tort law,侵权法的哲学,210; University of Arizona,亚利桑那大学,206; on Vietnam War,论越战,212—213; Wasserstrom,瓦塞尔斯托姆,217; on Yale Law School,论耶鲁法学院,205,233; Zipursky,齐普尔斯基,215

Cornell, Drucilla,杜希拉·康奈尔,4,14,15,144—164,198; Abel,阿贝尔,149; Amsterdam,阿姆斯特丹,146; Antioch College,安提亚克学院,146; on *At the Heart of Freedom*,论《自由之心》,161—162; de Beauvoir,波伏娃,154; Berkeley,伯克利,145; *Beyond Accommodation*,《超越和解》,151; Becker,贝克,163; Biko,毕科,159,164; black existentialism,黑人存在主义,158; Black Panthers,黑豹党人,146; black power,黑人权力,146; Bloch,布洛赫,152; UCLA Law School,加州大学洛杉矶分校法学院,148; Cambodia,柬埔寨,146; Cardozo Law School,卡多佐法学院,153; on Cassirer,论卡西尔,158—159; involvement in civil rights movement,参与民权运动,145,147; Brad Cornell,布拉德·康奈尔,162—163; on critical legal studies,论批判法学研究,149—151; on deconstuction,论解构,150—151; "Deconstruction and the Possibility of Justice" conference,"解构与正义的可能性"研讨会,150; *Defending Ideals*,《为理念辩护》,152; on Derrida,论德里达,149—151,154—155; on Dworkin and Nagel seminar,德沃金和内格尔的研讨课,153—154; Eastwood,伊斯特伍德,164; on Fanon,论法农,158—159; on feminist politics,论女性主义政治,154—155,161; Ferguson,弗格森,150; on Foucault,论福柯,149—150;

Frankfurt school,法兰克福学派,152; on French intellectual thought,论法国智识思想,149—150; on genital mutilation,女性割礼,161; on German idealism,德国理想主义,147,150—151; on Habermas,哈贝马斯,150,158; on Hegel,黑格尔,145—146; Hegel and relationships,黑格尔与关系,147; Heidegger,海德格尔,149; human rights,人权,162; Husserl,胡塞尔,149; *The Imaginary Domain*,《想象性领域》,162; imaginary domain,想象性的领域,152,155; on Kant,康德,145—147,152—153,155; Kantian freedom,康德式的自由,156; on Kennedy,肯尼迪,149—151; Kingdom of Ends,目的王国,146—147,153; on Lacan,拉康,154—156; on law and economics,法律经济学,162—163; Lawyers Guild,律师公会,149; legal realism,法律现实主义,149; Lenin,列宁,153; Letwin,莱特温,149; on liberal feminism,自由女性主义,155; liberalism,自由主义,154; Luhmann,卢曼,150—151; on MacKinnon,论麦金农,4,155—157; the Mafia,黑帮,148; Mahmood and Egyptian Piety movement,穆罕默德与埃及虔敬运动,161; Mandela,曼德拉,160; on Marx,论马克思,145—146; masculinity,男性气概,164; *Moral Images of Freedom*,《自由的道德形象》,149,158,162; neoliberalism,新自由主义,161; Nietzsche,尼采,149; noumenal self,本我,153; criticism of Obama,对奥巴马的批评,164—165; Panfilo,潘菲利奥,158; Peirce,皮尔士,163; *Phenomenology*,现象学,147; philosophy of the limit,极限的哲学,150; *Philosophy of the Limit*,《极限的哲学》,162; on *Political Liberalism*,论《政治自由主义》,154; on pornography and prostitution,论色情资料和性交易,155—157; Posner,波斯纳,162; on radical feminism,论激进女性主义,151—152; on Rawls,论罗尔斯,151—153; Rawls/Habermas debate,罗尔斯与哈贝马斯之争,154; on Reagan,论里根,164—165; reparations,赔偿,160; Ricoeur,利科,158; Ruddick,鲁迪克,147; Sen,森,152; Scott-Heron's "(What's the Word?) Johannesburg",斯科特—赫隆的《约翰内斯堡》,160; Scripps College,斯克利普斯学院,145; sexuate beings,性的存在,155; Shiffrin,谢夫林,149; and socialism,与社会主义,152,165; on South Africa,论南非,158—160,162—163; Stanford,斯坦福,145—147; on *A Theory of Justice* and Kant,论《正义论》与康德,153; Theunissen,特尤内森,145; on uBuntu,论乌图邦,160,163; and union activism,与工会积极主义,146; unionized prostitution,性交易行业的工会组织,157; United Electrical Workers,电子工人工会,148; University of Pennsylvania,宾夕法尼亚大学,150; Venceremos,我们必胜组织,146; Zee,泽,156—157; Waldron,沃尔德伦,160

Cover, Robert, 罗伯特·卡沃: "Nomos and Narrative,"《规范与叙事》, 111; "Violence and the Word,"《暴力与言词》, 110

Crenshaw, Kimberle, 金贝利·克伦肖, 15; Williams on, 威廉斯论, 124

Critical Legal studies, 批判法学研究, 1, 9; Ackerman on, 阿克曼论, 181; Coleman on, 科尔曼论, 231—232; Cornell on, 康奈尔, 149—151; critical race and feminist theory connection, 批判种族和女性主义理论的关联, 10; criticisms of, 所遭遇的批评, 4; Fried on, 弗里德论, 193, 196; Horwitz on, 霍维茨论, 73—80; Kennedy on, 肯尼迪论, 27—32; distancing from Marxism, 同马克思主义保持距离, 76; Posner on, 波斯纳论, 52—53; relationship to law and economics, 与法律经济学的关系, 11; Sarat on, 萨拉特论, 93—94, 99—104; white-male dominance, 白人男性的统治, 10; Williams on, 威廉斯论, 122—124

Critical race theory, 批判种族理论, 15; Ackerman on, 阿克曼论, 181; and critical legal studies, 和批判法学研究, 79; Horwitz on, 霍维茨论, 79; and LatCrit, 与拉美批判运动, 10; Mackinnon on, 麦金农论, 140; Williams on, 威廉斯论, 122—124

De Beauvoir, Simone, 西蒙·波伏娃, 3; Cornell on, 康奈尔论, 154

Delgado, Richard, 理查德·德尔加多, 10, 15, 44, 123—124

Derrida, Jacques, 德里达, 15; Cornell on, 康奈尔论, 149—151, 154—155; Sarat on, 萨拉特论, 111; Williams on, 威廉斯论, 118

Dewey, John, 约翰·杜威, 31; Posner on, 波斯纳论, 54—56

Dworkin, Ronald, 罗纳德·德沃金, 13, 82, 203, 229; Ackerman on, 阿克曼论, 167—168, 170—171, 174; Coleman on, 科尔曼论, 214—215, 217—222; Horwitz on, 霍维茨论, 82; criticism of law and economics, 对法律经济学的批评, 13; Posner on, 波斯纳论, 52—53, 58; *Taking Rights Seriously*,《认真对待权利》, 12; "Is Wealth a Value?,"《财富是一种价值吗?》, 52

Economic efficiency, 经济效率, 11; Ackerman on, 阿克曼论, 170, 179, 186; Coleman on, 科尔曼论, 214, 231; Horwitz on, 霍维茨论, 81; Kennedy on, 肯尼迪论, 36—39; Williams on, 威廉斯论, 127

Existentialism, 存在主义, 14; Coleman on, 科尔曼论, 212; Cornell on, 康奈尔论, 158

Fanon, Frantz, 弗兰兹·法农, 14; *Black Skin, White Masks*,《黑皮肤, 白面具》, 15; Cornell on, 康奈尔论, 158—159

Feminist legal theory,女性主义法律理论,10; Cornell on,康奈尔论,154—155; MacKinnon on,麦金农论,131—135

Foucault, Michel,米歇尔·福柯,14; *Archaeology of Knowledge*,《知识考古学》,2; Cornell on,康奈尔论,149—150; Sarat on,萨拉特论,105,111

Free Market,自由市场,11; Kennedy critique,肯尼迪论,38

Freedman, Ann,安·弗里德曼,28

Fried, Charles,查尔斯·弗里德,4,5,188—203; on Ackerman,论阿克曼,200; analytic philosophy,分析哲学,191; Anscombe,安斯康贝,191; Bellesiles' *Arming America*,贝尔希尔斯的《武装美利坚》,199; Auschwitz,奥斯维辛,190; Austro-Hungarian Empire,奥匈帝国,189; on Ayers and Sunstein,论埃尔斯和桑斯坦,201—202; Bentham,边沁,191; Bergson,柏格森,190; on Bork,论博克,200; criticism of Brennen,对布伦南的批评,200; Breyer as student,作为学生的布雷耶,192; on Calabresi,论卡拉布雷西,201—202; *Causation in the Law*,《法律中的因果关系》,191; *The Concept of Law*,《法律的概念》,191; Columbia Law School,哥伦比亚大学法学院,191; on critical legal studies,论批判法学研究,193,196; Dworkin,德沃金,191; on equality,论平等,194—195; on Glaeser,论格莱瑟尔,202; Griswold,格里斯沃德,192; clerking with Harlan,为哈兰大法官做助理,192; H. L. A. Hart,哈特,191—192; Hart and Wechsler,哈特和威克斯勒,191—192; Harvard Law School,哈佛法学院,192; on *Heller* and *McDonald* gun cases,论海勒和麦克唐纳持枪案,199; Honoré,奥诺,191; on Jolls, Ayers and Sunstein's left-leaning economics,论朱尔斯、埃尔斯和桑斯坦的左倾经济学,202; Jones,琼斯,191; influence of Kant,康德的影响力,192—193,196—197; Kronman's *The Lost Lawyer*,克隆曼的《失落的律师》,202; on law and economics,论法律经济学,201—202; Lawrenceville School,劳伦斯维尔学堂,190; liberalism,自由主义,193; on liberty,论自由,12,193—195,199,201; liberty of the mind,心智自由,196; liberty of sex,性的自由,196—198; *Making Tort Law* with David Rosenberg,同罗森博格合著的《创造侵权法》,202; *Modern Liberty*,《现代自由》,193—194,196,201; on Mussolini,论墨索里尼,196; on similarities with Nagel,论与内格尔的相似,197; natural law,自然法,192—193; "Natural Law and the Concept of Justice",《自然法与正义的概念》,193; Nazis,纳粹,190; on Nozick,论诺齐克,196; criticism of Obama,对奥巴马的批评,200; on Mill's *On Liberty*,论密尔的《论自由》,201; on originalism,论原旨主义,199; Oxford,牛津,190—191; on philosophy and law, 论哲学和法律, 192; *Poe v. Ullman*, 坡诉乌尔曼, 192; criticism of *Political Liberalism*, 对《政治自由主义》的批评, 193; Prague, 布拉格, 189—190; Princeton, 普林斯顿, 190; on prostitution, 论性交易, 197—198; Proust, 普鲁斯特, 190; influence of Rawls, 罗尔斯的影响, 192—194, 197; and Reagan administration, 和里根政府, 200; testifying for Roberts and Aliton, 为罗伯茨和阿利托提供证词, 199; on *Roe v. Wade*, 论罗伊诉韦德, 199; on Sandel, 论桑德尔, 197; *Saying What the Law Is*, 《何谓法律》, 200; study with Schiller, 跟随席勒学习, 191; on influence of social science, 论社会科学的影响力, 202; *Theory of Justice*, 《正义论》, 193, 195; utilitarianism, 功利主义, 191; on Waldron, 论沃尔德伦, 194; influence of Wechsler, 威克斯勒的影响力, 191—192, 196

Friedman, Lawrence, 劳伦斯·弗里德曼, 9; *History of American Law*, 《美国法律史》, 77; and law and society, 法律与社会, 95, 107

Friedman, Milton, 米尔顿·弗里德曼, 49; *Free to Choose*, 《自由选择》, 8, 201; at University of Chicago, 在芝加哥大学, 56

Gordon, Robert, 罗伯特·戈登, 9; Horwitz on, 霍维茨论, 56

Hackney, James, 詹姆斯·哈克尼: *Under Cover of Science*, 《披着科学的外衣》, 2

Harvard Law School, 哈佛法学院: appointments politics, 教员聘用的政治, 111; and critical legal studies, 与批判法学研究, 78; Horwitz on, 霍维茨论, 68—69, 77—78; Horwitz, Kennedy, and Unger appointments, 霍维茨、肯尼迪和昂格尔的聘用, 9; Posner on, 波斯纳论, 47; Sarat on, 萨拉特论, 111

Hayek, Friedrich, 哈耶克: *Road to Serfdom*, 《通往奴役之路》, 8; Fried on, 弗里德论, 193, 211

Hegel, 黑格尔, 4; Cornell on, 康奈尔论, 145—147

Holmes, Oliver Wendell, 奥利弗·温德尔·霍姆斯, 54; *The Common Law*, 《普通法》, 5

Horwitz, Morton, 莫顿·霍维茨, 1, 9, 14, 63—85, 229; Ackerman, 阿克曼, 81; Baker, 巴克, 82; *Baker v. Carr*, 巴克诉卡尔, 69; Bellow, 贝洛, 75; Brown, 布朗案, 68—69; Calabresi, 卡拉布雷西, 80—81; Calabresi's *Costs of Accidents*, 卡拉布雷西的《事故的成本》, 74; Charn, 查恩, 75; City College of New York, 纽约城市学院, 63; civil rights movement, 民权运动, 68, 70; on Coase, 论科斯, 80—81; on critical history, 论批判历史, 70—71; on critical legal studies, 论批

判法学研究,73—80;on critical race theory,论批判种族理论,79;Dworkin,德沃金,82;Field,菲尔德,67;Fifoot's *Judges and Jurists in the Reign of Queen Victoria*,菲弗特的《维多利亚女王治下的法官和法学家》,72;Fiss at Harvard Law School,费斯在哈佛法学院,69;Friedman's *History of American Law*,弗里德曼的《美国法律史》,77;Frug,弗鲁格,77;and Joan Gadol(a. k. a. Joan Kelly),和琼·嘉多尔(又名琼·凯利),65—66,74;Genovese,真讷维兹,67,77;Gordon's *Critical Legal Histories*,戈登的《批判法律史》,73;Hart,哈特,68;Harvard Law School,哈佛法学院,68—69,77—78;Louis Hartz,路易斯·哈兹,66;Howe,豪,72;Jaffe,加菲,80—81;Jolls,朱尔斯,84;David Kairys' *The Politics of Law*,大卫·凯瑞斯的《法律的政治学》,76;Kennedy,肯尼迪,71—75,80,83;Justice Kennedy,肯尼迪大法官,67;King,金,69—70,79;Klare,克莱尔,75,77;on law and society,论法律与社会,80;Marxism,马克思主义,74—77;*Knowledge and Politics*,《知识与政治》,74;Kuhn's *Structure of Scientific Revolutions*,库恩的《科学革命的结构》,74,76;legal process,法律过程,68;on legal process school,论法律过程学派,6;legal realism,法律现实主义,77—78;*Lochner Court*,洛克纳法院,66—67;Lukács,卢卡奇,75—76;Manheim's *Ideology and Utopia*,曼海姆的《意识形态与乌托邦》,74,76;McCarthy,麦卡锡,64;McClellan and Dunne on Joseph Story,麦克莱伦和邓恩论约瑟夫·斯托利,70;McCloskey and *The American Supreme Court*,麦克洛斯基和《美国最高法院》,66;McCloskey as teacher,麦克洛斯基作为教师,4—5;Miller's *Life of the Mind in America*,米勒的《美国思想史》,71;Moscow Youth Festival,莫斯科青年节,63;on neopragmatism,论新实用主义,83—84;neutral principles,中立原则,67—69;O'Connor,奥康纳,67;on Posner,论波斯纳,74,81—88;postmodernism,后现代主义,75,78;Reuther and United Auto Workers,若埃瑟和汽车业工人联合会,69;on Robeson,论罗伯逊,75;on rights debate,论权利辩论,79;*Roe v. Wade*,罗伊诉韦德,67,on "Science or Politics?",论《科学,还是政治?》,81—82;Souter in *Casey*,苏特大法官在凯西案中,67;Stone,斯通大法官,75;Stuyvesant High School,斯泰沃森中学,70;*Transformation of American Law, 1780—1860*,《美国法的变迁(1780—1860)》,67,71—72;*Transformation of American Law, 1870—1960*,《美国法的变迁(1870—1960)》,72—74,83;Trubek,楚贝克,73;on Tushnet,论图施耐特,73,77;on Unger,论昂格尔,73—74;Warren Court,沃伦法院,68;Wright,怀特,67;Vietnam,越南 68

James, William, 威廉·詹姆斯, 31, 54

Kalman, Laura, 劳拉·卡尔曼: *The Yale Law School and the Sixties*,《耶鲁法学院与六十年代》, 28

Kant, Emanuel, 康德, 4; Cornell on, 康奈尔论, 145—147, 152—153, 155; Fried on, 弗里德, 192—193, 196—197

Kelman, Mark, 马克·凯尔曼, 28; "Trashing",《否弃》, 102

Kennedy, Duncan, 邓肯·肯尼迪, 1, 3, 14, 18—45, 203, 229; and Banfield, 和班菲尔德, 21; and Bator's "Simple Analytics of Welfare Maximization", 和巴托的《福利最大化的简单分析》, 36; on Bork, 论博克, 21; on Calabresi, 论卡拉布雷西, 21—22, 35; and Central Intelligence Agency, 和中央情报局, 4, 20, 23; on Communism, 论共产主义, 20; and Craves, 和卡夫斯, 21; creation of critical legal studies, 批判法学的创立, 27—32; on critical and Continental theory, 关于批判理论和欧陆理论, 23; *Critique of Adjudication*,《裁判的批判》, 30; on death of reason, 论理性之死, 26, 32—33; and Horwitz, 与霍维茨, 28; and Kaysen, 和凯森, 21; on law and economics, 与法律经济学, 34—37; on law and society, 法律与社会, 22, 28; law/politics dichotomy, 法律/政治的二分法, 6, 26—27, 32—33, 36, 41; on legal history, 论法律史, 25—26; on legal realism, 论法律现实主义, 27; and I. M. D. Little's *Critique of Welfare Economics*, 里托的《福利经济学批判》, 35; on Posner, 论波斯纳, 22; disagreements with Posner and Dworkin, 与波斯纳和德沃金的不同观点, 4, 40—42; on pragmatism/neo-pragmatism, 论实用主义或新实用主义, 40—41; on private law, 论私法, 25; rationalist/non-rationalist divide in critical legal studies, 在批判法学研究中的理性主义和非理性主义的分野, 30—33; on rights theory, 关于权利理论, 37—39; on Sartre, 萨特, 31; on Socratic method, 关于苏格拉底教学法, 24—25; on Trubek, 论楚贝克, 28; and Unger, 和昂格尔, 28; on Weber, 论韦伯, 27—28, 30; on Yale Law School faculty, 论耶鲁法学院教员, 21—22

Keynesian economics, 凯恩斯主义经济学, 7

Klare, Karl, 卡尔·克莱尔, 1; creation of critical legal studies, 批判法学研究的创立, 28, 75, 77

Kuhn, Thomas, 托马斯·库恩, 16; influence on Horwitz, 对霍维茨的影响, 84, 86

Law and economics, 法律经济学, 9; Ackerman on, 阿克曼论, 178—179; Coleman on, 科尔曼论, 226—231; Cornell on, 康奈尔论, 162—163; Fried on, 弗里德

论,201—202;Horwitz on,霍维茨,81—82;Kennedy on,肯尼迪论,34—37; MacKinnon on,麦金农论,140—141;Posner on contemporary,波斯纳论当代法律经济学,58—59;Sarat on,萨拉特论,100—101,103—104;Williams on,威廉斯论,125—126;relationship to critical legal studies,同批判法学的关系,11;at Yale Law School,在耶鲁法学院,1

Law and neoclassical economics,法律与新古典经济学,7

Law and society,法律与社会,9,13—14;tensions with critical legal studies,与批判法学的紧张,28;Abe Goldstein, Joseph Goldstein, and Stanton Wheeler at Yale Law School,亚伯·古德斯坦、约瑟夫·古德斯坦和斯坦顿·维勒在耶鲁法学院,22;Horwitz on,霍维茨论,80;Sarat on,萨拉特论,90—95,98

Law/politics divide,法律和政治的分野,5—6,9,11;Kennedy on,肯尼迪论,26—27,32—33,36,41

Lawyers Guild,律师公会,76;Cornell involvement in,康奈尔参与其中,149

Leff, Arthur,阿瑟·勒夫,28

Legal positivism,法律实证主义,12;Coleman on,科尔曼论,217—219;versus rights theory,与权利理论交锋,13

Legal process school,法律过程学派,6—7;and neutral principles,与中立原则,7;Horwitz on,霍维茨论,68;Sarat on,萨拉特论,100

Legal realism,法律现实主义,5—7,9;Cornell on,康奈尔论,149;Horwitz on,霍维茨论,77—78;Kennedy on,肯尼迪论,27;Sarat on,萨拉特论,92

Logical positivism,逻辑实证主义,13

Lukács,卢卡奇,75—76;"Reification and the Consciousness of the Proletariant",《物化与无产阶级意识》,76

MacKinnon, Catharine,凯瑟琳·麦金农,10,14,128—143;Aristotle,亚里士多德,134;Black Panthers,黑豹党,131;Boreman(a. k. a. Linda Lovelace) in Deep Throat,《深喉》中的伯曼(又名琳达·拉芙蕾丝);Calabresi,卡拉布雷西,130;work in Canada,在加拿大的工作,138;civil rights movement,民权运动,131;on consciousness raising,论意识养成,134,137;on critical race feminism,论批判种族女性主义,140;Dahl,达尔,130;Andrea Dworkin,安德莉亚·德沃金,131,137;Emerson,爱默生,130,143;Engels,恩格斯,131;on feminist theory,论女性主义理论,131—135;Fiss,费斯,130;Greer's The Female Eunuch,格利尔的《女太监》,131;human rights,人权,138—140;Kagan,

卡根,143; Karadžić,卡拉季奇,138; on law and economics,论法律经济学,140—141; liberals,自由派,137; Marshall,马歇尔,143; on Marxism,论马克思主义,132; Mill,密尔,131; Millett's *Sexual Politics*, 米丽特的《性政治》,131; Mitchell,米切尔,131; Morgan's *Monster*,摩根的《怪物》,131; *Morrison*,莫里森案,138; New Haven,纽黑文,131; New Haven Women's Liberation,纽黑文妇女解放组织,130; de Pizan,德·皮桑,131; on pornography,论色情资料,135—137; Posner,波斯纳,141; relationship with Posner,同波斯纳的关系,4; views on rape,对强奸的观点,10; Rawls and *Toward a Feminist Theory of the State*,罗尔斯与《走向女性主义的国家理论》,134; Serbian genocide,塞族种族屠杀,138; *Sex Discrimination and the Law*,《性别歧视与法律》,131; sexual harassment,性骚扰,137; Smith College,史密斯学院,129; Sunstein,桑斯坦,141; on *Toward a Feminist Theory of the State*,《走向女性主义的国家理论》,130—131,141; Underwood,安德伍德,130; Vinson,文森,137; Violence Against Women Act,《保护女性免于暴力法案》,138; Weinstein,温内斯坦,129; Wollstonecraft,渥斯顿克雷福特,131; Women's Legal Education and Action Fund,女性法律教育和行动基金,138; women's movement,妇女运动,131; Yale,耶鲁,130

Marxism,马克思主义: Cornell on,康奈尔论,145—146; influence on critical legal studies,对批判法学的影响,228—29; Horwitz on,霍维茨论,74—79; influence on Kennedy,对肯尼迪的影响,23; MacKinnon on,麦金农论,132; Sarat on neo-Maxism,萨拉特论新马克思主义,93,102

Narrative schoolarship,叙事学,10; Sarat on,萨拉特论,110; Williams on,威廉斯论,121—122,125

Natural law,自然法,5; Fried on,弗里德论,192—193

Neoclassical economics,新古典经济学,8,11

Neopragmatism,新实用主义,16,54,60,106,127; Horwitz on,霍维茨论,83—84; Kennedy on,肯尼迪论,41

Northeastern University School of Law,西北大学法学院,1,115

Nozick, Robert,罗伯特·诺齐克: Ackerman on,阿克曼论,170—171; *Anarchy, State, and Utopia*,《无政府、国家与乌托邦》,12,13; Coleman on,科尔曼论,208,213; Fried on,弗里德论,196

Originalism,原旨主义,12; Ackerman on,阿克曼论,175; Fried on,弗里德,199

Palsgraf v. Long Island Railroad,帕尔斯格拉芙诉长岛铁路公司,233n1;Coleman discussion,科尔曼的讨论,225—228
Peirce, Charles Sanders,查尔斯·桑德斯·皮尔士,54,163
Plessy v. Ferguson,普莱西诉弗格森,5,69
Posner, Richard,理查德·波斯纳,4,47—61,100,106,142,203;on affirmative action,论少数群平权行动,57—59;clerking for Brennan,为布伦南大法官做助理,48;on Calabresi and *The Costs of Accidents*,论卡拉布雷西和《事故的成本》,49;career in government,政府职业历程,47—48;University of Chicago influence,芝加哥大学的影响,48—49;on Coase,论科斯,49,56;on critical legal studies,论批判法学,52—53;Demsetz,德姆塞茨,49;and Deway,与杜威,54—56;on Director,论迪莱克特,8,48—49,56;on distributional concerns,论分配理由,50—52;on Dworkin,论德沃金,52—53,58;*Economic Analysis of Law*,《法律的经济分析》,8,11,53;on Friedman,论弗里德曼,56;years at Harvard law school,在哈佛法学院的岁月,47;Hume as protopragmatist,休谟作为实用主义者,54;on James,论詹姆斯,54;on jurisprudence,论法理学,58—59;Kaplow,卡普罗,50—51;Kennedy,肯尼迪,51—52;Kitch,纪奇,49;on contemporary law and economics,论当代法律经济学,55,59;on libertarianism,论放任自由主义,56;Mill as protopragmatist,密尔作为实用主义者,54;and neopragmatism,与新实用主义,83;Nietzsche as protopragmatist,尼采作为实用主义者,54;*Overcoming Law*,《超越法律》,82;and Peirce,与皮尔士,54;Peterman,彼得曼,49;Eric Posner,埃里克·波斯纳,60;on pragmatism,论实用主义,52—55;*Problems of Jurisprudence*,《法理学问题》,56;on Richardson,论理查德森,57;on Rorty,论罗蒂,55;Shavell,沙维尔,50—51;Stigler,斯蒂格勒,49,56;study with Turner,跟随特纳学习,48;on utilitarianism,论功利主义,55;on Vietnam War,论越战,7,56;wealth maximization,财富最大化,11;Williams critique of "The Economics of the Baby Shortage",威廉斯对《婴儿短缺经济学》的批评,126
Postmodernism,后现代主义,14;Horwitz on,霍维茨论,75,78;Williams on,威廉斯论,124—125
Pragmatism,实用主义,11,16;and Coleman,和科尔曼,13;Coleman on,科尔曼论,221—222,228;Kennedy on,肯尼迪论,40—41;Posner on,波斯纳论,52—55;Sarat on,萨拉特论,107—108
Prostitution,性交易:Cornell on,康奈尔论,156—157;Fried on,弗里德论,197—

98; MacKinnon and Cornell's view,麦金农和康奈尔的观点,14

Rawls, John,约翰·罗尔斯: Ackerman on,阿克曼论,167—168; Coleman on,科尔曼论,213; Cornell on,康奈尔论,151—153; Fried on,弗里曼论,192—194; MacKinnon on,麦金农论,134; *A Theory of Justice*,《正义论》,12,13

Reagan, Ronald,罗纳德·里根,8,100,127; Ackerman on,阿克曼论,172—175; Cornell on,康奈尔论,164—165; and Fried,和弗里德,200

Rights theory,权利理论: and Ackerman,和阿克曼,12; Kennedy on,肯尼迪论,37—39

Rorty, Richard,理查德·罗蒂,54,106; Coleman criticism,科尔曼的批评,222—223; and neopragmatism,和新实用主义,13; Posner on,波斯纳论,55

Rosenblatt, Rand,兰德·罗森布拉特,28

Sarat, Austin,奥斯汀·萨拉特,4,13,80,86—111; Abel,阿贝尔,6; abolition,死刑废除,108; Agamben,阿甘本,111; Allen,艾伦,109; Amherst,阿默斯特,87; Balkin,巴尔金,109; Bell,贝尔,110; Bhaba,巴巴,96; Burt,博特,89; capital jury project,死刑陪审团项目,99; Chandler,钱德勒,109; Civil Litigation Research Project,民事诉讼研究项目,88,96; on constitutive theory,构成理论,92—93,102—104; Cover,卡沃,110—111; on critical legal studies,论批判法学研究,93—94,99—104; "Critical Traditions in Law and Society Research","在法律与社会研究中的批判传统",104; on culture,论文化,97—98; on death penalty,论死刑,90,97—98,108; Derrida,德里达,111; Edelman,埃德尔曼,103; Eisenger,埃辛格,89; empirical legal studies,经验法学研究,93; Erlanger,厄兰格,89,92; Foucault,福柯,105,111; Friedman,弗里德曼,95,107; *From Lynch Mobs to the Killing State*,《从私刑暴徒到杀人国家》,109; Galanter,加兰特,107; on gap problem,论裂隙问题,92,105; Goldstein,戈德斯坦,89; Gordon and constitutive theory,戈登与构成理论,102; Grossman,格罗斯曼,89; politics at Harvard Law School,哈佛法学院内的政治,111; Hazard,哈泽德,88; Hohfeld,霍菲尔德,101; on innocence movement,论昭雪运动,91; *Just Schools*,公正学校,99; Kearns and "A Journey through Forgetting",科恩斯与《穿越遗忘的旅程》,110; Kelman's "Trashing" essay,凯尔曼与《否弃》文章,102; Kornhauser,科恩豪瑟,104; Langdell,兰尔,101; "The Law Is All Over",《法律无处不在》,102; on law, culture and humanities,关于法律,文化和人文,93,96,108—109; on law and economics,论法律经济学,

100—101,103—104；on law and literature,论法律与文学,109—110；on law and society,论法律与社会,90—95,98；Law and Society Association,法律与社会学会,92,95,102,103；*Law and Society Review*,《法律与社会评论》,103；legal process school,法律过程学派,100；legal realism,法律现实主义,92；Lipsky,利普斯基,89—90；McVeigh,麦克维,97；Macauley,麦考利,89,92；Martinson's "What Works",马丁森的《什么才管用？》,108；Matsuda,松田麻里,110；*Mercy on Trial*,《审判中的仁慈》,91；on narrative schoolarship,论叙事学,110；and Ogletree,和奥格特里,90,109；Perry,佩里,109；positivism,实证主义,106；Posner,波斯纳,103,107；pragmatism,实用主义,107—108；Providence College,普罗维登斯学院,89；on "Pull of the Policy Audience",关于《政策受众的牵制》,104—106；Ryan,赖安,91,98；Schmitt,施米特,111；Silby,希尔比,104,106；Sunstein,桑斯坦,107；on Trubek,论楚贝克,102,106—107；Vietnam,越南,90；West,韦斯特,109；Wheeler,惠勒,88；on Williams' *The Alchemy of Race and Rights*,论威廉斯的《种族与权利的炼金术》,109—110；Wizner,魏兹纳,89；*When the State Kills*,《当国家杀人时》,96—97,108—110；University of Wisconsin,威斯康星大学,87,89；Yale Law School,耶鲁法学院,87—88

Sartre, Jean-Paul,萨特3,23；Kennedy on,肯尼迪论,31

Schlegel, John Henry,约翰·亨利·施莱格尔,9

Scientism,科学至上论,106

Sexuate being,性的存在,14,198；Cornell on,康奈尔论,155

Stone, Cathy,凯希·斯通,28

Thatcher, Margaret,撒切尔夫人,100,163

Trubek, David,大卫·楚贝克,9,73,101；Kennedy on,肯尼迪论,28；Sarat on,萨拉特论,102.106—107

Tushnet, Mark,马克·图施耐特,28；Ackerman on,阿克曼论,178；Horwitz on,霍维茨论,73,77；Williams on,威廉斯论,123

University of Chicago,芝加哥大学,7,8；law school,法学院,8；and MacKinnon,与麦金农,141；Posner and,波斯纳与,9,48—49,56

University of Wisconsin,威斯康星大学：and founding of critical legal studies,与批判法学的创立,28,101；and Sarat,与萨拉特,87,89

Utilitarianism,功利主义,11,12,170；Posner on,波斯纳论,55

Vietnam War,越南战争,7,90; Ackerman on,阿克曼论,170; Coleman on,科尔曼,212—213; Cornell on,康奈尔论,146; Horwitz on,霍维茨论,68; Posner on,波斯纳论,7,56; Sarat on,萨拉特论,90; Williams on,威廉斯论,114

Williams, Patricia,帕特里夏·威廉斯,4,10,112—127; The Alchemy of Race and Rights,《种族与权利的炼金术》,118—119; Bakke,巴基案,114; Bell,贝尔,115—117; Bellow,贝罗,115; Bercovitch,伯科维奇,118; BBC Reith lectures,英国国家广播公司瑞思讲座,121—122; CUNY Law School,纽约市立大学法学院,117—118; civil rights movement,民权运动,114; Columbia Law School,哥伦比亚大学法学院,117—118; Crenshaw,克伦肖,124; on critical legal studies,论批判法学,122—124; CLS conference,批判法学研讨会,4; on critical race theory,论批判种族理论,122—124; Dalton,达尔顿,123; Delgado,德尔加多,123—124; Derrida,德里达,118; Fineman,费恩曼,123; Jerry Frug,杰里·福拉格,123; Mary Joe Frug,玛丽·乔·福拉格,123; Gabel,加贝尔,123; Cotanda,五反田,123; Halpern,哈尔彭,117; Harvard Law School,哈佛法学院,5,114; Johnson,约翰逊,118; David Kennedy,大卫·肯尼迪,123; Duncan Kennedy,邓肯·肯尼迪,122; Khosla,科斯拉,117; LatCrit,拉丁裔批判法学理论,124; Lawrence,劳伦斯,123; Matsuda,松田麻里,123—124; Meltsner at Northeastern University School of Law,西北大学法学院的梅泽纳,115; on narrative,论叙事,121—122,125; Northeast Corridor Collective,东北走廊共同体,124; Olin Foundation,奥林基金会,127; Olsen,奥尔森,123; "On Being the Object of Property",《论作为财产的对象》,116,118—119,124; Open House,《开放招待日》,121; Pilgrim's Progress and The Alchemy of Race and Rights,《天路历程》与《种族与权利的炼金术》,119—120; Pilgrim's Progress and Open House,《天路历程》与《开放招待日》,121; on polar bears as allegory,论北极熊作为寓言,119—120; criticism of Posner and law and economics,对波斯纳和法律经济学的批评,125—126; on postmodernism,论后现代主义,124—125; Reagan,里根,117; "A Refinancing by Any Other Name",《再融资的另一种形式》,117; The Rooster's Egg,《公鸡下的蛋》,121; School of Criticism and Theory,批判和理论学派,118; Seeing a Color Blind Future,《不分肤色的未来》,121—122; on Tushnet's critique of rights,论图施耐特的权利批判,123; Unger,昂格尔,122,124; Vietnam,越南,114; Wellesley,威尔斯利,113; on women's liberation movement,论妇女解放运动,114—115

Women's movement,女性运动,10; MacKinnon on,麦金农论,131; Williams on,威廉斯论,114—115

Yale Law School,耶鲁法学院,1,2; and Ackerman,与阿克曼,167,180,183; and Coleman,与科尔曼,205,233; Kennedy on,肯尼迪论,21—22; and Mackinnon,与麦金农,130; and Sarat,与萨拉特,87—88

Yergin, Daniel,丹尼尔·耶金,8; *The Commanding Heights*,《制高点》,17n3,100.

译后记

"也许这样的世纪
不再有"

> 黄色的蓝色的白色的无色的你,
> 阳光里闪耀的色彩真美丽;
> 有声的无声的面孔的转移,
> 有朝将反射出重逢的奇迹。
> ——罗大佑:《告别的年代》

钱钟书先生曾讲过一个古老的"段子",读过《围城》的人都知道。有位外国友人读了《围城》后,钦佩不已之余想要登门拜访,钱先生在电话里告诉这位女士:"假如你吃了个鸡蛋,觉得不错,何必要认识那只下蛋的母鸡呢?"文学领域,我是外行,无法辨明钱先生此言的真意。但在现代法学的学术环境内,认识"下蛋母鸡"却是极重要的事情;不然的话,面对着眼花缭乱的理论流派,读者只能知其然,却不知其所以然,也因此只能被动地遇上自己所依附的理论,而无法做到主动选择。在此没有任何不敬之意地说,本书就是一本带领读者认识"下蛋母鸡"的"生蛋"回忆录。

正因为如此,这本收入了美国当代法学十杰访谈录的文集,就有了非常特别的意义。就篇幅而言,它无论如何都算不上大部头,但却比任何"导论+简史"体例的法学理论作品,更能系统地展现美国法学理论在过去五十年来的全景以及流变。不仅如此,访谈录的文体——如本书编者哈克尼教授所言,他坚持做"面对面"的访谈——也让本书具有非常亲切的阅读界面,这是访谈所具有的"在场感、自发感和人性感"所赋予的。其中不乏深入这些学术大师内心世界的"个人脚本",让晚生后学读起来不能不感慨万千:未必是面对着前辈感到"高山仰止",更多的是发现他们作为常人的一面,了解他们缜密而系统的论述背后的焦虑与期望、体验与情感。

站在今天的学术环境内去阅读这本访谈录,我们感到本书最难能可贵的地方在于哈克尼教授在选择访谈对象时做到了"兼容并包"。在学界,这四个字往往是说起来容易,做起来极难——更多的时候,真相事实上更残酷,越是主张思想自由的流派,反而越懂得党同伐异。哈克尼教授是一位左派学者,如果回到20世纪70年代至80年代的理论场域,在左翼批判法学和右翼法经济学的角逐对抗中,他当然会是批判法学阵营的学生、法律经济学的批判者。这点从访谈录的字里行间就不难发现,哈克尼显然同批判法学教父肯尼迪教授相谈甚欢,而在对波斯纳的访谈中却多少有些话不投机。但本书却没有因编者个人的意识形态偏好而变成"左翼法学理论读本"(或者"右翼")。

而且,左右二元对立的归类,在大多数时候实在是懒人思想的工具包。真相往往在细节中。比如,麦金农教授这位激进女权主义法学家就在访谈中坦陈,她很尊重波斯纳,对芝加哥的法经济学表现出了难得一见的温情脉脉(事实上,哈克尼教授在导言内就提到了这一点,他当时用了"令人大跌眼镜"这一短语)。基本上可以说,在这本访谈录内,受访学者在意识形态上的排列是平衡的,而且基本上反映出了美国高校近十年来在更大范围内的政治力量对比。

与此相关的是,本书并不是站在21世纪的法学前沿阵地上,而更像是编者哈克尼教授所喜欢的"知识考古学"。哈克尼教授在选择访谈对象时并不"势利",完全没有用量化指标去统计他们的"法律评论"期刊发文数或引证率,以此决定谁来入选,而是特别注重受访学者是否以及能在多大程度上成为某一理论流派的代表人物。事实上,不用在数据库内做搜查,就可以想到在本书内露脸的某几位学者,由于他们所处理论流派在80年代后的衰落或边缘化,未必就是那么如雷贯耳、著作等身,若是与同列本书的波斯纳或阿克曼相比,"差距"可不是那么一点点。就此而言,这本书为当下读者保留了美国法学理论在"百家争鸣"时代的理论横断面,如本书责编白丽丽女士为本书所起的名字,那是一段"非凡的时光",是美国法学的"巅峰时代",而我更愿意称之为"闪亮的日子"。但时光不再,对于我们而言,那都是一段"告别的年代"。

几乎在每一次访谈的最后,哈克尼教授都向受访的前辈提出了随着时代流转法学发生转型的问题,也是在回答这个问题时,那一代"习惯于咆哮和怒吼"(肯尼迪语)的学术大师们竟然取得了前所未有的共识。对于本书所聚焦的那个大理论时代,这些受访者大都认为是"令人兴奋的":"在短短几年的时间里,就有法律经济学的发展,同时还有批判法学、女性主义法律理论、批判种族理论、法律与社会,以及其他领域,这是非常不简单的"。(波斯纳语)而"现在全都消停了"(波斯纳语),这是"元理论之死"(萨拉特语)的时代,"那样的对话不会有了"（弗里德语），用"专业主义缓冲、保护并掩饰了研究者，使之与政治不生瓜葛"（霍维茨语），现如今"大家都是混口饭吃"（波斯纳语）。

在这个哈克尼所讲的"人人都搞技术……各自只顾着自己的事情，出成果、开小会"的年代，这本访谈录就是为我们重现了这么一段美国法律理论所走过的"非凡的时光"。年轻一代的读者来读本书，他们也许会有如同肯尼迪教授在访谈最后所讲的反应，"喔噢，那会儿原来是这样的"。但时光难倒流，"也许这样的世纪不再有"，"习惯于咆哮和怒吼"也会出现"争论疲劳"，搞不好还会导致思想越多、学术越少的怪现状（如同苏力教授近期在一篇文章中对我们的警告，要防止思想出现"裸奔"）。但理论的追求确实无可替代，我们虽无法摆脱学术体制以及时代对学者个体的约束，但只有首先自觉意识到我们生存在一段狭窄的理论光谱中，才能避免井蛙效应——学者可以狭窄，有时候甚至必须要"狭窄"些，但不能不知道自己的狭窄。希望这本"兼容并包"的访谈录，可以让我们追求理论的心灵产生震撼，如同年轻的孩子抬头仰望，看到"头顶上灿烂的星空"，哪怕这种震撼只是一时，随着书本的合上，大家又各自回归学术的常态。

一年前，受北京大学出版社白丽丽女士的委托，我们组成了这么一个特殊的翻译六人小组（按照翻译章节的先后顺序，是田雷、左亦鲁、戴昕、阎天、丁晓东、刘晗），简称"榆风"，承担起这本访谈录的翻译工作。

田雷，江苏徐州人，香港中文大学政治学博士，耶鲁大学法学硕士，南京大学法学硕士、法学学士。现任教于重庆大学人文社会科学高等研究院,研究领域为宪法学、政治学。翻译导言和麦金农部分。

左亦鲁,北京人,耶鲁大学法学院法律科学博士、法学硕士,清华大学法学硕士、法学学士。研究领域为宪法、网络法。翻译肯尼迪和威廉斯部分。

戴昕,北京人,芝加哥大学法学博士候选人,杜克大学法律博士,北京大学法学学士。现任教于中国海洋大学法政学院,研究领域为法理学、法律经济学、法律社会学。翻译波斯纳和弗里德部分。

阎天,山东烟台人,耶鲁大学法学博士、法学硕士,北京大学法学硕士、法学学士。现任教于北京大学法学院,研究领域为劳动法、宪法、行政法。翻译霍维茨和萨拉特部分。

丁晓东,浙江淳安人,北京大学法学博士,耶鲁大学法学博士候选人、法学硕士,中山大学法学硕士、电子系学士。现任教于中国人民大学法学院,研究领域为宪法、行政法、法理学。翻译康奈尔和阿克曼部分。

刘晗,安徽蚌埠人,耶鲁大学法学博士、法学硕士,北京大学法学学士、法学硕士。现任教于清华大学法学院,研究领域为宪法学和法律、政治理论。翻译科尔曼部分。

六人小组首先是通过邮件组,其后并且至今都通过一个改了无数次群名的微信群,我们在保持即时沟通的前提下,在各自认领了自己所承担的任务之后,分头进行翻译,最后由我进行了全书的统稿。在我们的团队中,五位译者都曾有在康州纽黑文"墙街127号"(127 Wall Street, New Haven, CT)求学的经历。在科尔曼口中始终"处于法学教育的前沿"的法学院内,我们的求学时光相互交叠,或前后相继。我们合作的这本书，应当是我们自己那段"闪亮的日子"的一个证明和记念。特别需要感谢的是现求学于芝加哥大学法学院的戴昕博士：他的支援让我们的翻译进程没有拖期太久，他是我们最重要的"客座"译者。也是因此，我们这个翻译小组最终定名为"榆风"，根据刘晗博士的说法，康州纽黑文又名"榆树城"，我们中有数人也曾居住在榆树街耶鲁书店对面的一座二楼公寓内，而芝加哥又称"风城"，这是"榆风"这个集体署名的缘起。感谢重庆大学高等研究院的博士生霍晓立，他协助制作了本书的索引。感谢白丽丽编辑，同她的合作让我和我们都从中学到很多，很多。

田　雷

2016 年 1 月 10 日于重庆大学文字斋

著作权合同登记号　图字:01－2014－6740
图书在版编目(CIP)数据

非凡的时光:重返美国法学的巅峰时代/(美)哈克尼编;榆风译.—北京:北京大学出版社,2016.3
ISBN 978－7－301－26693－9

I.①非… II.①哈… ②榆… III.①法学—研究—美国 IV.①D971.2
中国版本图书馆 CIP 数据核字(2015)第 319570 号

Legal Intellectuals in Conversation: *Reflections on the Construction of Contemporary American Legal Theory*, by James R. Hackney, Jr.
Copyright © 2012 by New York University.
All rights reserved. Authorized translation from the English－language edition published by New York University Press.

书　　　名	非凡的时光——重返美国法学的巅峰时代 Feifan de Shiguang—Chongfan Meiguo Faxue de Dianfeng Shidai
著作责任者	〔美〕詹姆斯·哈克尼　编　榆　风　译
责 任 编 辑	白丽丽
标 准 书 号	ISBN 978－7－301－26693－9
出 版 发 行	北京大学出版社
地　　　址	北京市海淀区成府路 205 号　100871
网　　　址	http://www.pup.cn
电 子 信 箱	law@ pup.pku.edu.cn
新 浪 微 博	@北京大学出版社　@北大出版社法律图书
电　　　话	邮购部 62752015　发行部 62750672　编辑部 62752027
印 刷 者	北京中科印刷有限公司
经 销 者	新华书店
	880 毫米×1230 毫米　A5　10.875 印张　239 千字 2016 年 3 月第 1 版　2016 年 3 月第 1 次印刷
定　　　价	39.00 元

未经许可,不得以任何方式复制或抄袭本书之部分或全部内容。
版权所有,侵权必究
举报电话:010－62752024　电子信箱:fd@ pup.pku.edu.cn
图书如有印装质量问题,请与出版部联系,电话:010－62756370